U0771616

CHINA FINANCIAL SECURITY REPORT

中国金融安全报告

2021

西南财经大学中国金融研究院

金融安全协同创新中心　西南财经大学金融学院

◎ 著

中国金融出版社

责任编辑：张菊香

责任校对：李俊英

责任印制：陈晓川

图书在版编目（CIP）数据

中国金融安全报告 . 2021/西南财经大学中国金融研究院，金融安全协同创新中心，西南财经大学金融学院著 . —北京：中国金融出版社，2022.12

ISBN 978 – 7 – 5220 – 1508 – 8

Ⅰ. ①中…　Ⅱ. ①金…②西…　Ⅲ. ①金融风险—风险管理—研究报告—中国—2021　Ⅳ. ①F832.1

中国版本图书馆 CIP 数据核字（2022）第 030703 号

中国金融安全报告2021

ZHONGGUO JINRONG ANQUAN BAOGAO 2021

出版
发行　**中国金融出版社**

社址　北京市丰台区益泽路 2 号

市场开发部　（010）66024766，63805472，63439533（传真）

网 上 书 店　www.cfph.cn

　　　　　　（010）66024766，63372837（传真）

读者服务部　（010）66070833，62568380

邮编　100071

经销　新华书店

印刷　河北松源印刷有限公司

尺寸　185 毫米 ×260 毫米

印张　12.5

字数　270 千

版次　2022 年 12 月第 1 版

印次　2022 年 12 月第 1 次印刷

定价　60.00 元

ISBN 978 – 7 – 5220 – 1508 – 8

如出现印装错误本社负责调换　联系电话（010）63263947

编辑部邮箱：jiaocaiyibu@126.com

目　　录

第一章　金融安全评估概述

第一节　金融安全的概念及内涵

通常人们在遇到危险或感到有威胁时才会想到安全问题，所以安全概念最基本的特征就是与威胁和危险相关联。在汉语里"安全"的习惯用法是指一种状态，它有三个含义：没有危险、不受威胁和不出事故。按照韦伯词典关于"security"（安全）相关词条的解释，该词一方面指安全的状态，即免于危险，没有恐惧；另一方面还有维护安全的含义。二者的基本意思均为不存在威胁和危险。现实主义代表性人物阿诺德·沃尔弗斯（Arnold Wolfers）在《冲突与合作》中指出："安全在客观的意义上表明对所获得价值不存在威胁，在主观的意义上表明不存在这样的价值会受到攻击的恐惧。"可见在两种文化中"安全"的意思儿近相同。如果将这一定义进一步分解，它应该包含这样几种构成要素：一是安全既是一种客观存在的生存状态，又是一种主观的心理反应，后者以前者的存在为基础；二是安全是一种特定的社会关系，而非孤立存在的单个形态，是主体与自然、社会发生关系的结果，离开了具体的社会活动，就无所谓安全与非安全之分；三是安全是一种实践活动，是一种有目的的自觉行为。

在国外的研究中，较少使用金融安全的概念，而更多地使用了经济安全、金融稳定、金融危机、金融主权、金融稳健等一系列相关的概念。国外对经济安全的界定存在颇多分歧，为此 Mangold（2013）认为没有必要为经济安全下一个明确的定义，因为经济安全与国家利益紧密相关，界定过于宽泛，没有实际意义；界定过于狭窄，又易于忽略一些重要的议题。美国国际关系学家 Krause and Nye（1975）对经济安全的定义具有代表性：经济安全指经济福利不受被严重剥夺的威胁。在少数几篇研究金融领域战略性安全的文献中，西方学者将金融的安全视为经济安全的核心组成部分。例如，亨廷顿列举了西方文明控制世界的 14 个战略要点，其中控制国际银行体系、控制硬通货、掌握国际资本市场分别列第一、第二和第五项，这三项都与金融密切相关，可见金融安全问题居于重要的战略地位。Stiglitz 和 Green-wald（2003）将宏观金融运行的安全性问题定义为：第一，金融机构破产在金融安全问题中的重要性是第一位的，因此，宏观金融决策必须考虑对金融机构破产概率的影响；第二，面对危机，特别是在重组金融体系时，国家必须考虑重组对信用流的影响，即重组对整体社会资金运行必将产生某种影响；第三，多市场的一般均衡效应与单一市场的局部均衡效应存在差别，有必要对银行重组的经济和金融效应做全面的前瞻性分析，最大可能地提高金融体系的稳定性。Stiglitz 和 Greenwald 的观点给我们的启示是：金融安全的第一要素是金融机构的破产概率与危机应对。

张幼文（1999）认为，金融安全不等于经济安全，但金融安全是经济安全的必要条件。一方面，金融是现代市场经济的命脉，金融系统产生的问题可能迅速成为整体经济的问题；另一方面，金融全球化的发展可能会使世界局部金融问题迅速转化为全球性金融问题。因此，金融安全是经济安全的核心。刘沛（2001）认为，金融安全是指一国经济在独立发展道路上，金融运行的动态稳定状况，并在此基础上从七个方面对金融稳定状态进行了说明。在前人研究的基础上，王元龙（2004）对金融安全进行了重新界定：金融安全简而言之就是货币资金融通的安全，是指在金融全球化条件下，一国在其金融发展过程中具备抵御国内外各种威胁、侵袭的能力，确保金融体系、金融主权不受侵害，使金融体系保持正常运行与发展的一种态势。刘锡良（2004）认为，从金融功能的正常履行来认识金融安全，可以将其分成微观、中观和宏观三个层次；金融安全的主体是一国的金融系统；金融安全包括金融资产的安全、金融机构的安全和金融发展的安全。陆磊（2006）认为，对于我国这样的金融转型国家，国家金融安全还存在着更为复杂的内容，往往需要从一般均衡的角度加以认识。吴婷婷（2011）认为，金融安全指金融体系风险承载力不仅可以应对自身内部风险的集聚，还能够抵御来自国际的外部冲击。而张红力（2015）则指出，金融安全不是纯技术性问题，不是被动防御的过程，也不能用单一指标来衡量，需要从整体性、长期性等角度来进行考虑、设计与实施。

金融安全是经济安全的核心组成部分，经济安全的含义更多地和经济危机、国家主权相联系，因此，在金融安全的研究中，学者们更多地借鉴了经济安全的研究成果。尽管国内学者在金融安全的界定上做出了努力，但这些概念过于抽象，对其内涵和外延的界定也具有颇多争议，导致后续研究变得较为困难。为此，我们需对一些近似概念进行界定与梳理。

第一，金融稳定与金融稳健。中国人民银行发布的《中国金融稳定报告 2020》认为金融系统应坚持稳中求进工作总基调，紧紧围绕服务实体经济、防控金融风险、深化金融改革三项任务，坚持实施稳健的货币政策，坚决打好防范化解重大金融风险攻坚战。[①] 在这种状态下，宏观经济健康运行，货币和财政政策稳健有效，金融供给侧结构不断优化，金融生态环境不断改善，金融机构、金融市场和金融基础设施能够发挥资源配置、风险管理、支付结算等关键功能，而且在受到内外部因素冲击时，金融体系整体上仍然能够平稳运行。刘锡良（2004）认为金融稳定是指金融体系不发生大的动荡，可以正常行使其功能的状态；金融稳

---

① 中国人民银行金融稳定分析小组. 中国金融稳定报告（2020）[M]. 北京：中国金融出版社，2020.

定并不必然表示安全，但不稳定就会爆发金融危机，可见金融安全的概念包括金融稳定。王元龙（2004）认为金融安全是一种动态均衡状态，而这种状态往往表现为金融稳定发展。金融稳定侧重于金融的稳定发展，不发生较大的金融动荡，强调的是静态概念；而金融安全侧重于强调一种动态的金融发展态势，包括对宏观经济体制、经济结构调整变化的动态适应。对金融稳健性的界定，各界远未达成共识。Andrew Crockett 把金融稳健性定义为没有不稳健性。国外一般从金融不稳健的角度对其进行定义。Roger Ferguson 提出了判断或者界定金融不稳健的标准：某些重要的金融资产的价格似乎与其基础有很大脱离或国内的和国际的市场功能和信贷的可获得性都存在明显的扭曲，结果是总支出与经济的生产能力出现明显的偏离（或即将偏离）。国际货币基金组织（IMF）的金融部门评估规划（FSAPs）对金融稳健指标进行了界定，由 Evans 等人（2000）以及 Sundararajan 等人（2002）发展了一套金融稳健指标，并推动各国政府在对金融部门外部分析中采用这些指标（IMF，2003）。他们领导的研究小组开发出了一个核心指标集和鼓励指标集，但是至今没有开发出一个衡量金融稳健性的综合指标。可见，金融稳健与金融稳定概念比较接近，前者侧重手段，后者侧重目的，精准界定其差异尚需斟酌；金融安全是一个动态的概念，比金融稳定的外延更为广泛，更能反映一国金融体系的真实运行状况。

第二，风险、危机、主权与金融安全。根据《新帕尔格雷夫经济学大辞典》关于风险的相关词条，风险是指能用数值概率表示的随机性，侧重于不确定性和不确定性引起的不利后果。金融当局关注的焦点是负面风险，他们试图弄清楚影响稳定的潜在威胁[1]。中国人民银行发布的《中国金融稳定报告（2005）》提出应强调金融体系的整体稳定及其关键功能的正常发挥，注重防止金融风险跨行业、跨市场、跨地区传染，核心是防范系统性风险。"系统性风险"是指一个事件在一连串的机构和市场构成的系统中引起一系列连续损失的可能性（Kaufman，1995）。单个的金融风险并不足以使一个国家的金融体系受到很大损害，只有当单个风险迅速扩大并转移扩散，演变成全局性和战略性风险，对金融体系的功能发挥造成重大影响时才能威胁到金融安全，金融危机是危害金融安全的最主要的途径（刘锡良，2004）。总体而言，金融风险与金融安全密切相关，金融风险的产生构成对金融安全的威胁，金融风险的积累和爆发造成对金融安全的损害，对金融风险的防范就是对金融安全的维护。但是，金融风险与金融安全又相互区别。金融风险主要从金融结果的不确定性的角度来探讨风险产生和防范问题，金融安全则主要从保持金融体系运行与发展的角度来探讨威胁与侵袭来自何方及如何消除。在西方经济学中，对金融危机的含义有多种表述，但最具代表性的是《新帕尔格雷夫经济学大辞典》中对金融危机的定义："全部或大部分金融指标——短期利率、资产（证券、房地产、土地）价格、商业破产数和金融机构倒闭数的急剧、短暂和超周期的恶化。"金融危机的特征是基于预期资产价格下降而大量抛出不动产或长期金融

---

① 英格兰银行第 17 期《金融稳定报告》。

资产。金融危机一般具体表现为货币危机、债务危机与银行危机。实际上，金融危机是指一个国家的金融领域已经发生了严重的混乱和动荡，并在事实上对该国银行体系、货币金融市场、对外贸易、国际收支乃至整个国民经济造成了灾难性的影响。金融安全的反义词是金融不安全，但绝不是金融危机的爆发。金融危机根源于金融风险的集聚，是危害金融安全的极端表现，是金融不安全状况累积爆发的结果。总体来说，金融安全体现为一国金融体系的稳定运行状态，关键在于核心金融价值的维护，取决于一国政府维护或控制金融体系的能力和金融机构的竞争能力。金融风险的累积会威胁金融安全，而金融危机是危害金融安全的极端表现，金融主权则是国家维护金融安全的重要基础。

我们认为金融安全是一个现实命题，它既包含经济方面，也包含政治方面。在分析金融安全问题的时候，我们应该坚持"以国家为中心"的现实的分析视角，牢固树立总体国家安全观来谋划金融安全工作。习近平总书记在中央国家安全委员会第一次会议上指出："当前我国国家安全内涵和外延比历史上任何时候都要丰富，时空领域比历史上任何时候都要宽广，内外因素比历史上任何时候都要复杂。"显然，总体国家安全观回应的正是当下错综复杂的各类安全挑战。2015 年通过的《国家安全法》，将"国家健全金融宏观审慎管理和金融风险防范、处置机制，加强金融基础设施和基础能力建设，防范和化解系统性、区域性金融风险，防范和抵御外部金融风险的冲击"纳入维护国家安全的任务。习近平总书记在第五次全国金融工作会议上指出，金融安全是国家安全的重要组成部分，要加快转变金融发展方式，健全金融法治，保障国家金融安全，促进经济和金融良性循环、健康发展。从国内来看，金融安全面临的系统性风险、高杠杆风险、互联网金融风险和外部风险不容忽视，在此背景下，我国金融安全呈现出新问题与新特点，对政府加强金融治理提出了新挑战（2021，陈放）。我们应始终着眼于"三新一高"要求来推进金融安全政府治理工作，认识把握"两个大局"，必须始终着眼于新阶段、新理念、新格局，尽快实现政府在金融安全的治理理念、治理机制、治理政策和治理方式等的创新，以健全完善金融安全政府治理的长效机制，切实保障国家金融安全。新发展阶段、新发展理念、新发展格局是贯穿"十四五"时期乃至全面建设社会主义现代化国家全过程的战略导向，也是推进金融安全工作的重要指导。中共中央提出的"新安全观"与"人类命运共同体"的主张一脉相承，讨论的是人类社会终极走向，因此它带有理想主义的色彩。新安全观要彰显大国如何有大的样子，但它并不与"国家中心"的分析视角矛盾，因为金融安全的提出本来就是以一国为基本研究单位。

基于这样的认识，本报告尝试性地给出金融安全的定义。金融安全是一个高度综合的概念，与金融危机、金融主权密切相关。它体现为一国金融体系的稳定运行状态，关键在于核心金融价值的维护，根本上取决于一国政府维护和控制金融体系的能力。

第二节　金融安全报告文献述评

瑞典央行认为金融稳定报告的目的是识别金融体系的潜在风险，评估金融体系抵御风险的能力。金融稳定分析的内容是金融体系抵御不可预见冲击的能力，这些冲击一般会对金融性公司和金融基础设施造成影响，其中金融基础设施是进行支付和金融产品交易必不可少的。金融系统作为有关资金的流动、集中和分配的一个体系，它的稳定主要依靠构成系统的机构、体系和管理安排。不稳定的影响或冲击可能来自其内部或其外部，能相互作用引发一个比局部影响总和要大得多的整体影响。欧洲中央银行认为金融稳定的定义宽泛而复杂，并非仅指防范和化解金融危机一个方面。金融稳定概念包括积极主动维稳的含义，即保障金融系统中的一切常规业务能够在现期及可预见的将来始终安全正常运作。金融体系的稳定要求其中的各主体部门——金融机构、金融市场及金融支撑系统等——能够协同应对来自负面的干扰。此外，金融稳定还包括前瞻性要求，预防资本配置的低效和风险定价的失准对金融体系乃至整体经济的未来稳定形成威胁。为全面描述金融系统的稳定状况，必须做好三项工作：第一，对金融体系各主体部门（金融机构、金融市场、基础设施）的健康状况进行个体和整体的评估；第二，对风险点、薄弱点及诱因进行甄别；第三，对金融系统应对危机的能力进行评价，并由整体评估的结论决定是否采取应对措施。需要明确的是，关注风险点、薄弱点及诱因并非以预测货币政策的成效为目的，而是为了找出那些潜藏的金融风险源加以防范，尽管它们离真实爆发尚有时日。

德利尔·沃雷尔（Delisle Worrell，2004）提出了一整套的金融部门量化评估方法及应用领域。他指出学术界量化方法主要用于测算以下三个问题：金融部门稳定性、风险暴露和应对冲击时的脆弱性。具体而言，金融部门评估量化包含以下三个步骤。第一，金融稳健指标的运用：一是作为判断工具，用于对市场变化趋势、主要扰动和其他因素进行判断；二是构建信号模型，用于评估金融系统的脆弱性、金融危机发生的可能性以及建立一套早期预警系统。第二，压力测试，测试极端事件发生的可能性和金融部门对极端事件的敏感程度，以及危机在各个金融部门中的传导机制，以衡量金融机构在危机中存活下来的能力。第三，基于模型的金融预测，衡量危机发生的可能性。为此，一个整体的金融系统评估方法应综合阐述以下四个问题：一是构建单个金融部门风险的早期预警系统；二是建立一个对金融部门进行风险预测的框架；三是阐述进行压力测试的步骤；四是在考虑银行间的风险传染的基础上对模型进行修正。

世界银行与国际货币基金组织编制的《金融部门评估手册（2005）》认为：广义的金融体系稳定意味着既无大规模的金融机构倒闭，金融体系中介功能也未发生严重混乱。金融稳定可以视为金融体系在一个稳定区间内长时间安全运转的情况，当逼近区间边界时即面临不稳定，在越过区间边界时即出现了不稳定。金融稳定分析旨在识别危及金融体系稳定的因素，并据此制定适当的政策措施。其重点关注的内容是金融体系的风险敞口、风险缓冲能力及其相互联系，进而评估金融体系稳健性和脆弱性，并关注对金融稳健具有决定性影响的经济、监管和制度等因素。金融稳定的分析框架以宏观审慎监测为核心，以金融市场监测、宏观财务关系分析、宏观经济状况监测为补充。具体而言，第一，金融市场监测有助于评估金融部门受某一特定冲击或组合性冲击时面临的主要风险，一般采用 EWS 模型，对金融体系带来极大冲击的可能性进行前瞻性评估；第二，宏观审慎监测旨在评估金融体系的健康状况及其面对潜在冲击时的脆弱性，侧重于研究国内金融体系受宏观经济冲击后的脆弱性；第三，宏观财务关系分析力图了解引发冲击的风险敞口如何通过金融体系传递到宏观经济，评估金融部门对宏观经济状况的冲击效果，所需要的数据包括各部门的资产负债表、私营部门获得融资的指标；第四，宏观经济状况的监测主要是监测金融体系对宏观经济状况的总体影响，特别是对债务可持续性的影响。

《全球金融稳定报告（2020）》侧重于三个方面：第一，从货币和金融状况、风险偏好等七个领域对全球金融稳定状况作出综合评估；第二，对当前重大风险银行进行专题分析；第三，提供相应政策建议。它基于货币和金融状况、风险偏好、宏观经济风险、新兴市场风险、信用风险、市场和流动性风险七个维度对全球金融稳定状况作出评价。

叶永刚的《中国与全球金融风险报告》采用或有权益分析法，将宏观金融风险分为公共部门、上市金融部门、上市企业部门、家户部门和宏观金融风险综合指数进行比较，并在此基础上对东部、东北部、中部、西部各区域及区域内的省（自治区、直辖市）分别进行了风险分析。李孟刚的《中国金融产业安全报告》基于金融业的细分行业对金融产业安全做出了评估和预警。上海财经大学的《中国金融安全报告》侧重于风险专题的研究与探讨。由中国互联网金融协会、北京市地方金融监督管理局等六家单位联合策划的《中国金融科技安全发展报告》主要对金融科技服务行业的风险与监管做出了分析与总结。近几年中国人民银行发布的《中国金融稳定报告》主要包括宏观经济运行、金融业稳健性评估以及宏观审慎管理三个部分。2021 年的《中国金融稳定报告》在保持前两个部分不变的基础上，将第三部分由之前的"宏观审慎管理"调整为"构建系统性金融风险防控体系"，内涵上更为丰富。央行对外发布的三大报告——《中国货币政策执行报告》（季度发布）、《中国区域金融运行报告》（年度发布）和《中国金融稳定报告》（年度发布）对于观察金融部门具有较强的指导意义。

第三节　本报告框架与评估方法

一、基本框架

本报告拟从经济和政治两个视角，从金融体系、经济运行、国际传染三个层次，从静态风险和动态发展两个维度，全面评估我国金融安全状态以及维护金融安全的能力。本报告具体有以下特点。

第一，金融安全评估包括经济和政治两个视角。金融安全问题是一个综合国际政治、经济、文化诸方面的重大课题，它一方面与系统性风险、金融危机等命题相关，另一方面涉及资源配置的权力、金融自主权等方面的内容。本报告从经济与政治两个视角来对金融安全问题进行解析。经济视角重点评估金融稳健性，分析个体风险、系统性风险和金融危机的潜在可能与威胁。政治视角重点评估金融自主权，分析在金融开放的过程中如何维护自己的主权，把握开放的进程，进而在全球政治经济新秩序重构中分享最大化收益。具体来讲，金融自主权可以定义为一国享有独立自主地处理一切对内对外金融事务的权利，即表现为国家对金融体系的控制权与主导权，主要包括货币自主权、大宗商品定价权和国际金融话语权等内容。

第二，金融安全评估包括金融体系、经济运行、国际传染三个层次。我们试图在双重转型的特殊约束条件下，研究金融安全在不同层面上的相互转换与分担机制。金融体系的金融安全主要探讨经济风险如何集中于金融体系，研究金融机构个体风险如何向系统性风险转换及金融机构、金融市场之间的风险传染机制。经济运行层面的金融安全主要探讨金融系统性风险与经济系统性风险的分担和转换机制，研究金融系统性风险向金融危机、经济危机转化的临界条件与路径。国际传染层次主要研究全球经济体在经济金融层面的溢出效应。

第三，金融安全评估包括静态风险评估与动态发展评估两个维度。前者从时间维度来监测我国金融安全的即时状态，重点描述"风险的结果"，即当前的金融风险处于一种什么样的状态；后者从动态角度描述我国维护金融安全的能力，重点描述"潜在的风险"，即从发展的眼光看有哪一些因素会潜在地危害金融稳定。

总体来看，金融安全的评估框架具体见表1－1。

表1－1　　　　　　　　　　　　金融安全评估框架

一级指标	二级指标	三级指标
金融稳健性	金融机构安全评估	银行业、证券业、保险业
	金融市场安全评估	股票市场、债券市场、金融衍生品市场
	房地产市场安全评估	房价稳定/行业发展，供需平衡，居民、企业信用风险
	金融风险传染评估	外部冲击传染安全指数、内部市场联动性安全指数、机构关联度安全指数、风险集中度安全指数
	经济运行安全评估	宏观经济金融指标，非金融企业部门、住户部门、公共部门
	全球主要经济体溢出效应评估	经济基本面指数、金融市场指数
金融自主权	货币自主权	货币替代率、货币政策独立性、人民币国际化
	大宗商品定价权	现货市场动态比价
	国际金融事务话语权	国际金融组织投票权、我国持有美国国债份额、国际议程设置能力

二、指数体系构建方法

金融安全指数合成可采用线性综合评价模型：$Y_i = \sum_{j=1}^{m} w_j x_{ij}$（$i = 1, 2, \cdots; j = 1, 2, \cdots, m$）。式中，$x_{ij}$为第$i$个被评价对象第$j$项指标观测值，$w_j$为评价指标$x_j$的权重系数，$Y_i$为第$i$

个被评价对象的综合值。从这个模型来看，影响综合评价结果可靠性的因素包括所选取的指标x_j及各指标的权数w_j。

（一）指标筛选

除专家指标主观筛选法之外，国内学者对综合评价中筛选指标提出的方法主要集中在统计和数学方法上。

1. 主观筛选法：Delphi 法

在评价指标的筛选中，德尔菲（Delphi）法经常被提到。这是一种向专家发函、征求意见的调研方法，即评价者在所设计的调查表中列出一系列评价指标，分别征询专家的意见，然后进行统计处理，并向专家反馈结果，经过几轮咨询后，专家的意见趋于一致，从而确定出具体的评价指标体系。这种方法的优缺点都很显著，优点是能充分发挥各位专家的作用，集思广益，准确性高，且能表达出专家之间的分歧点，便于取长补短；而缺点就是主观性太强，缺乏客观标准，并且成本耗时高。

2. 客观筛选法

一是基于相关性分析的指标筛选方法，在筛选指标时应尽量降低入选指标之间的相关性，而相关性分析就是通过对各个评价指标间予以相关程度的分析，删除一些相关系数较大的评价指标，以期削弱重复使用评价指标所反映的信息对最终评价结果造成的负面影响。具体包括极大不相关法（又名复相关系数法）、互补相关新指标生成法等。二是基于区分度的指标筛选方法，区分度是表示指标之间的差异程度，区分度越大，表明指标的特性越大，越具有对被评价对象特征差异的鉴别能力。一般采用的方法有条件广义方差极小法、最小均方差法、极小极大离差法。三是基于回归分析的指标筛选方法，包括偏最小二乘回归法、逐步回归法等。四是基于代表性分析的指标筛选方法，包括主成分分析法、聚类分析法等。

就上述的主、客观指标筛选法而言，专家筛选法缺乏客观性，从而降低了由此构建的评价指标体系的科学性；而客观筛选法虽都有其合理的理论依据，但由于在金融安全评价的实践中，这些方法往往只考虑了数据本身的特征，未进行经济理论的分析，容易造成各类评价指标分布严重的不均衡，而且指标体系的经济意义难以解释。例如某类经济意义非常重要的指标没有入选，而其他类别的指标却非常集中，这样的指标体系用于综合评价欠缺科学性和说服力。由此来看，综合评价指标的筛选完全依靠主观方法或者客观的统计学方法都是不科学的，单纯的主观方法选择综合评价指标，往往主观随意性太强，不同的专家对代表性指标和重要性指标的看法不同，难以协调统一，而且选出的指标之间很容易存在较大的相关性或者指标的鉴别力不强。而单纯运用统计学方法也会造成前述的种种问题。所以，金融安全评估指标的筛选必须采用主客观相结合的方法，要在对金融安全理论本质认识的基础上，结合适当的统计学方法来进行筛选。

（二）指标的无量纲化处理

为了方便对指标进行加总及比较，我们需对指标进行无量纲化处理，本报告处理的方法如下。

1. 指标的同向化处理

我们均将指标处理结果变为值越大金融指数越安全。

（1）对于极小型指标 X：一般而言，在对极小型指标的原始数据进行趋势性变换时，采用下述的方式将极小型指标转化为极大型指标：①对绝对数极小型指标使用倒数法，即令 $X^* = 1/X(X > 0)$；②对相对数极小型指标使用差值法，即令 $X^* = 1 - X$。如果该相对数极小型指标具有一个阈值（即该指标 X 有一个允许上界 M），则也可采用令 $X^* = M - X$ 的方式来使其转化为极大型指标。

（2）对于区间型指标 X，令

$$X = \begin{cases} 1 - \dfrac{q_1 - X}{\max(q_1 - m, M - q_2)}, & X < q_1 \\ 1, & q_1 < X < q_2 \\ 1 - \dfrac{X - q_2}{\max(q_1 - m, M - q_2)}, & X < q_2 \end{cases}$$

，式中 $[q_1, q_2]$ 为指标 X 的最佳稳定区间，m 为指标 X 的一个允许下界，M 为指标 X 的一个允许上界。我们采用的惯例为最优区间为 X 的均值加减 0.3 个标准差。

2. 指标的无量纲化处理

我们采用功效系数法对指标进行无量纲化处理。功效系数法的基本思路是先确定每个评价指标的满意值 M_j 和不容许值 m_j，令 $x'_{ji} = 60 + \dfrac{X_{ij} - m_j}{M_j - m_j} \times 40$。这种转化能够反映出各评价指标的数值大小，可充分地体现各评价单位之间的差距，且单项评价指标值一般在 60 ~ 100 之间。但须在事前确定两个对比标准，即评价的参照系——满意值和不容许值，因此操作难度较大。许多综合评价问题中理论上没有明确的满意值和不容许值。实际操作时一般有如下的变通处理：①以历史上的最优值、最差值来代替；②在评价总体中分别取最优、最差的若干项数据的平均数来代替。我们进行指数处理的方法为：M 为满意值，可以采用中国历史最优值或者 OECD（经济合作与发展组织）最优值的 10% 分位或 20% 分位；m 为不容许值，可以采用危机国家最差值的 10% 分位或 20% 分位或者中国的历史最差值。

（三）指数权重的赋予

任何评价体系都无法避免地遇到指标赋权这一难题，而多指标综合评价中指标权数的合理性、准确性直接影响评价结果的可靠性。指标权数在评价指标体系中以及各个评价指标在综合评价结果中的地位和作用是不一样的。有鉴于此，为了使评价的结论更具有客观性和可信性，原则上就要求，应该对每一个评价指标赋予不同的权重。尽管指标权重的确定在综合评价中的意义显著，但是如何给评价指标赋权，却是一件比较困难的事情。目前，指标的赋权法有主观赋权法、客观赋权法以及建立在这两者基础之上的组合赋权法三类方法。

主观赋权法是研究者根据其主观价值判断来确定各指标权数的一类方法。这类方法主要有专家赋权法、层次分析法等。各指标权重的大小取决于各专家自身的知识结构和个人喜好。客观赋权法是利用数理统计的方法将各指标值经过分析处理后得出权数的一类方法。根据数理依据，这类方法又分为熵值法、变异系数法、主成分分析法等。这类方法根据样本指标值本身的特点来进行赋权，具有较好的规范性。但其容易受到样本数据的影响，不同的样本会根据同一方法得出不同的权数。

由于权重的客观赋值方法依赖于各指标对应的历史数据，由于部分历史数据的可得性较差，且其与金融安全理论的关联性缺乏深入论证，我们无法在事前运用客观法或组合赋权法对指标予以赋权。为此，基于文献及我们以前的理论实证研究结论，我们召集了数十位专家对权重进行了讨论并最后赋予权重。最后，我们也采用了层次分析法等对权重进行了鲁棒性测试，结果表明对金融安全指数的分位排序并不会对结果造成影响。

（四）金融安全指数的经济学含义

金融安全指数合成后，金融安全指数越大表示越安全，一般而言：第一，低于 60 分是危机区间，对应颜色为红色；第二，60~70 分是危险区域，对应颜色为橙色；第三，70~80 分为风险级别可控，对应颜色为蓝色；第四，80 分以上，安全，对应颜色为绿色。

第四节　金融安全评估结论

一、金融安全总体情况（2001—2020 年）

（一）金融安全总体可控，2020 年因新冠肺炎疫情原因金融安全指数有所下降

从表 1-2 中，我们得到以下几点结论。

第一，我国金融安全总体可控但需要高度关注。我国金融稳健性指数大多数年份均保持在 80~85 的良好区间。从 2015 年到 2019 年，我国金融自主权在短暂下降后不断提升，金融稳健性缓慢改善，金融安全指数逐步回升。然而，2019 年底暴发了新冠肺炎疫情，我国 2020 年经济形势不容乐观，除了金融自主权指标上升外，其他指标全面下降，特别是金融市场安全指数、经济运行安全指数和主要经济体溢出效应指数明显下降，表明需要高度关注我国金融安全状况。

表 1-2　　　　　　　　　　　　中国金融安全指数

年份	金融机构安全指数	金融市场安全指数	房地产市场安全指数	金融风险传染指数	经济运行安全指数	主要经济体溢出效应指数	金融自主权指数	金融稳健性指数[①]	金融安全指数[②]
2001	83.68	83.77	78.15	97.35	81.04	78.45	57.05	83.45	78.17
2002	80.98	83.95	81.28	97.57	80.63	74.04	58.57	82.20	77.48
2003	83.59	86.28	80.05	97.11	82.79	92.74	58.34	85.61	80.16
2004	77.77	86.29	80.79	96.26	83.31	88.21	58.03	82.92	77.95

续表

年份	金融机构安全指数	金融市场安全指数	房地产市场安全指数	金融风险传染指数	经济运行安全指数	主要经济体溢出效应指数	金融自主权指数	金融稳健性指数①	金融安全指数②
2005	73.91	88.48	84.80	94.72	85.74	93.29	60.47	82.84	78.37
2006	74.16	89.19	84.87	89.61	88.43	89.73	62.66	82.69	78.69
2007	82.85	77.42	84.97	85.69	89.18	83.85	61.76	84.17	79.69
2008	75.35	76.57	86.56	78.72	83.80	77.41	63.13	78.83	75.69
2009	76.81	81.72	79.25	74.94	77.44	80.94	66.50	77.90	75.62
2010	77.93	85.67	83.05	76.38	84.90	83.21	62.32	80.98	77.25
2011	83.73	87.71	83.03	75.95	81.82	81.55	65.56	82.68	79.26
2012	82.52	79.28	82.21	70.65	80.84	90.31	63.63	81.42	77.86
2013	82.72	82.35	80.71	77.10	79.88	89.07	67.48	81.99	79.09
2014	80.46	77.46	78.70	83.93	79.08	88.58	65.85	80.87	77.86
2015	81.84	62.99	75.32	81.03	75.66	90.34	66.46	78.83	76.36
2016	78.87	76.05	75.41	78.63	76.87	88.13	63.13	78.74	75.62
2017	79.12	82.86	79.37	81.58	77.14	87.69	62.65	80.23	76.71
2018	80.83	82.74	77.98	93.74	77.01	85.88	63.70	81.77	78.16
2019	81.60	86.23	78.54	82.52	76.98	91.43	67.24	81.91	78.97
2020	80.95	79.29	77.24	80.60	71.47	77.97	69.20	78.18	76.39

注：1. 金融稳健性指数由金融机构安全指数、金融市场安全指数、房地产市场安全指数、金融风险传染指数、经济运行安全指数、主要经济体溢出效应指数加权计算得出。

2. 金融安全指数由金融稳健性指数和金融自主权指数分别按0.8和0.2的权重加权计算得出。

第二，我国金融安全状态可以粗略分为五个阶段：第一阶段为2001—2006年。由于我国经济的快速发展、金融机构运营质量的提升及金融市场的发展，我国金融安全指数总体保持在较好水平，指数维持在77~81的区间内。第二阶段为次贷危机和国际金融危机时期，即2007—2009年。由于外部环境导致经济恶化，我国金融安全指数开始从2006年的78.69恶化到2009年的75.62。第三阶段为转型阵痛期，即2010—2016年。一方面，2010年由于外部经济的稳定与我国大规模刺激政策的推出，我国金融安全状况迅速好转；另一方面，我国经济增长模式变化带来的经济增长速度下滑、长期刺激政策带来的高杠杆率与金融机构稳健性下降，却导致我国金融安全指数出现趋势性下降的隐患，该指数从2010年的77.25下降至2016年的75.62，与2009年的金融安全指数持平，区间状况仅好于2008年国际金融危机期间。第四阶段为决胜全面建成小康社会时期，是从党的十九大开始至2019年12月，党的十九大报告中指出，中国的经济发展进入了新的阶段，我国社会主要矛盾已经转化为"人民日益增长的美好生活需要和不平衡不充分的发展之间的矛盾"。为了适应新的经济发展形势，我国在2017年、2018年继续深入推进"三去一降一补"战略，实施积极稳妥去杠杆等措施。这些措施在很大程度上降低了金融系统性风险。2017—2019年我国的金融稳健性以及金融安全性均有所好转，金融安全性指数逐渐回升至 78.97。第五阶段为后疫情时期，即从 2019 年 12 月至今。2019 年底暴发的新冠肺炎疫情极大地冲击了世界经济。虽然中国率先控制疫情，并成为唯一正增长的主要经济体，但是仍有部分指标不容乐观。例如，2020 年的全年社会消费品零售总额比 2019 年下降 3.9%。受此基本面的影响，我国的金融稳健性以及金融安全性在最近 5 年首次从逐步提高转入降低。

第三，如图 1-1 所示，从金融安全的两个视角来看，我国金融稳健性指数运行周期及趋势与金融安全总体指数基本一致，成为制约我国金融安全状况的关键因素。同时，我国金融自主权在 2001—2013 年波动上升，从 2001 年的 57.05 上升到 2013 年的 67.48，自 2013—2017 年，金融自主权逐渐降至 62.65，2018 年金融自主权又开始逐渐回升，在 2020 年达到 69.20，为历史最高水平，表明我国金融自主权逐渐提高。

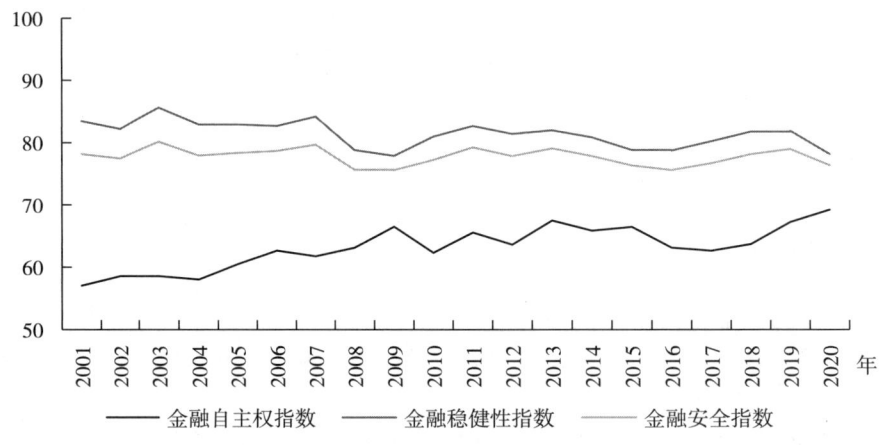

图 1-1　我国金融安全总体情况

（二）银行业、保险业和证券业稳健程度较 2019 年轻微下降

1. 中国银行业安全水平掉头下降引起警惕

从我国银行业风险程度的总体表现看，自 2001 年开始，我国银行业的风险状况受重大事件影响有一定波动，但总体表现出持续改善趋势，并在 2013 年达到阶段性的最高值（89.34）。2001—2003 年较为稳定，但在 2004—2005 年处于阶段性低点，随后逐渐上升至 2011 年，2012 年后有小幅下降，2013 年达到峰值，2016—2017 年到达另一个阶段性低位，2018 年情况有所好转，但 2019 年开始下降，2020 年延续了显著的下降趋势，显示银行业风险程度又出现上升苗头，应当引起决策者对银行市场风险的注意和警惕。

2020 年我国银行业流动性有所下降，资产回报率和资本回报率近年来呈现下降态势，非存款负债比高位回落。此外上市银行的不良贷款率有所升高，其中一个潜在的重要因素是由房地产行业传导到银行业的风险：2021 年来银行业高负债和高周转的经营特点加上房地产调控政策和新冠肺炎疫情的冲击，房地产业还款能力迅速降低，导致银行不良贷款率有较大上升的可能。为抵御各类风险的发生，近年来我国商业银行加大了不良贷款的拨备及核销力度。2020 年，上市银行流动资产占总资产的比率为 18.96%，而我国银行业流动性降低了 1.27 个百分点，继续下降至 22.95%，这说明上市银行可能拥有更多流动性风险相对更高的资产。在 2019 年及 2020 年出现了包括包商银行流动性危机等风险问题，流动性风险已成为银行业的重要风险问题。银行业发展水平方面，回报率有所降低，传统业务外的资金来源和收入占比下降。2020 年银行业资本回报率、成本收入比继续下降。银行业资本回报率在 2010 年之前表现出上升的趋势，而之后出现明显的下降，2017 年下降至 10.05%，2018 年为 9.16%，2020 年更是进一步下滑至 7.57%。就银行业的经营收益而言，我国银行业近年来走势持续下降，主要原因在于受传统基建投资拉动的经济增长放缓、产能和金融资本的相对过剩、金融脱媒、息差收窄的影响，银行盈利能力下降。上市银行营业收入微幅增长甚至负增长。未来受经济下行大环境的影响，非存款来源还不稳定，经济增速放缓导致的整体投资收益率水平下降，预计全行业及上市银行的资产和资本回报率可能都将进一步下滑。存款依然是我国银行业获得融资的主要来源。从市场结构来看，2014 年以来，多家民营银行、城市商业银行和农商行相继成立，多种所有制银行融合发展的格局不断壮大，HHI 指数（详见第二章第一节）持续处于较低区间，但近年来市场集中度有所提高，竞争程度有所下滑。

2. 中国证券业安全状况小幅下降，且仍处于较低水平

如图 1-2 所示，从我国证券业安全的总指数看，自 2001 年开始，我国证券业的安全水平可以大致分为三个阶段：第一阶段为 2001—2003 年，证券业的安全水平呈现小 "V" 形，"V" 形的低点出现在 2002 年；第二阶段为 2004—2011 年，证券业的安全水平呈现大 "V" 形，自 2004 年起，证券业的安全指数开始大幅下降，直到 2009 年达到最低点（64.81），随后明显改善，至 2011 年达到阶段性高点（90.21）；第三阶段为 2012—2014 年，安全指数持续小幅下跌；第四阶段为 2015—2020 年，证券行业的安全水平总体波动幅度较小。总的来说，证券业的安全水平总体仍处于较低水平，证券业应当对行业风险保持警惕。

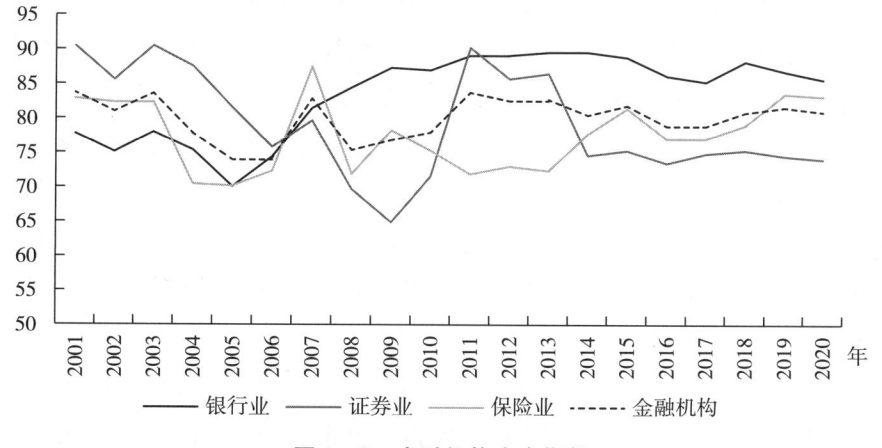

图 1-2　金融机构安全指数

从分项指标来看，2020 年证券业稳定水平和发展水平有所回暖。从证券业的稳定水平来看，证券业违约风险略微降低，2020 年证券业的 Z 值略微上升（Z 值越高，越稳定，详见第二章），但仍然处于历史较低水平；2020 年证券业的资本充足率企稳，但从整体上看仍然显示证券业的负债水平处在一个相对的高位；从证券业发展水平来看，市场集中度的上升导致发展水平下滑，但业务多元化持续推进，业绩回暖带动资本收益率回升。具体而言：（1）2007—2020 年行业集中度总体呈现上升的趋势，从 27.60% 上升到 41.20%。国家"做强做优做大打造航母级头部券商"的政策将导致优质资源进一步向头部券商聚集。（2）2007—2019 年间，证券公司代理买卖证券业务收入在营业收入中的占比除了 2012—2015 年在 45% 附近震荡外，其余年份呈现明显下降趋势，表明我国证券行业业务多元化程度有所提高。2020 年证券公司代理买卖证券业务收入在营业收入中的占比为 25.89%，较去年上升 4.04 个百分点，我国证券行业业务多元化程度有所降低。（3）2020 年证券业业绩回暖，营业收入和净利润大幅上涨，使得平均资本收益率回升至 6.29%，相对于 2018 年，上涨了 109.13%（见第二章）。

3. 中国保险业安全状况趋于稳定

如图 1-2 所示，我国保险业的安全状况总体表现出反复波动的趋势。自 2001 年起，保险业的安全水平逐渐恶化，直到 2006 年情况才有所改善，并在 2007 年达到高峰（87.47）。由于国际金融危机的影响，2008 年保险业的安全水平急剧下降，虽然 2009 年情况有所缓和，但在此之后又呈整体向下的趋势，2011 年达到阶段性的低点（71.88），此后情况逐步改善。就 2018—2020 年的保险业安全状况来说，2019 年保险业的安全水平较 2018 年上升 4.56 个百分点，2020 年受新冠肺炎疫情影响，安全水平略有下降，但是总体稳定。总的来说，近几年保险业的安全状况有所好转，总体呈现缓慢上升或相对稳定的趋势。

从分项指标来看，近年保险业安全状况有所好转主要受到保险业稳定水平和发展水平的双重提升。具体来看，从保险业稳定水平来看：（1）2018—2020 年保险业资本充足率的持续小幅上升，保险业 Z 值保持高位，2020 年 Z 值虽较 2019 年略有下降，但较 2018 年仍然增加了 1.62 个百分点，保险业的违约风险降低、偿付能力和抵御风险能力增强；（2）2020 年保险业平均资本充足率为 13.07%，较 2019 年增加近 0.12 个百分点，延续去年的上升态势。从保险业发展水平来看：（1）2020 年保险密度小幅下降，人均保费同比下降 4.98% 至 3205.67 元/人，高于亚洲平均水平；（2）2020 年保险业规模增速较 2019 年增加近 0.87 个百分点至 11.73%，保险规模持续扩张；（3）保险深度恢复至 4.45%；（4）投资资金占比较 2019 年增加 1.64 个百分点恢复到 88.02%。此外，保险业流动性水平、资产收益率均有不同程度的下降（见第二章）。

（三）金融市场安全水平总体下降，但各指标处于合理区间

如图 1-3 所示，我国金融市场安全综合指数表现出较为剧烈的"大起大落"。2007 年，股票市场的巨幅波动导致金融市场安全综合指数达到低点。2015 年股票市场历经暴涨暴跌，

中国金融期货交易所于 8 月 26 日起实行新的交易规则，导致股指期货的交易量流动性骤降，衍生品市场和债券市场也受到了股票市场巨幅波动的影响，这使 2015 年金融市场安全综合指数相对于其他年份明显下降。2016 年 10 月，美联储加息、国内经济企稳、货币政策难松、年末资金面收紧等多重因素叠加导致中国债券市场流动性收紧，债券违约数量增加，加上债市扩容以及城投债偿付高峰期的到来，债券市场违约风险集中暴露。但是由于之前相关监管措施陆续出台并发挥功效，股票市场风险以及衍生品市场风险继续降低，导致金融市场整体安全性在 2016 年有所上升。2017 年全年，整体市场呈下行状态，金融监管力度进一步加强，监管范围进一步扩大，且债券市场存量规模大幅下降，逆转了 2016 年债券市场的风险表现。2018 年，受到宏观经济下行以及中美贸易摩擦的影响，A 股市场市盈率下降明显。债券市场由于受到资金链收缩过快的影响，信用债利差走阔，整体安全性有所下滑。2019 年，宏观经济下行压力增加，各项主要指标处于较为合理的区间。具体来看，股票市场指数略微上升，债券市场指数显著上升。这主要是因为 A 股市场市盈率略微下降，股票市值相对于 GDP 增速有所下降，虚拟经济占比有所降低。市场避险情绪提升以及违约率提高增加了对于高质量债券的需求，从而导致高评级债券利率下降，债券市场安全性提升。衍生品市场安全性略微下降，但仍维持高位。这主要由于引进境外投资者，大力发展机构投资者，同时股指期货恢复常态化交易，市场流动性增强。但未来不确定性加大可能导致市场安全性下降。

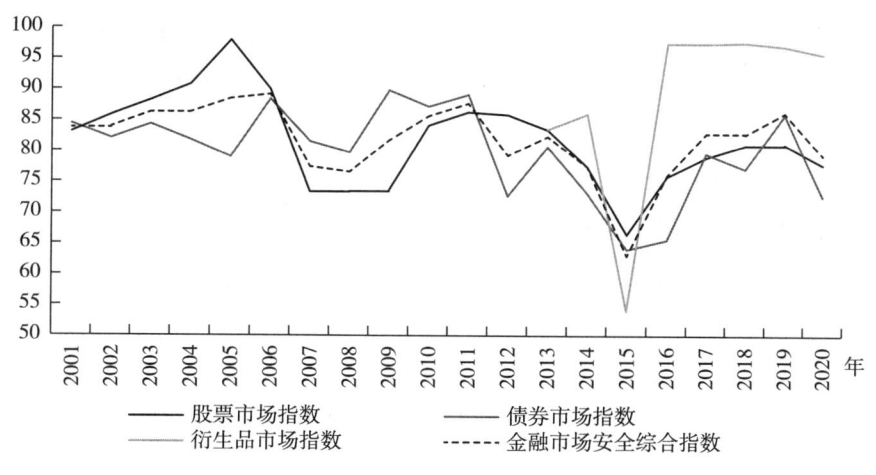

图 1-3 金融市场安全指数

2020 年金融市场安全综合指数较前三年有明显下降，主要是由于 2020 年股票市场、债券市场和金融衍生品市场的安全指数均有不同程度的下降。其中，尤为重要的是债券市场风险出现了较大幅度上升，债券市场指数较 2019 年提高了 15.5%。债券市场方面，低信用级别公司债与高信用级别公司债的发行利差和债券存量规模/GDP 这两个安全指标出现了显著下降，分别同比下降了 31.79% 和 14.73%。主要原因是：信用债利差持续走阔和债券发行量的非典型增长使得市场风险增加。多家信用市场评级为 AAA 的发债主体信用风险持续显现，这也反映出债券市场出现较大风险不仅是由于疫情期间经济环境的不确定性、多重政策的交互冲击及企业经营困难等因素影响，还暴露出我国债券信用评级虚高、风险预警功能式微的问题。除此之外，股票市场的安全性也有所下滑，主要是受创业板注册制的落地实施影响，融资融券余额呈攀升态势，从而使得股票市场安全性略有下降。衍生品市场安全性稍微下滑，主要由于 2020 年央行在年初新冠肺炎疫情期间实施超常规货币政策，衍生产品的成交量和持仓量呈现显著的扩大局面，市场交易活跃，风险性有所增加（见第三章）。

（四）房地产市场安全指数小幅下降，正处于较低水平

如图 1-4 所示，总体来看，2001 年以来，我国房地产市场安全评估状况大致可以分为六个阶段：一是 2001—2008 年，由于我国制定了一系列支持房地产发展的政策，房地产市场快速发展，价格持续上扬，之后的一系列调控措施虽使房地产市场安全水平有所波动，但总体呈上扬趋势，指数由 2001 年的 78.15 上升至 2008 年的 86.56；二是 2008 年国际金融危机后，相继出台的楼市刺激措施以及房地产市场需求的大幅释放，使得房地产市场安全水平急剧下降，安全指数从 2008 年的 86.56 降至 2009 年的 79.25；三是 2008 年国际金融危机后的恢复期，"国十一条""国十条""9·29 新政"等政策的相继出台，从抑制需求、增加供给、加强监管等方面对房地产市场进行了全方位的调控，安全指数从 2009 年的 79.25 增至 2010 年的 83.05；四是房地产市场转折与深度调整期，库存压力逐渐显现，政策从严控渐趋宽松，安全指数从 2010 年的 83.05 下降至 2015 年的 75.32；五是 2015—2017 年的推动长效机制阶段，我国坚定推动房地产长效机制落地，在限售新政策出台的背景下，房地产安全指数在 2017 年有了显著的提高，从 2015 年的 75.32 上升到了 2017 年的 79.37；六是 2017—2020 年，其中 2017—2018 年，由于房价飞速上涨，房地产安全指数下降，由 2017 年的 79.37 下降至 77.98；2019 年房地产市场政策紧缩，"房住不炒"、限购令的持续实施，使安全指数有所提升，从 77.98 上升至 78.54；2020 年，新冠肺炎疫情"黑天鹅"冲击房地产市

图 1-4 房地产市场安全指数（2001—2020 年）

场，监管部门出台新规控制房地产企业有息债务的增长，设置"三道红线"，严格收紧房企融资。这两者共同导致房企高负债、高周转的运营模式难以为继，房地产安全指数下降幅度较大，由 2019 年的 78.54 下降至 2020 年的 77.24。

具体来看，2020 年房地产市场安全指数下降的原因有以下几点：一是 2020 年房价收入比为 12.03，创下历史新高。尽管房价增长速度从 2019 年的 6.56% 放缓至 5.51%，但仍然高于收入水平和 GDP 增速。二是商品房需求上升，供给有所下降。需求市场方面，商品房销售额增长率有所上升，从 6.5% 升至 8.7%，需求增加。同时商品房销售额/房地产开发投资额指数由 97.01 上升至 98.49，15~64 岁劳动力人口占比指数出现下降，土地供销比由 60.39 降至 60.19，土地购置面积也有所下降，未来房屋供给下降。三是经济放缓，人均收入以及人均 GDP 增长率大幅下降。房地产价格增长率/GDP 增长率指数从 2019 年的 81.10 下降至 2020 年的 61.07，个人住房贷款增长率/人均收入增长率指数从 2019 年的 87.54 下降至 2020 年的 76.75。四是 2020 年，新冠肺炎疫情"黑天鹅"冲击房地产市场，政策调控基调先松后紧，行业景气度继续承压。随着市场由增量向存量转变，房企积极应对环境变化，在巩固主业的基础上，对多元化战略的重视度上升。

2020 年，房地产政策层面前松后紧，国家继续坚持"房住不炒、因城施策"的政策，实现稳地价、稳房价、稳预期长期调控目标。上半年房地产信贷政策较宽松，央行三度降准释放长期资金约 1.75 万亿元，并两度下调 LPR，5 年期以上 LPR 累计降幅达 15 个基点。但下半年央行设置"三道红线"分档设定房企有息负债增速规模，倒逼房企去杠杆、降负债。基于稳财政、稳经济、稳就业的核心诉求，上半年多省市在土地出让环节为市场减压、企业纾困，并在房地产交易环节从供、需两端助力市场复苏。2020 年下半年伴随着市场过热，杭州、沈阳、西安和宁波等 19 城政策加码，包括升级限购、升级限贷、升级限价、升级限售以及增加房地产交易税费等，其中深圳政策力度最严苛。房企融资和居民房贷层面，未来房地产行业将转向稳杠杆乃至去杠杆，牢牢守住不发生系统性金融风险的底线。具体而言，"三道红线"将持续发力，房企整体融资环境依旧偏紧，房企去杠杆、降负债已是大势所趋。居民部门仍需稳杠杆，确保居民杠杆率和负债率不再继续上升（详见第四章）。

（五）金融风险传染风险进一步增加

如图 1-5 所示，我国金融风险传染安全指数在 2001—2012 年呈明显的下降趋势，这主要是由于 2012 年之前，我国金融体系正处于规范发展和市场化改革阶段，各金融机构之间的联系越发紧密，市场间的相互传染影响也不断增强，再加上国际金融危机的影响，使得这段时期内风险传染安全指数不断下滑；其中，风险传染安全指数在 2010—2011 年期间较为平稳，这得益于 2009 年受国际金融危机影响后开始执行的大规模经济刺激计划。自 2012 年起，我国金融市场拉开了创新的序幕，各项措施稳步推进，新的金融产品不断推出，再加上监管的逐渐规范化，市场平稳健康发展，风险传染安全指数也不断上升。但在 2014—2016 年期间，随着期货及衍生品市场的蓬勃发展，金融市场呈现高杠杆状态，市场繁荣带来的潜在风险也不断累积，金融体系表现出明显的高关联、高集中度特征，风险传染安全指数有所回落。2017 年后，经济发展进入新常态，在"控风险""严监管""去杠杆"等关键词不断落实之下，金融体系的联动性降低，风险传染性下降。受 2019 年新冠肺炎疫情的影响，金融体系受到极大的冲击，风险传染性也逐渐扩大，表现为 2019—2020 年间风险传染安全指数显著下滑。

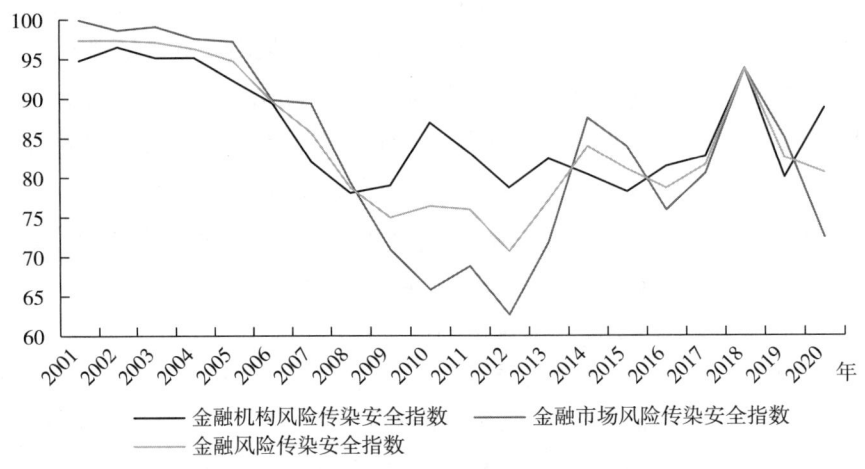

图 1-5　金融风险传染安全指数

2020 年，我国的金融风险传染情况整体表现为：一是信用风险过度集中，金融结构不合理。尽管 2019 年机构关联度安全指数相较于 2018 年有所上升，但风险集中度安全指数处于长期以来的最低点，金融系统的稳定性依赖于少数重要性机构的现象非常明显。特别是系统重要性银行在银行网络中的加权中心度远超其他金融机构，居于主导地位。这使得我国金融机构的网络结构稳定度缺失，具有"稳健而脆弱（robust but fragile）"的倾向，也就是说，由于大部分小型金融机构连通性较低，金融冲击影响低连通机构的概率较高。二是风险传染效率提高，风险交叉传染依旧。国内股票市场与债券市场、期货市场、外汇市场之间的传染效应均具有时变特征，风险传染的持续时间有减少的趋势，即风险传染的效率近年来有所提高。三是风险传染路径复杂，风险救助方案尚不明确。考虑金融风险传染的内在机理，其中经济层面的关联性是其传染基础，包括银行信贷、证券投资和资本流动等方面的关联性；除此之外，一个市场的波动也会通过投资者的情绪及其非理性行为传递到另一个市场；近年来，伴随金融科技飞速发展而新生的不确定性因素，也是金融风险传染的重要途径（见第五章）。

（六）金融周期风险改善不及公共部门风险增加，经济运行安全指数快速下降

图 1-6 显示了 2001—2020 年我国经济运行安全指数、经济运行发展指数以及经济运行风险指数的变化趋势。从图 1-6 中我们可以发现，2001 年以来，我国经济运行安全评估状况大致可以分为四个阶段：一是 2001—2007 年，我国加入世贸组织后，经济活力与发展动

力进一步释放，经济长期发展动力与短期驱动因素逐年向好，经济运行安全指数从 2001 年的 81.04 上升至 2007 年的 89.18；二是 2008 年国际金融危机后，经济运行安全指数从 2007 年的 89.18 下降到 2009 年的 77.44；三是 2008 年国际金融危机后的恢复时期，受大规模刺激政策的影响，我国经济迅速好转，经济运行安全指数从 2009 年的 77.44 上升至 2010 年的 84.90；四是转型阵痛期，经济运行安全指数从 2010 年的 84.90 下降到 2019 年的 76.98，2020 年我国经济运行安全指数进一步下降，为 71.47。2020 年我国经济运行风险指数呈现小幅下降趋势，表明我国经济下行压力较大，经济结构转型带来的冲击依然不容小觑。经济运行发展指数下降，表明我国经济发展状况面临一定的困难。

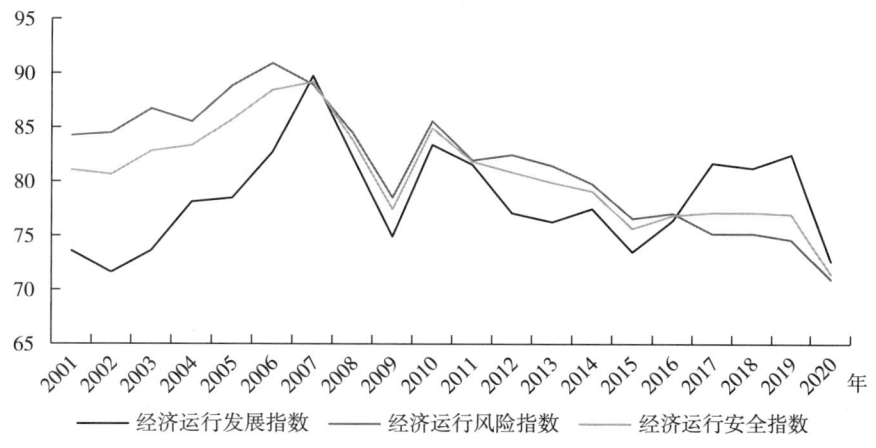

图 1－6　经济运行安全指数

2020 年经济运行发展指数与经济运行安全指数同时下降，其原因主要来源于两方面：一方面是新冠肺炎疫情作为"黑天鹅"事件严重冲击了中国乃至全球经济活动秩序。虽然全球多个国家开始推广疫苗注射，但是疫情蔓延扩散态势尚未得到有效遏制，变异毒株不断出现，疫情防控压力较大。中美贸易摩擦在短期内存在边际缓和的可能，但中美博弈大势不会改变，需要警惕未来随着美国国内疫情形势逐渐好转，美国对我国的遏制打压进一步升级的可能。疫情之下，各国陆续出台了超大规模的宽松货币政策，国际金融环境区域宽松中动荡加剧。根据各国统计数据，截至 2020 年末，世界主要发达经济体总债务规模已经达到 203 万亿美元，占 GDP 比重超过 400%，新兴经济体总债务较 2019 年提升 29%，占 GDP 的比重高达 250%。一旦面临新的危机或不确定性冲击，可能加速引发一系列债务违约，并通过全球金融市场传导到中国。另一方面是中国本就处在新旧格局转换过程中，经济发展结构性问题突出。新冠肺炎疫情后经济复苏的节奏不仅取决于疫情扩散期间政府实施的救助政策和产业保护政策，更取决于疫情后总需求管理政策能否及时跟进。2020 年中国社会消费品零售总额为 391981 亿元，同比下降 3.9%；全国居民人均可支配收入 32189 元，比 2019 年名义增长 4.7%，但人均消费支出为 21210 元，比 2019 年名义下降 1.6%。疫情冲击造成的社会心理变化和就业压力，使得居民消费行为趋于保守，消费增速大幅低于收入增速，表明当前阶段国内消费复苏动力不足。此外，我们注意到经济运行安全风险构成中的金融周期风险和人民币运行风险指数不降反升，主要归结于以下原因：我国应对新冠肺炎疫情实施的宏观经济政策"组合拳"，通过精准施策的财政政策帮助家庭和企业部门纾困，同时配合实施总量适度宽松的货币政策确保流动性充裕。为支持实体经济恢复发展，我国加大对实体企业的信贷支持，不断扩大融资规模，加强逆周期调节，使得我国金融周期波动风险有所下降。2020年人民币汇率呈现先升值后贬值再升值的"N"字走势，随着我国率先控制住疫情，经济基本面持续向好，下半年人民币对美元汇率持续震荡走高。10月以来央行外汇管理部门逐渐淡出使用"逆周期因子"，有助于人民币汇率在合理均衡水平上双向波动（见第六章）。

（七）国际主要经济体形势严峻，对我国风险溢出效应增加

如图1-7所示，三类指数的变动趋势比较接近，而金融市场作为先行指标，其状况的恶化和改善都要领先于经济基本面，这与对金融和实体经济间基本关系的认知相一致。而总体指数的走势很明显分为两个阶段：第一阶段为2008年之前，次贷危机对我国金融安全产生了巨大的影响，金融安全总体指数由2003—2007年83以上的高位水平骤降至2008年的77.41，这意味着次贷危机在海外产生的负面冲击对我国经济造成了巨大影响，溢出效应导致我国金融市场的总体风险水平有所上升；而在2008年之后，随着各国强刺激措施的出台，投资者信心增强，金融市场表现良好，经济逐渐复苏，说明各国应对危机的政策有一定的效果，这对于稳定世界经济预期产生了积极作用，同时也改善了我国周边的国际环境，总体指数之后稳中有升，保持在80左右的水平，金融安全指数逐渐趋于稳定。但2018年三大指数一起下降，2019年金融市场的表现带动了总体指数的上升。2020年受到新冠肺炎疫情的影响，三大指数同时断崖式下跌。

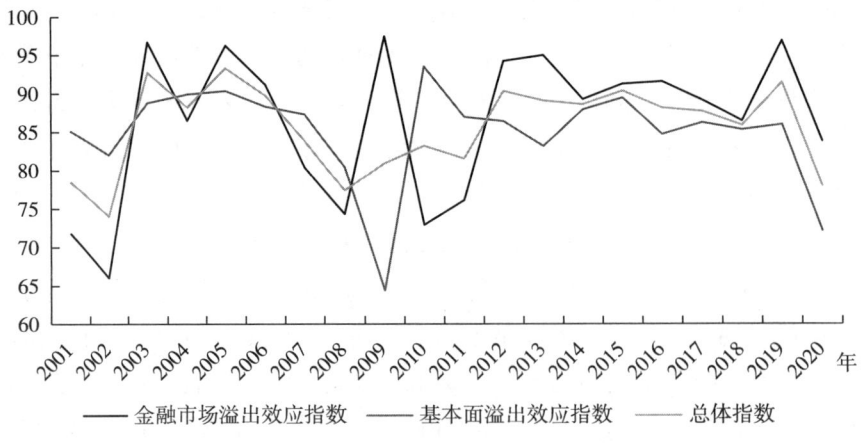

图1-7 主要经济体溢出效应指数

2020 年，国际经济基本面溢出效应指数由 2019 年的 85.97 下降为 72.14，下降幅度为 16%。全球经济低迷具有深刻的内因，而 2020 年的新冠肺炎疫情加大了世界经济恶化的速度。冷战结束后，全球化飞速发展，让欧美和东亚迎来了前所未有的经济繁荣。然而，全球化发展成果的分配严重不均：欧美将实体产业转移到人工成本较低的东亚和东南亚，本国逐渐产业空心化，而高利润的金融业成了欧美的支柱产业；因为金融业从业人员比例低，从而导致全球化的主要收益被西方金融资本的少数人所占有，西方产业工人在全球化过程中的利益是受损的。全球化收益分配的不平等导致了生产相对过剩的阴影始终笼罩西方世界，产业空心化导致西方世界发行的货币绝大部分流入金融市场，制造了前所未有的金融泡沫，并最终导致了 2008 年的国际金融危机。因为金融机构"大而不能倒"，美国救市的大部分资金继续流入金融市场，而包括奥巴马制订的制造业回流计划在内的重振实业的计划都失败了。2008 年国际金融危机的诱因并没有得到缓解，只是被因货币大量涌入而繁荣的金融市场所掩盖。欧美产业工人利益受损的局面并没有得到改变，特朗普的当选就是例证。2020 年新冠肺炎疫情的快速传播，迫使许多国家进入长达数月的封锁期，一方面打断了全球的供应链，而另一方面劳动力的收入锐减导致全球消费不足，因而全球经济活动明显放缓。考虑到全球化收入不平等的局面在疫情期间变本加厉，世界经济的低迷将会延续较长时期。新冠肺炎疫情暴发后，欧美日通过超发货币来刺激经济，这些货币进入了包括大宗商品市场在内的国际市场，导致全球出现普遍的通货膨胀，给中国造成了输入型通货膨胀，导致中国制造业成本快速上涨，经济复苏艰难，使我们的金融安全面临严重的挑战。

国际金融市场溢出效应指数由 2019 年的 96.9 下降为 83.8，下降幅度为 13.5%。疫情期间，各国出台大量政策措施。2020 年全球主要大类资产市场反映出全球疫情发展与应对措施的影响，总体而言，价格波动历史罕见，市场不确定性远超预期。货币政策的溢出性将直接体现在全球金融市场，巨额流动性的注入，导致债务积累上升，金融泡沫增大，全球金融市场大幅波动。目前，全球流动性持续攀升，美元资产趋向零利率，欧元、日元负利率长期持续，债务积累增加了金融脆弱性，改变全球资本配置模式（见第七章）。

（八）金融自主权持续回升

如图 1-8 所示，在 2001—2020 年间，货币自主权呈现震荡上升的趋势，大宗商品定价权一直在震荡徘徊，国际金融事务自主权缓慢上升。总的来看，金融自主权呈现缓慢上升趋势，从 2001 年的 59.09 分上升到 2020 年的 69.20 分，但与我国经济总体实力相比，仍然有很大的提升空间。

从分项指标来看，2020 年金融自主权指数的继续上升主要受到以下因素的影响：一是我国货币自主权自 2001 年以来，总体来说呈现出震荡上升的趋势，从 21 世纪初的 69.87 分先稳步上升至 2009 年的 80.23 分，然后震荡上升至 2013 年的 86.85 分达到目前最高分。从 2014 年开始有所下降，其中 2016 年下降最多，从 2015 年的 83.20 分快速下降至 2016 年的 70.31 分，2017 年开始稳步上升至 2020 年的 88.22 分，表现出稳定的趋势。二是中国作为

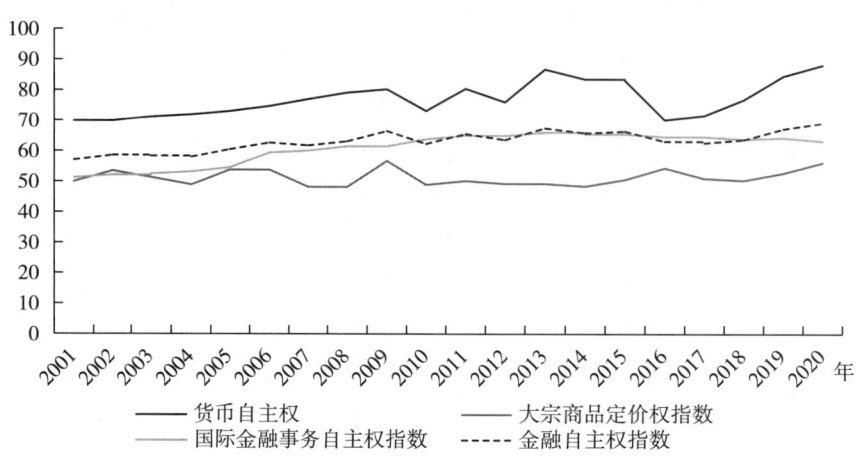

图 1 - 8　金融自主权得分（2001—2020 年）

世界大宗商品市场上重要的进出口方，却并没有因为占据的市场份额而享受应有的定价权利，国内多种大宗商品均面临着定价权缺失的局面，整体上我国大宗商品定价权现状不容乐观。自 2004 年以来，我国大宗商品定价权总体来说呈现震荡态势且波动幅度较大，自 2009 年开始表现出下行趋势，2013 年后稳步上升，但整体分数徘徊在 50 分左右，形势较为稳定。其中 2017 年相对 2016 年降低了 1.78 分，是一个较为明显的劣势信号，除了铜材、铝材的定价权有小幅上升外，其他大宗商品的定价权都出现了下降。2020 年我国大宗商品定价权指数大幅回升，升至 56.17 分，除原木定价权有所回落之外，其余大宗商品定价权均有不同程度回升。由于未来全球经济复苏面临新的不确定性，特别是新兴经济体复苏较为乏力，未来大宗商品价格缺乏持续上涨的基本面支撑，我国对大宗商品的定价权还很弱。三是 2020 年国际金融话语权得分与 2019 年相比出现了小幅下降，自 2001 年以来，该指数一直缓慢上升，上涨幅度很小，平均分数在 65 分左右。虽然按照购买力平价计算，2020 年我国 GDP 排名世界第一，同时我国也是全球第二大经济体，并且政治影响力也在提升，但我国在国际金融事务中的话语权并不乐观（见第八章）。

二、2020 年我国金融安全的主要隐患

与 2019 年相比，2020 年我国金融风险隐患主要体现在：第一，我国金融机构安全指数从 2019 年的 81.67 下降到 2020 年的 80.95，显示金融机构整体安全性有所下降，从金融机构安全指数的构成来看，金融机构面临着诸如流动性水平持续下降、利润率下降等风险；债券市场业务转型在即，中小券商生存空间缩小。多元化业务交叉渗透导致监管困难和风险叠加；长期利率受经济疲软和外部不确定性增强的影响持续走低，保险业利差损风险凸显。第二，受新冠肺炎疫情影响，全球经济不确定性加深。国内经济恢复基础尚不牢固，国际经济金融形势仍然复杂严峻，境内外疫情变化和外部环境存在诸多不确定性。第三，个人与房地

产企业扩大信贷借款，信贷危机增加，房地产业不良贷款率上升，房地产市场风险增加。第四，金融机构的网络结构稳定度缺失，具有"稳健而脆弱（robust but fragile）"的倾向。金融机构间的风险传染效率提高，风险传染路径复杂。第五，受金融市场溢出效应的影响，主要经济体溢出效应指数从 2019 年的 91.43 下降至 2020 年的 77.97，国际经济不确定性增加，不仅欧洲债务危机再次凸显，而且美国出现债务危机的可能也在加大。第六，新冠肺炎疫情的大暴发导致我国经济下行压力空前加大，原定经济增长目标难以实现，投资、消费与出口"三驾马车"大幅负增长，化解金融风险攻坚战面临挑战。较 2019 年而言，2020 年经济运行安全指数转差，中美贸易摩擦、内需走弱、长期发展动力未有效改善等问题对经济造成下行压力。第七，大宗商品定价权仍然较弱，国际经济政治话语权有待加强。

（一）银行、证券、保险行业潜在风险分析

1. 银行业潜在风险分析

在宏观环境和政策等多重因素的作用下，2020 年银行业资产规模继续稳步增长，但增长速度呈下降趋势。尽管受宏观经济环境影响，银行资产质量有所下降，但整体风险可控。数据显示，2020 年行业流动性有所下降，资产回报率和资本回报率近年来呈现下降态势。此外上市银行的不良贷款率有所升高。为抵御各类风险的发生，近年来我国商业银行加大了不良贷款的拨备及核销力度。目前，我国银行业所面对的主要风险在以下几个方面。

（1）流动性水平进一步下降。2013 年后，银行业的平均流动性出现明显下降，由 2013 年的 31.98% 持续下降至 2020 年的 22.95%，流动性指标平均每年大约下降 1 个百分点，成了近些年来银行业风险的主要来源。流动性下跌背后的原因是多层次的。

第一，从资产端来看，截至 2020 年末，中国银行业境内总资产达 319.7 万亿元，同比增长 10.1%，一方面近年来中小银行债券投资占比在未出现明显提升的同时，申请中期借贷便利消耗的优质债券有所增加，导致合格优质流动性资产不足；另一方面，存贷款期限错配造成长期流动性安排调节难度加大。因此流动性覆盖率和净稳定资金比率在 2020 年面临持续的达标压力。此外，随着央行对新增贷款数额、投向领域的管控加严，很多商业银行加大了主要由信托计划、理财计划构成的应收账款类投资，但其底层资产中用于发放贷款和垫款的比例较高，虽然 2018 年推出了"资管新规"，但从 2019 年开始推行以来，非标资产（银行理财产品、信托计划等）存量较大，净值化管理进程过程艰巨，偿付难度高，资产变现困难，进一步导致了资产流动性的下降。第二，从负债端来看，根据央行公布的数据，截至 2020 年末，银行业境内总负债为 293.1 万亿元，同比增长 10.2%。一方面，随着存贷缺口的不断扩大，商业银行存贷比压力进一步加剧，其中部分银行存贷比已超过 100%，中小银行存贷款基础性业务发展不均衡现象较为严重，负债业务面临较大瓶颈。另一方面，随着利率市场化的深入推进和互联网金融的迅猛发展，银行存款竞争进一步加剧。为了缓解存款增长压力，商业银行加大了同业存款、拆入资金、卖出回购等主动负债力度。中小银行主要通过期限错配获得利差，通过发行短期同业存单获取资金，再购买长期的同业理财或进行其他长期投资。同业负债和同业存单等短期批发性融资的稳定性通常比较差，一旦同业负债或同业存单密集到期但又无法及时筹集资金，银行将面临较大的流动性风险。第三，在杠杆方面，根据我们计算的杠杆率指标，全体银行业杠杆率为8.35%，实际杠杆水平较高。虽然因为监管压力的加强，资本充足率逐年增长至2020年的14.35%，但在当前金融去杠杆的影响下，部分高杠杆运作的银行可能面临超常规的资金需求，宏观审慎评估体系（MPA）的资本和杠杆考核也将会对商业银行流动性风险管理提出更高要求。第四，近年来，国内经济增长放缓，房地产、水泥、钢铁等行业出现产能过剩现象，而大部分投资资金都来源于银行信贷，具有很高的信用风险。随着行业进行周期性调整以及市场需求发生变化，信贷资产质量存在一定下行压力，资金回收困难，将对银行的流动性造成一定影响。从我们计算的指标可以看到，上市银行2020年不良贷款率为1.56%，较2019年有所下降，但仍处于阶段性较高位，不良贷款的居高不下，使得信贷资产流动性进一步下降，进而影响银行流动性。

（2）利润率持续下滑。从我们计算的ROA（资产收益率）和ROE（净资产收益率）指标来看，我国银行业的平均资产回报率从2011年的1.2%下降至2018年的0.73%，2020年仍然处于低位，和2015年之前的水平存在一定差距。而上市银行的资产收益率也从2011年的1.31%下降至2020年的0.80%。平均资本回报率近年来的表现也同样不尽如人意，全体银行业的ROE指标从2011年到2020年下降超过7个百分点，上市银行的ROE指标更是从20.15%跌落至10.45%。利润率的下降虽然在近两年内有所缓和，但下降的趋势仍然比较明显，2015年以来的多次降息，使得息差缩小，伴随资产质量下行和不良率上升的压力，银行利润率出现了增速放缓甚至下滑。此外，国际金融危机之后的"四万亿"财政扩张导致市场不能出清，仍然有大量资金流向夕阳行业、产能过剩行业，而这些行业在之后数年的经营不善使得银行难以收回贷款，甚至由于政策原因持续向相关企业输血，这些国有企业的经营状况不佳，进一步降低了上市银行的盈利水平。预计未来受经济大环境下行与监管要求的进一步提高（更高的资本充足率）两方面的影响，银行净利润增长情况将面临不小的挑战。

（3）非存款负债比回落。非存款负债比从2008年的18.18稳步增长至2017年的30.93，但随后回落至2020年的25.88。非存款负债是银行的主动负债业务，比存款负债具有更大的主动性、灵活性和稳定性。2008—2017年，银行业整体非存款负债比的稳健上升说明各银行对于传统存款业务的依赖度下降，融资渠道趋于多元化、规模化，银行业整体信用风险缓解，恶性存款竞争行为减少。但2017年以后，受MPA考核、同业融资规范等金融监管加强的影响，同业业务等非存款负债业务进一步得到规范，业务规模也进入持续调整期，同业和其他金融机构存放款项呈现一定程度的下降，加上经济增速放缓，投资回报率下降，银行接受存款成本下降，因而非存款负债比持续回落。在以上背景下，预计未来非存款负债比仍将继续下滑，非存款负债比的持续下滑将对银行主动负债能力的提高和流动性风险的防控造成不利影响。

2. 证券业潜在风险分析

（1）行业资产扩张速度加快，凸显资产扩张杠杆风险。截至2020年末，证券业总资产8.90万亿元，较2019年末增长22.50%。这表现出证券业资产扩张速度在逐渐加快。在过去的几年中，我国证券行业不断向重资产转型，自营和融资收入占比不断提升，纯中介类业务占比下降。重资产业务盈利提升需要依靠加杠杆实现，2013—2015年业务创新叠加"牛市"行情，整个行业杠杆倍数最高达到3.14倍，但后续在防风险、去杠杆、行情走弱的大背景下，行业加杠杆受限，虽然监管规定的杠杆上限在6～7倍，但2016年最低仅为2.65倍。之后伴随着监管和行情环境转好，杠杆持续提升。对未来来说，由于券商业务中的重资本业务对经营杠杆依赖较高，又受政策支持影响，杠杆率将稳步提升，券商重资本业务有望大力发展。因此，随着资本市场改革不断深入，行业ROE有望继续上行。因此我们应更加注重资产扩张中产生的各类风险，如杠杆风险等。

（2）强者恒强，头部集中效应明显。2020年资本市场改革利好持续释放，行业维持高景气度区间。2020年以来，国内资本市场改革覆盖面逐步扩大。发行层面，注册制推广至创业板，包括再融资在内的各项发行制度进一步优化；交易层面，投资者门槛下调，涨跌幅限制放宽，两融机制提效，场外期权放开。在新政策利好释放、市场交投活跃叠加资本市场整体走强的大背景下，券商投行、经纪、两融及衍生品业务条线均实现了业绩增量。2020年全年证券行业在去年同期高基数基础上，收入及利润端均继续保持快速增长，行业景气度再攀升。2020年随着资本市场波动加剧，券商间经营水平差异越发明显，优质头部券商及特色中型券商表现亮眼。整体来看，头部券商凭借综合实力，叠加差异化监管红利，业务优势持续稳固，强者恒强的头部集中格局日益凸显。

（3）业务多元化意味着风险多元化。自2012年证券公司创新大会开始，创新成为证券行业的主旋律之一，各项新业务层出不穷，成为驱动行业发展的原动力。但业务创新对于证券公司而言是一把"双刃剑"。业务创新虽然是行业发展的大势所趋，能够显著提高经营业绩，但是业务模式的不成熟所带来的风险也不容小觑。业绩方面，布局新业务能够为证券公司创造新的利润增长点，但同时创新业务收入的波动性较大，也可能对公司造成损失；风险方面，新业务与原有业务相互关联、交叉、渗透，风险分散效应有利于降低公司的整体风险，但同时创新业务会增加新的风险来源，可能导致公司整体风险的增加，同时创新型业务的开展使得行业面临的风险结构由原来的以市场风险为主转化为市场风险、信用风险、操作风险、流动性风险等并重。所以业务多元化也意味着风险的多元化，证券公司在开展新业务的过程中应密切注意风险防范。

（4）严监管下，行业马太效应凸显，小券商面临较大挑战。从2018年底，中央经济工作会议提出资本市场在金融运行中具有"牵一发而动全身"的作用，到科创板的落地、"深改十二条"的推出、新《证券法》的实施，金融领域对外开放再上新台阶，也为证券行业带来深远影响。目前，监管致力于提升证券行业的核心竞争力，打造航母级的头部券商。证券公司监管方面主要聚焦证券业开放、证券公司股东规范、证券公司设立海外机构监管以及强化证券公司从业人员廉洁。业务监管方面，证监会主要侧重于资管业务和投行业务的监管。在新的监管形势下，有两种趋势值得关注，一是不同的证券公司对于监管要求的适应能力和承受能力存在差异，从而可能会导致证券公司经营发展发生变化。一般而言，小券商受到的冲击更大，这对小券商的经营发展也提出了更大的挑战。二是监管政策会提高业务门槛，使得部分业务与证券公司的综合实力相关联，从而起到了优胜劣汰的效果。总之，严监管政策使得行业马太效应加剧，促进行业整合。此外，严厉的金融监管可能对资本市场活跃度和融资量造成影响，证券业要关注流动性等风险。

3. 保险行业潜在风险分析

（1）流动性保持平稳，但保费收入增长放缓。2020 年保险业总资产为 23.30 万亿元，同比增长 13.29%；实现原保费收入 45257 亿元，同比增长 6.12%。近年来，受"保险姓保"政策、代理人规模增速放缓、互联网保险竞争激烈等多重因素影响，保险业面临转型压力，保费收入增速放缓。受新冠肺炎疫情和车险综合改革等多重因素影响，虽然 2020 年保险业原保费收入实现了正增长，但相较于 2019 年同比增速下降 6.05 个百分点。2020 年在疫情的冲击下，保险业受益于保险资金投资收益的高速增长和政策鼓励等因素，共实现净利润 3013.38 亿元，仅同比下降约 3%。保费增速放缓叠加疫情冲击可能导致流动性风险，未来应更加关注流动性风险。

（2）负债端分化明显，增速放缓。2020 年，上市险企共实现保费收入 2.5 万亿元，同比增速为 3.65%。叠加行业转型升级和新冠肺炎疫情的影响，上市险企寿险新单保费整体增速放缓。各家险企新业务价值增长速度出现明显分化，中国人寿在"重振国寿"转型下负债端质量齐升，新业务价值实现了高增长；新华保险新管理层提出"规模价值全面发展"，银保趸交带动下新单出现高增长，但整体价值率下降较多，新业务价值出现较大的负增长；太平洋保险和平安保险实施了淡化开门红的思路，加上保障型产品的竞争更加激烈，全年新单保费均出现了负增长，但平安保险在长期保障型产品带动下整体价值率有所提升，因此新业务价值实现了正增长，太平洋保险整体价值率同比基本持平，新业务价值则出现了负增长；中国人民保险处于高速发展寿险业务的阶段，新单保费和新业务价值均实现了正增长。上市险企目前均在进行转型或经营策略变化，包括中国人寿的"重振国寿"战略、太平洋保险"转型 2.0"中三年的代理人提质计划、平安保险为期一年的寿险改革、新华保险的"规模价值全面发展"、中国人民保险的加速高质量寿险发展等。未来应重点关注转型进展中产生的各类风险。

（3）利率下行，利差损风险凸显。我国长期国债利率可能出现趋势性下行，新冠肺炎疫情加快了这一下行的态势。长期国债利率的趋势性下行为人身保险业带来利差损风险，原因在于人身保险业存在资产和负债期限不匹配。寿险公司缺乏可以进行长期投资的优质标的，这一状况并非短时期可以改变的。高预定利率的长期负债对应的是短期投资，一旦到期续作时遭遇利率下行，必然出现利差损。利差损将成为未来几年我国人身保险业看得见的"灰犀牛"。所以保险业在未来的发展中应更加注重防范利差损风险（见第二章）。

（二）金融市场潜在风险分析

1. 中小企业复工难，存在潜在风险威胁

新冠肺炎疫情这只"黑天鹅"使全球经济发展面临极大的不确定性，直接影响金融业及金融系统的稳定性。为了防控新冠肺炎疫情，要素流动受限，导致大量中小企业停工、停产，影响其还款能力，可能会进一步导致金融系统及机制运行、金融资源配置等出现问题，造成金融机构业务中断、盈利急速下降，甚至出现倒闭风险，进而引发系统性危机。尤其需要注意，新冠肺炎疫情在短期内对包括服务业在内的经济系统产生巨大冲击。针对文旅、餐饮等具有人口集聚特征的服务业，新冠肺炎疫情使得民众大幅减少相关需求和消费，可以预期即使在疫情过后的一段时间内，对此类产品和服务的需求也很难快速恢复到疫前水平。另外，服务业聚集了大量的中小民营企业和个体从业人员，这些企业和人员的资本实力弱、抗风险能力低，疫情所引起的现金流断裂和工资成本上升很可能会引致大批中小微企业破产并产生相当数量的低技能失业者。

2. 信用评级虚高，风险预警功能式微

在特殊的宏观环境与政策之下，2020年的信用风险与往年不同，呈现出独特并有一定延续性的新特征：一是受疫情影响，部分经营不善的企业短期内现金流受到冲击，触发债务危机。疫情是导火索，债务违约是企业长期积累的经营基本面问题在特定时期的集中暴露。二是行业下行、政策调控背景下，缺乏竞争力的企业经营恶化，盈利能力大幅下降。随着市场经济的不断发展和市场化程度的不断加深，各行业集中度逐步提升，资源向头部企业集中趋势明显。在这个过程中，伴随着行业激烈竞争，行业内企业经营的分化，在竞争中处于弱势的企业信用风险不断累积，最终表现为债务违约。三是投资风格激进，盲目进行业务扩张的企业陷入流动性危机。企业通过举债筹资弥补投资亏损的方式不可持续，一旦融资渠道受限、现金流断裂，企业将面临无法偿债的风险。四是国企信用风险多重暴露，优质及核心资产剥离或转让、偿债意愿不强引发市场冲击，主体信用评级验证风险功能较弱，评级滞后性较强。从短期来看，2020年连续发生的地方国企违约事件，降低了投资者的信心，加剧市场信用风险；但从长期来看，违约风险的暴露有利于提高市场的风险管理能力，通过打破刚性兑付以及进一步处置债券评级乱象，透析根源，并提出市场规范建议，以期信用评级真正做好债券投资的"看门人"。

3. 新冠肺炎疫情冲击，股市剧烈波动

2020年全球性公共卫生危机——新冠肺炎疫情的暴发，使得全球经济出现了较大不确定性，金融市场波动剧烈。一方面，国内股市剧烈波动，市场情绪起伏不定。疫情防控严重限制了要素的正常流动，这导致员工无法到岗工作，企业难以如期复工，实体经济受严重影响，尤其是服务业企业。另一方面，动荡的国际经济形势、境外疫情变化和外部环境均存在诸多不确定性。目前全球经济经历了第二次世界大战以来最严重的衰退，主要发达经济体金融市场一度陷入恐慌，风险资产和一些传统避险资产遭抛售，多国股市数次熔断，美元流动性快速收紧，开始实施极度宽松的货币政策和大规模财政刺激计划，进一步导致汇率贬值，资本大幅流出，各国金融市场间波动加剧，需要严防各国间资产共振带来的全球性金融危机（见第三章）。

（三）房地产市场潜在风险分析

1. 个人与房地产企业扩大信贷借款，信贷危机增加，房地产业不良贷款率上升

从个人房贷增长率与人均收入增长率比值走势来看，2020 年，投机性投资购买大幅度增加，个人住房贷款增长率显著提高。商品房销售额增长率与社会消费品零售总额增长率的比值基本呈现涨跌交替的上下起伏态势。2020 年，房价收入比略微上升，但商品房销售额增长率与社会消费品零售总额增长率大幅下降为负。2001 年以来我国房地产贷款总额在金融机构贷款总额中的占比持续增加，已从 9.00% 上升到 29.00%。这说明长期以来金融机构对房地产市场的信贷支持不断加大，未来面临的信贷风险增加。为了防止这种风险，监管部门为房地产业设置了"三条红线"，控制房地产企业有息债务增长，收紧了房企融资。同时，从房地产开发贷款/企业资金来源来看，房地产开发仍保持增长趋势，未来供给面有扩大趋势。从土地购置面积来看，相对 2018 年，2019 年土地购置面积增速显著降低，且增速变为负，且总量也有所下降，但仍高于 2016 年、2017 年，2020 年土地购置面积增速有所回升，土地购置面积下降幅度变小，未来供给面可能呈上升趋势。总的来说，一方面，房地产市场供给方从信贷市场借入大量现金，新购买土地面积不断增加，未来房地产供给将不断增加；另一方面，由于政策等因素影响，房地产市场需求方不断减少贷款额，需求降低。未来供需不对等，房地产供给方融资困难程度将增加，从而导致房地产供给方资金链紧张，长此以往，房地产企业将无法回收资金和偿还负债，将带来市场危机，增加信贷危机。

2. 房价增速大幅上升，市场风险增加

2015—2019 年，房价收入比从 9.93 上升至 11.91。2020 年房价收入比继续上升，突破12，房地产市场泡沫增大，市场可能存在虚假繁荣，市场风险增加。这可能是受到 2020 年较低的城镇居民人均可支配收入增长率（3.5%）的影响。2019 年，受到"房子是用来住的，不是用来炒的"以及防范房地产市场金融风险的多方面政策的调控，房价增长率明显下降，由 2018 年的 10.71% 下降到 6.56%，且房价增长率/GDP 增长率也下降到 1.08%，证明政策调控有效。2020 年，受疫情影响，房价增长率继续下降，但 GDP 增长率由 6% 大幅下降至 2.3%，因此两者之比仍然上升。

3. 土地供销比小于 1，未来房价可能持续上涨

土地供销比是一个供给类的指标，等于住宅类土地建筑面积供给量/住宅销售面积，从源头入手，如果该数值小于 1，则消耗库存，未来供给不足，房价将上涨，但是这是一个前瞻性指标，当前房价同前两年的比值有关，也就是当前的供销比可以预测未来房地产供给的

变化趋势。而 2018 年、2019 年、2020 年该指标数值均小于 1，因此未来房价依然有上涨的风险。

4. "去库存"有所效果，库存风险降低

2015 年，在"去库存"的主旋律下，国家出台一系列政策，库存增速得以放缓；在降低首付比例、发放购房补贴、税收优惠等一系列政策的影响下，2016 年房地产去库存效果显著，库存消化周期从 0.56 下降至 0.44。2017 年，热点城市受十分严厉的政策力度影响，销售下滑明显，但由于部分非调控的弱二线和三、四线城市仍处于去库存过程中，商品住宅销售面积同比增长，房价涨势明显。2020 年，去库存进程有所减慢，一二三线城市商品住宅销售面积同比均有所下降，但库存消化周期相比较 2019 年下降到 0.28。

5. 15～64 岁劳动人口占比减少，房屋需求减少

2012 年以来，劳动人口占比逐年减少，对于住房的需求减少，从而会影响房价，这会使得房价上升幅度减慢，使得房地产市场安全指数降低。

6. 边缘地区房价问题

房价分化越来越明显，一二线城市，如深圳、上海、北京和广州的 2020 年房价增长率分别达到了 34.3%、10.6%、3.3% 和 8.6%，而同时期的三四线城市增长率较低，甚至出现下降，例如长春的房价增长率为 0.26%，徐州的增长率为 0.12%，秦皇岛的增长率为－0.78%。这说明城市间出现了越发明显的房价分化的趋势，一二线城市房价增长较快，供不应求，三四线城市房价不但不涨反而停滞不前，有的城市房价甚至下跌，出现了严重的供过于求。甚至在一二线城市中，虽然中心城区仍然保持房价的较快增长，但是在边缘城区房价增长乏力，已经隐约可以看见房价的拐点。因此三四线城市以及一二线城市的边缘地区的房价大幅下跌的风险不可忽视（见第四章）。

（四）金融风险传染潜在风险分析

1. 信用风险过度集中，金融结构不合理

尽管 2020 年风险集中度安全指数相较于 2019 年有所上升，由 60 回升至 77.85，但相较于 2015 年之前稳定在 90 以上的水平来说，仍处于长期以来的低点，金融系统的稳定性依赖于个别少数重要性机构的现象比较明显，特别是系统重要性银行在银行网络中的加权中心度远超其他金融机构，居于主导地位。这使得我国金融机构的网络结构稳定度缺失，具有"稳健而脆弱（robust but fragile）"的倾向。也就是说，由于大部分小型金融机构连通性较低，金融冲击影响低连通机构的概率较高，由于这些机构在系统中不具有举足轻重的地位，风险大面积传染的可能性就会较低，此时金融系统是比较稳健的；但是，一旦冲击影响了一个或几个高关联机构，整个金融体系就会遭到严重破坏，此时系统是脆弱的。随着近几年银行信贷业务的不断扩大，信用风险向银行体系过度累积的概率增大，大型银行自身安全性下降的同时却在金融体系中承担着越来越重要的角色，成为金融体系的潜在风险因素。

2. 风险传染效率提高，风险交叉传染依旧

随着金融结构调整与金融市场之间的频繁互动，我国金融市场各子市场之间的联系越来

越紧密，这一方面提高了金融效率，使得各个市场在各自为战的同时又能携手互助、齐头并进；但另一方面，市场之间的紧密联系也导致金融风险传染的路径增加，风险跨市场传染的可能性更大，使得我国金融内部市场联动性安全指数连续两年下滑，由 2018 年的 95.17 降低至 2019 年的 90.10，然后进一步降至 2020 年的 83.94，这表明我国金融市场抵御金融风险传染的能力不断降低，风险传染效率提高。同时，近年来金融与房地产行业和实体经济等方面的联系也进一步加深，金融风险跨部门交叉传染的问题依旧存在，需要引起足够的重视。

3. 外部市场波动剧烈，对国内市场造成极大冲击

自新冠肺炎疫情在世界范围内超预期蔓延以来，各国相继宣布进入紧急状态，全球避险情绪快速升温，全球股市、大宗商品市场持续暴涨暴跌，风险资产收益大幅下挫，导致财富大幅缩水；全球金融市场步入流动性紧张局面，导致美元指数急剧上扬，资金回流美国，人民币汇率和外汇储备稳定承压，由汇率引发的外债风险上升。境外金融市场的巨幅波动和资本加速外流，将对我国资本市场造成极大的冲击，破坏正常的市场秩序，影响经济宏观层面的稳定，由此对经济形成负反馈，将进一步加剧恐慌情绪的蔓延，促使金融危机与经济危机相互传导强化。长期来看，无限度量化宽松和超低利率的刺激政策将导致资产价格泡沫、债务杠杆上升，全球债务负担持续增加，金融脆弱性不断提高。特别是在我国金融风险外部冲击传染安全指数连续两年大幅下滑（由 2018 年的 92.35 降低至 2019 年的 79.97，然后进一步降至 2020 年的 60.92）、金融全球化进程不断推进的时候，国与国之间的金融风险传染将在很大程度上被放大，这对我国金融市场乃至整个金融体系都是一项极大的挑战（见第五章）。

（五）经济运行潜在风险分析

1. 外部环境存在不确定性

（1）受新冠肺炎疫情影响，2020 年我国经济运行安全指数再创新低，从 2019 年的 76.98 下降到 71.47。新冠肺炎疫情重塑了全球供应链，给世界经济带来了巨大的风险。虽然全球多个国家开始推广疫苗注射，但是疫情在中国以外的国家蔓延扩散态势尚未得到有效遏制，目前尚未看到疫情的拐点。在不能闭关锁国的前提下，新冠肺炎疫情输入的风险始终存在，国内部分供应链断裂的风险始终不能排除。这将对世界经济发展造成巨大的不利影响，进一步拖累中国经济的发展。

（2）中美贸易谈判。在拜登出任美国总统后，短期内美国政府将更关注于国内议题，中美贸易摩擦在短期内存在边际缓和的可能。但是可以预见的是，中美关系的长期方向不会发生变化。源于长期战略遏制、短期转移国内矛盾等因素，遏制中国已经基本成为美国两党共识，中美博弈大势不会改变，需要警惕未来随着美国国内疫情形势逐渐好转，对我国的遏制打压进一步升级的可能。

（3）国际金融风险传导。疫情之下，各国陆续出台了超大规模的宽松货币政策，国际

金融环境区域宽松中动荡加剧。2016—2018 年我国金融周期波动风险指数持续恶化,从 2016 年的 90.83 大幅下降至 2018 年的 79.69。党的十九大提出了打好防范化解重大金融风险攻坚战,中央不断强化底线思维和风险意识,坚决守住不发生系统性风险的底线。经过集中攻坚,防范化解重大金融风险攻坚战取得关键进展和阶段性成果,从 2019 年开始金融周期波动风险指数开始回升,2020 年增长势头没有受到新冠肺炎疫情的影响,上升至 87.45。但是,2020 年美联储实施超宽松的货币政策,将联邦基金利率和再贴现率下降至零后,又陆续推出商业票据融资机制(CPFF)、货币市场共同基金流动性工具(MMLF)等货币政策工具。此外,还通过扩大央行流动性互换额度,提高金融机构借款可得性等措施释放流动性。虽然宽松的货币政策有助于解决短期流动性危机,但是无法从根本上解决结构性失衡问题。不少西方国家央行资产负债表规模超过历史最高水平,不仅导致前所未有的通货膨胀,使大宗商品价格快速上升,加大了中国发生输入性通胀的风险,也透支了西方国家未来应对其他风险的能力,从另一方面加大经济运行的长期脆弱性。根据各国统计数据,截至 2020 年末,世界主要发达经济体总债务规模已经达到 203 万亿美元,占 GDP 比重超过 400%,新兴经济体总债务较 2019 年提升 29%,占 GDP 的比重高达 250%。一旦面临新的危机或不确定性冲击,可能加速引发一系列债务违约,并通过全球金融市场传导到中国。

2. 国内经济复苏基础尚不牢固,存在结构性不平衡

首先,供给恢复好于需求,供需缺口持续扩大。新冠肺炎疫情蔓延形势下,我国供给面和需求面均遭受巨大冲击,经济波动风险指数下降至警戒值 60。新冠肺炎疫情后经济复苏的节奏不仅取决于疫情扩散期间政府实施的救助政策和产业保护政策,更取决于疫情后总需求管理政策能否及时跟进。随着国内疫情形势得到稳定控制,复工复产稳步推进,经济供给面得到迅速恢复,疫情后的初期阶段以复工复产为主要目标的经济复苏过程已经完成,后期更多取决于经济需求面的恢复节奏和力度。但在当前阶段,国内消费复苏动力不足,企业投资积极性和活跃程度不高,出口结构性压力较大,加剧了有效需求不足的矛盾。其次,房地产投资增速远超制造业和基建投资。观察总投资构成的三个部分:一是制造业投资,2020 年累计同比增速 −2.2%,呈现负增长状态,但同时其降幅逐月收窄,表明单月增速实现显著正增长。二是基建投资,受地方政府专项债发行增加,2020 年基建投资(不含电力)同比提高 0.9%,实现温和增长。三是房地产开发投资,2020 年持续领跑,受挤压需求释放、房贷利率下调的利好因素,叠加信贷、债券等带动房地产企业现金流加速流转等因素,其增速远超制造业和基建投资。再次,大企业景气程度远好于中小微企业。我国非金融企业部门风险指数由 2019 年的 73.72 下降至 2020 年的 69.20,疫情防控管制措施对企业经营造成巨大冲击。相对于大企业,中小微企业遭受的冲击更大。受到新冠肺炎疫情的冲击,小微企业的存活率降低至 11.81%,复产达产程度也显著落后于大企业。2020 年疫情对中国经济社会造成前所未有的冲击,为了给企业纾困解难,我国出台 2.5 万亿元减税降费政策,金融部门向实体经济合理让利 1.5 万亿元。近期聚集性疫情时有发生,中小微企业仍需政策帮扶。最

后，居民贫富差距扩大。长期以来，收入分配不合理问题始终困扰着我国经济发展。一是我国收入分配差距位居世界高位，基尼系数连续 19 年高于 0.4（国际公认的贫富差距警戒线）。二是我国中等收入群体规模最大，但比重相对较低，收入分配格局整体呈现金字塔型而非橄榄型。2020 年新冠肺炎疫情加大了这一差距，并且这种影响可能延续一段时间。2020 年，我国居民人均可支配收入中位数为 27540 元，同比增长 3.8%，比全国居民人均可支配收入的增速低 0.9%。在我国居民收入结构中，人均工资收入增长 4.3%，人均经营净收入增长 1.1%，而人均财产净收入增长 6.6%，人均转移净收入增长 8.7%。以上变化表明，中产阶级受影响最大，收入受损程度相较于两端的低收入群体和高收入群体来说更为严重，居民贫富差距受疫情影响进一步扩大。

3. 宏观经济杠杆率攀升，债务问题陷入结构性矛盾

首先，2020 年我国宏观杠杆率提高，结构性矛盾仍旧严峻。根据国家资产负债表研究中心（CNBS）的测算，2020 年中国宏观杠杆率迅猛攀升到 270.1%。具体来看，政府部门杠杆率为 45.6%，比上年上升了 7.1%；居民部门杠杆率为 62.2%，比上年上升了 6.1%；非金融企业杠杆率为 162.3%，比上年上升了 10.4%。值得注意的是，目前金融部门杠杆率已经止住了下降趋势，趋于稳定，金融部门去杠杆或将告一段落。总体来说，我国全社会居高不下的债务水平，仍是我国经济运行中的又一重大安全隐患。其次，政府部门债务率持续增长，地方政府隐性债务风险加剧。国际公认的赤字率警戒标准为 3%，改革开放以来，中国赤字率始终保持在 3% 以下，只在 2016 年和 2017 年预算赤字率达到 3% 的水平。受新冠肺炎疫情的影响，2020 年我国一般公共预算赤字 3.76 万亿元，财政赤字率为 3.6%，从全球范围看，中国赤字率并不高（IMF，2020）。再次，居民部门杠杆率增幅较大，主要受房地产市场影响。2020 年我国居民部门杠杆率较 2019 年末上升 6.1 个百分点，增长至 62.2%。与其他国家比较，我国居民部门杠杆率不高，仍低于美国和英国的水平，但最突出的隐患就是近 20 年来攀升速度较快，而英美两国自 2008 年国际金融危机后都有一个显著的去杠杆过程，随后基本稳定。在全部居民债务中，中长期消费贷款（主要是住房按揭贷款）占到全部居民贷款的 65%，成为居民部门杠杆率长期增长的主要驱动力，与 GDP 之比达到 40.1%。虽然疫情冲击或使得因城施策下的房地产政策出现局部放松，但基于政策当局"不将房地产作为短期刺激经济的手段"以及市场对房地产价格企稳的预期，预计居民债务水平的增速会持平或趋缓。最后，非金融企业部门杠杆率攀升，信用债违约趋于常态化。在上半年，为了对冲疫情冲击、恢复经济增长，央行出台了若干项临时的货币政策工具，迅速发挥了效果，使得我国经济扭转衰退势头，率先实现增长。下半年信用环境逐渐走向常态化，非金融企业表外融资继续下降，大量表外融资回归表内。此外，随着偿债高峰期的到来，在各种超常规的疫情救助和纾困政策、宽松信贷政策陆续退出的过程中，信用债违约或许成为常态。2020 年公司信用债违约事件数量和规模持续扩大，其中国企和高评级公司债券违约事件最为突出，从而进一步引发市场动荡和风险定价重估，加大了企业债券融资难度

和成本，但与此同时也将有利于打破"国企信仰"，推动信用债市场的健康发展（见第六章）。

（六）全球主要经济体对我国金融安全的潜在风险分析

1. 美国新冠肺炎疫情持续，经济复苏乏力，超常规宽松货币政策，贸易主义保护严重

截至美国东部时间 2020 年 12 月 27 日，美国是全球累计确诊病例数和累计死亡病例数最多的国家。美国作为全球第一大经济体，其疫情的大规模蔓延导致大量工厂停工，全球供应链持续受影响。然而，在美国下层人民生活陷入困顿之时，美国收入前百分之一的人口财富快速增加，美国产业空心化问题也没有得到解决，种种迹象表明美国经济复苏将是一个长期的过程。其次，为应对疫情冲击，美联储在 2020 年 3 月两次降息至 0.25%，其后多次推出超常规宽松货币政策。它不仅创造了有史以来最大的金融泡沫，积累了惊人的金融风险，而且美元作为全球最重要的储备货币，美联储的超常规宽松货币政策必然通过利率和汇率的波动，影响国际资本流动和进出口贸易，从而将其货币政策效应溢出到与之有经济往来的国家，对世界经济造成影响。由美联储超常规宽松货币政策引发的全球范围内"协同的"流动性宽松和全球通胀风险，导致我国多行业出现原材料价格上涨、供应短缺的现象，我国经济复苏进程受影响；同时也使得我国货币政策调整压力加大、输入性通货膨胀压力加大、资本流动的不确定性增加、资产价格泡沫风险加剧，我国金融市场总体风险增加。同时需要注意，如果未来美联储收紧货币政策，有可能导致新兴市场资本的大规模流出，资产价格的大幅下跌和金融市场的动荡，继而影响我国金融稳定。最后，面对新冠肺炎疫情在国内蔓延和全球经济贸易遭受严重冲击的情况，美国持续打压华为、TikTok、微信等中资企业，延续了惩罚性高关税等贸易保护主义政策，可能导致我国资本外流、出口减少、来华投资下降等，对我国金融安全产生负面影响。

2. 日本传统优势产业受挑战，政府财政问题严峻

20 世纪 90 年代以前，日本曾经创造过辉煌的经济。但近年来，日本的传统优势产业受到挑战，如半导体行业和造船业等。世界半导体贸易统计组织（WSTS）的数据显示，日本在全球半导体产业链中的份额由 20 世纪 80 年代的 50% 下降到 2019 年的 10%。据日经中文网显示，日本在全球造船市场的市场份额由 1970 年的 48% 下降到 2017 年的 19%。在传统优势行业受挑战的背景下，部分曾经知名的品牌，如夏普、NEC、东芝、京瓷等日系厂商的业务也受到很大影响，纷纷调整经营战略。为了巩固日本传统优势产业，早在 2010 年日本自民党（执政党）就提出"新成长战略"框架大纲。与以往聚焦刺激经济和重视振兴产业的战略不同，新战略计划明确指出，日本今后的经济增长、产业振兴和企业投资等，将与国防安全、军事保障及遏制能力等有机结合。"新成长战略"表明日本希望通过推行提质升级，促进该国产业链整体向中上游更进一步。国债方面，日本财政严峻问题突出。2019 年底，日本国债负担率大约在 200%，已连续多年居发达国家之首。因受到疫情冲击，日本政府和央行密切配合，大规模救市。据日本财务省的统计，按照国际货币基金组织（IMF）口

径，至 2020 财年结束（截至 2021 年 3 月），包含日本政府第三次补充预算的日本国债余额，将增加到 1326.5 万亿日元，为日本名义 GDP 的 246%。日本国债负担率其实早已超越所有经济规则的安全标准，如今在高风险区再攀高峰。

3. 欧元区政治风险和出口受阻

政治问题一直是欧元区面临的突出问题之一。2020 年 12 月 31 日，英国脱欧过渡期结束，脱欧贸易协议正式实施。英国脱欧可能加剧欧盟的离心趋势和欧洲国家的逆全球化趋势。欧洲各国民粹思潮兴起、主流政党困境重重所带来的政治局势动荡、政策不确定性增强等问题突出，将影响欧洲企业投资信心和居民消费信心，抑制投资和消费支出，给欧洲经济造成负面影响。欧元区是一个高度依赖出口的经济体，其中出口占欧元区经济的比重高达 20%。然而 2018 年以来全球经济动力不足，特别是中国和美国的经济放缓，导致消费需求下降，进而影响了欧元区的出口。此外，在全球新一轮科技革命和产业升级的背景下，欧洲产业竞争力的相对下滑将影响欧洲经济中长期发展（见第七章）。

（七）金融自主权潜在风险分析

1. 当前我国货币主权风险总体可控

2020 年，货币政策在调控上的独立性总体在 93.95 分左右，延续了 2019 年的良好表现，在疫情冲击下，欧美等众多国家都大幅降低名义利率，使名义利率触及零下限，并配合其他形式的货币或财政政策刺激经济，如大规模资产购入计划、消费券发放等，但在全球需求不足和疫情反复的背景下，刺激效果有限。中国在此背景下，坚持不搞"大水漫灌"，奉行稳健的货币政策，一直保持有相对较大的货币政策的操作空间。美国在刺激政策不显著，通胀预期上升的背景下，减少或停止资产购入计划的可能性增加，加息预期也增加，在此背景下，我国面临资金外流等风险，但并不一定影响我国货币政策独立性。总体来说，我国货币主权的风险可控。2020 年人民币国际化指数为 5.02，较 2019 年有大幅度提高，2020 年受全球疫情影响，我国人民币国际化面临更加严峻的外部环境以及更激烈的国际货币竞争，而在世界经济受疫情冲击严重的背景下，中国经济金融体系彰显韧性，人民币国际化逆势前行。未来中国人民币国际化道阻且长，人民币在国际支付中的占比仍不及美元、欧元、英镑和日元，与中国作为全球第二大经济体的地位不相符。推出数字货币，以数字货币去中心化的特点作为突破口，或许可以实现弯道超车。

2. 大宗商品定价权仍然较弱

中国作为世界大宗商品市场上重要的进出口方，却并没有因为占据的份额而享受应有的定价权利，国内多种大宗商品均面临着定价权缺失的局面，整体上我国大宗商品定价权现状不容乐观。2020 年，除原油外，中国原木、铁矿石、大豆、橡胶、铜材和铝材的动态比价 R 小于 1，在 7 类大宗商品中定价权表现良好，原油的定价权劣势明显。与 2019 年相比，除了原木的定价权有小幅下降外，其他大宗商品的定价权出现了不同程度的上升，这主要因为在全球疫情背景下我国经济恢复较快。未来全球经济复苏也面临较大的不确定性，新兴经济体复苏也较为乏力，未来大宗商品价格缺乏持续上涨的基本面支撑，现货市场和期货市场发展的诸多不足也制约着我国增强自身国际大宗商品定价权的步伐。

3. 国际金融话语权较为稳定，但与我国经济整体实力严重不对等

我国在国际货币基金组织和世界银行的投票权相比我国经济实力而言，还非常低。即使两大国际组织在过去的几次改革中，均提高了中国的份额，但安全指数的标准分均不及格，这表明我国在国际货币基金组织和世界银行的投票权过低。2020 年我国国际金融话语权得分与 2019 年相比出现了小幅下降，自 2001 年以来，该指数一直缓慢上升，上涨幅度很小，平均分数在 65 分左右。虽然按照购买力平价计算，2020 年我国 GDP 已排名世界第一，同时我国也是全球第二大经济体，并且政治影响力也在提升，但我国在国际金融事务中的话语权并不乐观。国际货币基金组织和世界银行基本上还是以美国为主导的机构，美国在两个国际组织中都拥有一票否决权，而我国的利益诉求还无法从现有的投票权中得到体现（见第八章）。

第二章　金融机构安全评估

第一节　银行业安全评估

一、评估体系和指数构建

（一）引言

针对银行业的金融安全评估，我们根据银行业的业务特点，从稳定和发展两个角度综合评估银行业的金融安全，结合数据的可获得性和可比性，构建适用的评估指数。本章分别以全体银行及上市银行为考察对象，分别计算其指数水平，数据主要来源于 BVD 数据库。

（二）指标体系

我们分别使用不同指标，来反映中国的银行市场的稳定水平和发展水平（见表 2-1）。具体来说，衡量稳定水平的指标包括如下 6 项。

表 2-1　　　　　　　　　　指标名称、定义、判断标准及来源

项目	指标名称	指标定义	判断标准
银行业稳定水平	Z 值	$[(ROA + EA)/\sigma(ROA)]$	Z 值越高，倒闭风险越低
	不良贷款率	不良贷款/总贷款余额	不良贷款率越低，风险越低
	坏账准备金率	坏账准备金/总贷款余额	坏账准备金率越高，风险越高
	资本充足率	资本/风险资产	资本充足率越高，风险越低
	流动性	流动资产/总资产	流动性越高，风险越低
	杠杆率	所有者权益/总资产	杠杆率越高，杠杆风险越低
银行业发展水平	资产回报率（ROA）	税后利润/所有者权益	ROA 越高，资产利用效率越高
	资本回报率（ROE）	税后利润/所有者权益	ROE 越高，资本利用效率越高
	成本收入比	营业费用/营业收入	成本收入比越高，成本压力越大
	非利息收入比	非利息收入/营运收入	非利息收入比越高，发展越多样化
	非存款负债比	非存款负债/总负债	非存款负债比越高，发展越多元化
	赫氏指数	各银行市场份额平方的加总	HHI 指数越高，竞争程度越低

Z 值：作为银行学研究文献中常用的体现金融稳定的指标之一，Z 值的经济学解释为银行距离倒闭的距离。Z 值越高，反映银行倒闭的风险越低。

不良贷款率：不良贷款率被定义为不能按时归还利息和本金的贷款占贷款余额的比率。该比率越高，反映银行面临的资产损失风险越大。

坏账准备金率：银行坏账准备金对贷款余额的比率。一般认为，银行风险上升时，银行拨备的坏账准备金也相应增加。

资本充足率：资本与风险资产的比率。资本充足率越高，银行的风险程度越低。

流动性：流动性被定义为银行持有的流动资产对总资产的比率。该值越高，表明银行拥有更多的流动资产用于可能出现的银行挤兑压力，因此风险程度越低。

杠杆率：我们使用所有者权益对资产的比率来反映银行的杠杆率。该指标越高，反映银行的杠杆风险越低。同时，很多文献都指出，银行的自有资本率越高，其向风险更高的客户提供贷款的动机越低，审慎程度越高。

衡量发展水平的指标包括如下 6 项。

资产回报率（ROA）：税后利润对总资产的比率。该指标被普遍用于衡量银行的盈利能力，该指标越高，银行的资产利用效果越好，它反映了银行信贷有效配置的程度。

资本回报率（ROE）：税后利润对银行所有者权益的比率。该指标越高，表明银行资本的利用效率越高。

成本收入比：营业费用与营业收入的比率，成本收入比越高，代表银行的成本压力就越大。

非利息收入比：该指标衡量银行经营范围（或者说收入渠道）的多样化程度。如果非利息收入升高，显示银行业对传统业务的依赖程度降低，呈现更为稳健的多样化发展。

非存款负债比：该指标体现银行融资对传统储蓄的依赖，该比率上升，意味着银行融资渠道的多样化。对包括我国在内的诸多发展中国家而言，现阶段非利息收入比和非存款负债比的上升，意味着银行业逐渐从传统存贷款服务向更为多元化的阶段发展，体现了银行业发展水平的提高。

赫氏指数（HHI）：该指标为各银行的市场份额（以银行资产占市场总资产的比率衡量）平方后加总。HHI 越高，显示银行市场集中程度越高，竞争程度越低。尽管银行学研究文献中也使用其他反映市场竞争程度的指标（如 Panzar - Rosse H 指数、Lerner 指数、Boone 指数等），但 HHI 依然是最常用的反映市场结构和市场竞争的指标之一。我们认为，集中程度越低、竞争程度越高，对我国和其他发展中国家而言，越显示银行业发展程度的进步。

二、银行业安全评估：基于全样本的数据分析

我们通过表 2 - 2 列出以上指标在 2001—2020 年的变化。

表 2 - 2　　　　　　　　　　　中国银行业各项金融稳定与发展指标情况

年份	Z 值	不良贷款率（%）	坏账准备金率（%）	资本充足率（%）	流动性（%）	杠杆率（%）	资产回报率（%）	资本回报率（%）	成本收入比（%）	非利息收入比（%）	非存款负债比（%）	HHI
2001	18.98	14.02	2.17	—	22.54	9.37	0.49	8.84	—	8.51	18.96	0.16
2002	18.15	12.98	2.17	—	19.25	7.82	0.4	8.67	—	11.65	21.43	0.15
2003	22.11	10.13	1.88	—	17.81	7.52	0.41	9.44	—	11.66	17.45	0.14
2004	19.37	6.62	2.08	—	17.71	5.79	0.47	10.81	—	8.51	15.45	0.12
2005	8.58	5.22	2.06	7.36	19.88	5.22	0.59	11.83	76.99	8.5	12.74	0.12
2006	9.48	3.56	2.05	10.05	19.89	5.85	0.72	12.83	63.38	7.7	12.33	0.12
2007	9.99	2.3	2.02	12.85	22.8	6.97	0.93	15.89	56.72	8.32	19.83	0.11
2008	11.02	1.77	2.25	13.52	25.08	7.79	1.13	17.35	48	8.43	18.18	0.1
2009	12.68	1.29	2.15	15.58	26.59	9.29	0.92	13.72	49.62	9.04	15.28	0.1
2010	12.02	0.91	2.17	14.03	29.82	8	1.05	15.47	46.99	9.6	15.88	0.09
2011	15.28	0.75	2.3	13.04	31.44	8.21	1.2	16.88	42.26	8.59	18.29	0.08
2012	16.6	0.77	2.41	13.48	29.96	8.26	1.11	15.61	41.85	8.24	21.11	0.08
2013	16.23	0.92	2.68	13.12	31.98	7.64	1.07	17.13	44	16.47	22.78	0.04
2014	17	1.21	2.93	13.7	30.38	8.25	1.08	14.56	41.81	18.83	24.56	0.05
2015	20.12	1.57	3.17	14.19	29.5	8.14	0.89	11.75	43.3	22.78	28.1	0.05
2016	12.43	1.59	3.32	13.94	30.66	7.91	0.8	10.85	40.97	27.68	30.79	0.05
2017	13.39	1.58	3.33	14.07	28.61	8.06	0.74	10.05	41.46	24.95	30.93	0.06
2018	22.42	1.72	3.36	14.27	27.37	8.34	0.73	9.16	38.37	26.99	29.13	0.06
2019	21.68	1.62	3.37	14.57	24.65	8.51	0.73	8.8	38.17	24.52	25.67	0.06
2020	21.37	1.56	3.15	14.35	22.95	8.35	0.62	7.57	38.17	20.96	25.88	0.06

为了更直观地观察每一分指标在 2001—2020 年的变化，我们在对指标进行同向化处理后，使用功效系数法对其进行转化，在分别计算银行业稳定水平和银行业发展水平的均值后，我们按 7∶3 的权重计算出对银行风险程度的总体评价，分值越高代表安全程度越高、风险水平越低。具体结果如表 2 - 3 所示。

表 2 - 3　　　　　　　　　　　中国银行业各项金融稳定与发展指标评分

年份	银行业稳定水平指标							银行业发展水平指标							总体评价
	全体银行 Z 值	全体银行不良贷款率	全体银行坏账准备金率	全体银行资本充足率	全体银行流动性	全体银行杠杆率	均值	全体银行资产回报率	全体银行资本回报率	全体银行成本收入比	全体银行非利息收入比	全体银行非存款负债比	HHI	均值	
2001	90.07	60.00	92.17	—	73.54	100.00	83.16	64.58	65.18	—	61.63	74.26	60.00	65.13	77.75
2002	87.66	63.14	92.13	—	64.32	84.99	78.45	60.00	64.51	—	67.90	79.58	64.15	67.23	75.08

续表

年份	银行业稳定水平指标						均值	银行业发展水平指标						均值	总体评价
	全体银行Z值	全体银行不良贷款率	全体银行坏账准备金率	全体银行资本充足率	全体银行流动性	全体银行杠杆率		全体银行资产回报率	全体银行资本回报率	全体银行成本收入比	全体银行非利息收入比	全体银行非存款负债比	HHI		
2003	99.11	71.74	100.00	—	60.27	82.18	82.66	60.71	67.66	—	67.94	71.02	67.69	67.00	77.96
2004	91.19	82.31	94.72	—	60.00	65.44	78.73	63.43	73.24	—	61.62	66.71	72.35	67.47	75.36
2005	60.00	86.52	95.30	60.00	66.07	60.00	71.31	69.48	77.41	60.00	61.61	60.88	73.44	67.14	70.06
2006	62.59	91.53	95.54	73.10	66.11	66.08	75.82	75.80	81.52	73.84	60.00	60.00	74.99	71.03	74.38
2007	64.06	95.33	96.24	86.70	74.27	76.82	82.24	86.62	94.04	80.62	61.24	76.13	78.97	79.60	81.45
2008	67.05	96.91	89.97	89.99	80.67	84.70	84.88	96.87	100.00	89.48	61.46	72.58	80.25	83.44	84.45
2009	71.84	98.38	92.82	100.0	84.90	99.16	91.18	85.90	85.17	87.84	62.69	66.36	81.61	78.26	87.31
2010	69.94	99.51	92.26	92.45	93.96	86.78	89.15	92.72	92.31	90.51	63.81	67.65	84.23	81.87	86.97
2011	79.37	100.00	88.81	87.66	98.50	88.77	90.52	100.00	98.10	95.33	61.78	72.82	86.17	85.70	89.07
2012	83.19	99.93	85.82	89.81	94.36	89.26	90.39	95.49	92.91	95.74	61.09	78.89	87.92	85.34	88.88
2013	82.11	99.48	78.65	88.06	100.00	83.28	88.60	93.71	99.11	93.56	77.56	82.48	100.00	91.07	89.34
2014	84.33	98.61	71.84	90.87	95.52	89.14	88.38	94.34	88.59	95.78	82.27	86.31	97.20	90.75	89.09
2015	93.36	97.52	65.41	93.24	93.07	88.08	88.44	84.66	77.10	94.27	90.14	93.91	98.01	89.69	88.82
2016	71.12	97.46	61.21	92.05	96.31	85.90	84.01	79.82	73.41	96.64	100.00	99.70	96.84	91.07	86.13
2017	73.90	97.49	61.11	92.52	90.56	87.37	83.85	77.01	70.12	96.14	94.53	100.00	93.90	88.62	85.28
2018	100.0	97.08	60.27	93.63	87.09	90.08	88.02	76.53	66.52	99.28	98.63	96.13	94.83	88.65	88.21
2019	97.87	97.38	60.00	95.11	79.46	91.70	86.92	76.39	65.03	99.49	93.68	98.70	95.55	86.47	86.79
2020	96.97	97.55	65.98	94.02	74.70	90.16	86.57	71.00	60.00	100.00	86.55	89.15	94.10	83.47	85.64

如图 2-1 所示，从我国银行业风险程度的总体表现看，自 2001 年开始，我国银行业的风险状况受重大事件影响有一定波动，但总体表现出持续改善趋势，并在 2013 年达到阶段性的最高值。具体而言，我国银行业风险状况在 2001—2003 年间较为稳定，但在 2004—2005 年处于阶段性低点，随后逐渐上升至 2011 年，2012 年后有小幅下降，2013 年达到峰值，2016—2017 年到达另一个阶段性低位，2018 年情况有所好转，但 2019—2020 年又呈现下降趋势，显示银行业风险程度又出现上升苗头，应当引起决策者对银行市场风险的注意和警惕。以上评价是我国银行业风险水平相对自身变化的纵向比较，下面，我们关注我国的上市银行的风险水平。

三、银行业安全评估：基于上市银行数据的分析

下面我们关注我国的上市商业银行，作为我国银行业的代表，截至 2020 年共有 36 家银行在沪深两个证券交易所上市，其中不仅包括工农中建交 5 家国有大型商业银行，还包括了中

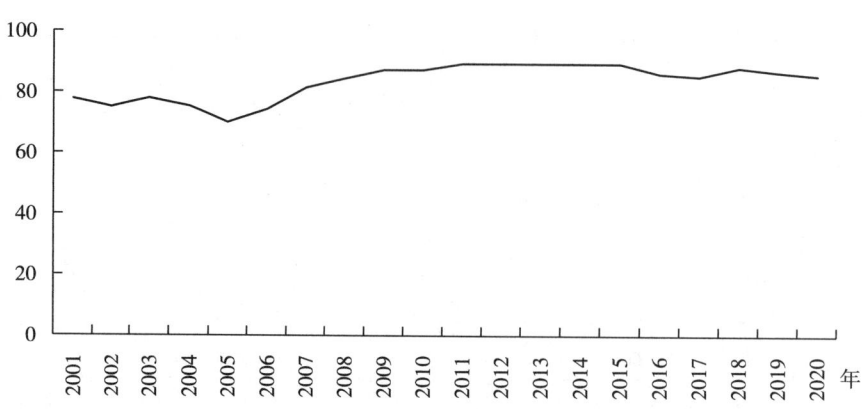

图 2 - 1　银行业风险状况（2001—2020 年）

信银行、光大银行等股份制商业银行，以及北京银行、宁波银行等城市商业银行。作为银行业中资产状况较好的代表，我们对其进行专门的观察和分析（见表 2 - 4、表 2 - 5 和图 2 - 2）。

表 2 - 4　　　　　中国上市银行各项金融稳定与发展指标情况

年份	Z 值	不良贷款率（%）	坏账准备金率（%）	资本充足率（%）	流动性（%）	杠杆率（%）	资产回报率（%）	资本回报率（%）	成本收入比（%）	非利息收入比（%）	非存款负债比（%）
2001	11.48	14.90	2.42	—	22.13	5.46	0.50	11.24	—	7.67	19.33
2002	12.21	11.61	3.15	—	20.01	5.17	0.38	10.98	—	9.85	16.59
2003	16.97	9.35	3.22	—	18.78	5.66	0.43	12.11	—	7.59	15.55
2004	17.17	6.44	4.27	—	18.08	4.94	0.57	14.13	—	5.48	10.44
2005	11.48	5.23	2.74	—	21.27	6.66	0.99	9.67	—	7.97	8.35
2006	10.96	4.69	2.69	11.58	22.54	6.64	0.83	7.29	56.16	6.93	9.12
2007	10.66	3.54	3.42	12.71	23.26	7.06	1.19	19.64	43.51	5.80	13.99
2008	11.09	1.72	2.63	12.47	25.93	7.51	1.27	18.47	41.37	7.82	13.32
2009	9.97	1.34	2.26	11.78	25.10	7.03	1.05	18.41	42.55	10.09	13.43
2010	11.90	0.89	2.27	12.51	23.27	7.58	1.36	20.19	42.32	10.39	14.38
2011	14.84	0.73	2.40	12.42	25.32	7.69	1.31	20.15	41.28	8.71	18.26
2012	13.04	0.84	2.61	12.64	24.24	6.17	1.20	19.33	39.95	7.75	22.22
2013	14.94	0.92	2.61	11.23	24.70	6.90	1.19	18.37	37.14	13.76	21.71
2014	15.02	1.15	2.76	12.09	24.45	7.12	1.13	16.93	35.61	16.06	22.06
2015	17.93	1.45	3.05	12.39	25.77	7.18	1.03	14.98	34.56	17.45	25.46
2016	11.26	1.55	3.12	12.82	25.94	7.10	0.92	13.35	31.63	20.10	29.66
2017	12.67	1.60	3.05	12.72	22.43	7.51	0.88	12.14	31.19	24.95	29.32
2018	20.57	1.53	3.35	13.91	22.27	7.42	0.87	12.37	32.16	24.96	31.61
2019	20.58	1.46	3.41	14.37	19.55	7.77	0.88	11.68	30.90	25.04	29.82
2020	19.99	1.41	3.37	14.26	18.96	7.67	0.80	10.45	30.47	21.23	29.30

表 2 – 5　　　　　　　　　　　中国上市银行各项金融稳定与发展指标评分

年份	银行业稳定水平指标						均值	银行业发展水平指标					均值	总体评价
	上市银行Z值	上市银行不良贷款率	上市银行坏账准备金率	上市银行资本充足率	上市银行流动性	上市银行杠杆率		上市银行资产回报率	上市银行资本回报率	上市银行成本收入比	上市银行非利息收入比	上市银行非存款负债比		
2001	65.67	60.00	96.73	—	80.59	67.37	74.07	65.12	72.27		64.49	78.89	70.19	72.91
2002	68.42	69.29	82.28	—	69.83	63.25	70.62	60.00	71.44		68.93	74.17	68.64	70.02
2003	86.38	75.68	80.84	—	63.58	70.24	75.34	62.17	74.95		64.32	72.39	68.46	73.28
2004	87.12	83.87	60.00	—	60.00	60.00	70.20	67.85	81.22		60.00	63.59	68.16	69.59
2005	65.67	87.29	90.47	—	76.22	84.32	80.80	84.80	67.39		65.10	60.00	69.32	77.35
2006	63.70	88.83	91.47	64.48	82.69	84.07	79.21	78.21	60.00	60.00	62.98	61.32	64.50	74.79
2007	62.59	92.07	76.96	78.89	86.35	89.95	81.13	93.01	98.29	79.69	60.66	69.71	80.27	80.88
2008	64.22	97.19	92.56	75.77	99.94	96.28	87.66	96.07	94.66	83.02	64.78	68.54	81.42	85.78
2009	60.00	98.27	100.00	67.05	95.72	89.54	85.10	87.34	94.49	81.19	69.44	68.74	80.24	83.64
2010	67.26	99.52	99.61	76.33	86.41	97.24	87.73	100.00	100.00	81.55	70.04	70.37	84.39	86.73
2011	78.33	100.00	97.06	75.13	96.33	98.84	91.03	97.91	99.88	83.17	66.61	77.05	84.93	89.20
2012	71.57	99.68	92.88	77.97	91.32	77.42	85.14	93.18	97.34	85.24	64.65	83.85	84.85	85.05
2013	78.73	99.45	93.05	60.00	93.65	87.72	85.43	93.10	94.35	89.62	76.93	82.98	87.40	86.02
2014	79.00	98.81	90.00	70.95	92.41	90.82	87.00	90.69	89.89	92.00	81.63	83.58	87.56	87.17
2015	89.98	97.97	84.20	74.75	99.10	91.61	89.60	86.44	83.84	93.64	84.48	89.42	87.56	88.99
2016	64.83	97.67	82.77	80.30	100.00	90.45	86.00	82.17	78.79	98.19	89.90	96.65	89.14	86.94
2017	70.18	97.52	84.30	78.95	82.13	96.25	84.89	80.56	75.06	98.89	99.81	96.06	90.08	86.44
2018	99.95	97.72	78.21	94.08	81.29	95.06	91.05	80.07	75.77	97.38	99.83	100.00	90.61	90.92
2019	100.00	97.93	77.14	100.0	67.47	100.00	90.42	80.44	73.62	99.34	100.00	96.93	90.07	90.32
2020	97.76	98.06	77.97	98.58	64.47	98.53	89.23	77.26	69.82	100.00	92.21	96.03	87.06	88.58

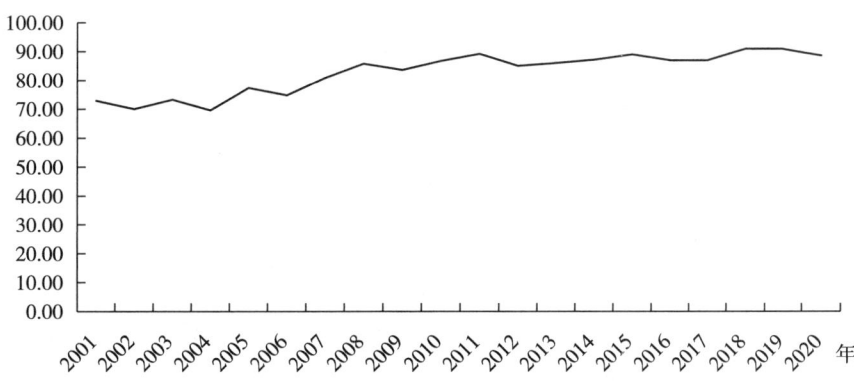

图 2 – 2　上市银行风险状况（2001—2020 年）

如图 2-2 所示，从我国上市银行业风险程度的总体表现看，与全样本的银行业风险程度趋势大致相同，说明上市银行对全样本有较强的代表性。自 2001 年开始，我国上市银行总体的风险状况受重大事件影响有一定波动，但总体表现出持续改善趋势，并在 2018 年达到阶段性的最高值（90.92）。具体来说，我国上市银行风险状况在 2001—2003 年间较为稳定，但在 2004 年处于阶段性低点，但随后快速上升并超过前值，2009 年到达另一个阶段性低位，但随后总体评价分值逐渐升至 2018 年的历史高位，显示上市银行的风险程度得到有效控制。下面，我们通过各具体指标来分析我国的上市银行与全样本银行业的对比情况。

四、银行业安全评估：全样本与上市银行数据的比较分析

（一）中国银行业稳定水平分析

我们首先用 Z 值观察银行市场的稳定程度。Z 值是银行学文献中经常使用的一种衡量银行稳定的指标，其具体构建为：

$$Z = \frac{ROA + EA}{\sigma(ROA)}$$

其中，ROA 代表各银行的平均资产回报率（%）。EA 代表平均资本充足率（%），我们使用所有者权益（Equity）对总资产的比率进行估算。$\sigma(ROA)$ 代表各年度银行 ROA 数据的标准差。我们没有采用常见的风险加权资产，是为了克服资产风险的估计受资产规模较大的银行权重影响，可能出现低估银行业整体风险的问题。根据黄隽和章艳红（2010）、Joel F. Houston（2010）、李世平（2018）等人对 Z 值使用方法及其对其他前人使用 Z 值使用方法的总结，Z 值中的 $\sigma(ROA)$ 的计算方法并不唯一，在不同数量的样本、不同时间区间情况下的使用有所差异，结合实际数据情况，为最大限度地保留样本信息，$\sigma(ROA)$ 采取的是三年移动标准差计算方法，即 $\sigma(ROA)_n$ 等于即 $n-2$、$n-1$、n 年对应所有银行 ROA 值的共同计算标准差，$\sigma(ROA)_{n+1}$ 等于即 $n-1$、n、$n+1$ 年对应所有银行 ROA 值的共同计算标准差，以此类推（计算过程中为了尽可能保留数据样本，只剔除了前 5% 和后 5% 的值）。上市银行 Z 值计算中的 $\sigma(ROA)$ 则统一对应当年值。

图 2-3 是我国银行业 Z 值在 2001—2020 年的变化情况。可以看到，银行总体 Z 值于 2005 年达到最低值，上市公司 Z 值也较之前大幅下降。2005 年之后，Z 值总体表现出升高的趋势，但在 2015—2016 年，Z 值下探至阶段性最低值，2018 年又重新增长至近 20 年最高值。我们根据 Z 值的构成，发现其波动受到 ROA 和 EA 的共同影响，2018 年中国银行业总体和上市银行总体资产回报率略有下降，杠杆攀升，反映出该年中国银行业盈利水平有所下降，且上市银行的杠杆风险也在上升，但 2018 年银行业资产回报率标准差较 2016 年、2017 年下降幅度较大，Z 值因而在 2017 年快速增长的基础上继续爬升，2019 年虽有小幅回调，但仍处于近年高位。2020 年 Z 值小幅下降，与 2019 年相差不大。在与我国上市银行平均 Z 值的比较中，我们发现，上市银行的 Z 值相较于银行全体较为平稳，表明上市银行在风险

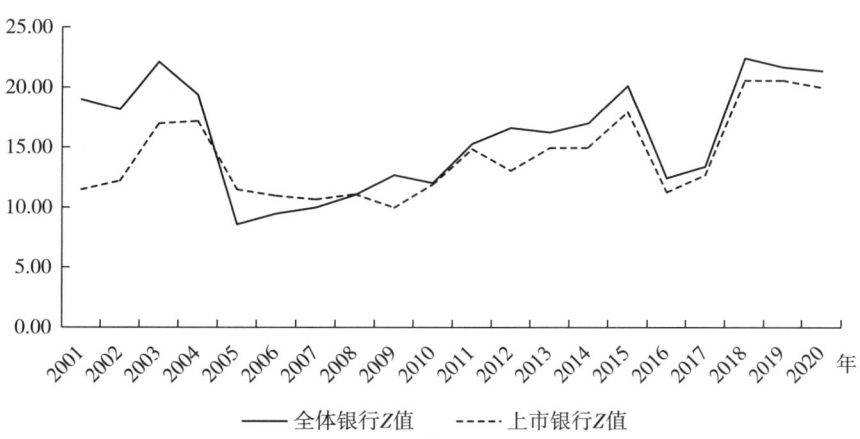

图 2 - 3 银行业 Z 值 （2001—2020 年）

压力下的经营治理更加稳健。

我们接下来使用更为传统的银行不良贷款率观察银行的稳定程度（见图 2 - 4）。不良贷款率的趋势变化显得更为明显，反映出持续改善的过程，中国银行业平均不良贷款率从 2001 年的高达约 14.02%，逐年减少到 2011 年的平均不足 1%，体现出我国银行业改革中呆坏账剥离对银行风险的显著改善，以及银行对不良贷款风险控制水平的逐步提高。但是，2011—2020 年间我国银行业的平均不良贷款率呈现轻微的上升趋势，反映出银行贷款风险可能由于经济下行的压力而增大。上市银行的不良贷款率在绝大部分年间与全体银行业平均值持平，特别是 2008 年以后，趋势保持一致。在 2020 年，上市银行平均不良贷款率为 1.41%，略低于 2019 年的 1.46%，表明不良率在整体下降，资产质量有所改善。

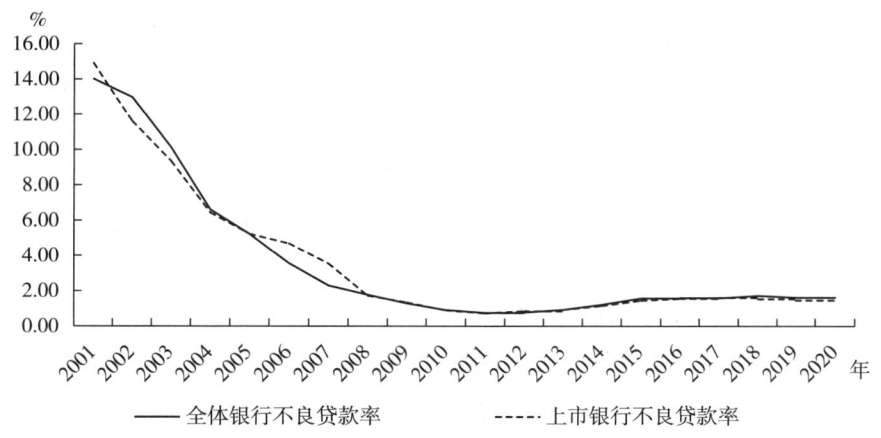

图 2 - 4 银行业不良贷款率 （2001—2020 年）

如图 2 - 5 所示，我国银行业的坏账准备金率基本稳定在 2%～3.5% 的区间之内。但自 2009 年后，我国的坏账准备金率逐渐升高，到 2017 年上升到 3.30% 以上，并持续至 2020

年。这一趋势一方面表现出银行面临的潜在风险可能上升，迫使银行提高坏账准备金，但同时也表现出银行应对可能出现的损失的能力有所增强。就坏账准备金率方面，上市银行和银行业平均水平在近年来较为相似，这说明在这一方面上市银行对我国银行业的普遍情况有较高的代表性。在国际金融危机之前，上市银行坏账准备金率远远大于银行业平均水平，这主要是由于在 2009 年之前我国的上市银行数量较少，上市银行坏账准备金率的变化趋势与全体银行业有较大差异。但在 2017—2020 年，上市银行坏账准备金率快速上升，其中的风险值得关注。

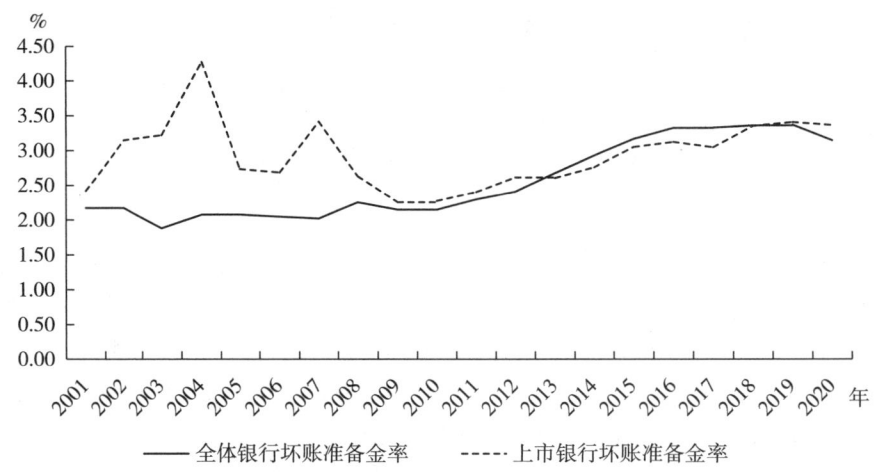

图 2 – 5　银行坏账准备金率（2001—2020 年）

图 2 – 6 表明自从 2005 年以来，银行监管逐渐规范，加上《巴塞尔协议 Ⅱ》的推行，银行业整体资本充足率快速爬升，最高至 2009 年 15.58% 的高位，随后在 2009—2014 年缓慢下降，可能原因是新成立的股份制银行、城商行、农商行资本充足率水平相较国有大行较低，一定程度上拉低了平均水平。但在 2013 年以后，《商业银行资本管理办法（试行）》施行，对资本充足率做出了明确要求，因而在监管要求下，银行业的资本充足率开始不断上升，直至 2020 年的 14.53%。另一方面，上市银行资本充足率走势除了在 2007—2010 年期间走势不同外（受美国次贷危机和国际金融危机影响，股市崩盘，资本下降，风险资产比重上升），其余年度与银行业总体趋势基本保持一致。

如图 2 – 7 所示，银行业的平均流动性经历了先下降再上升而后又下降的变化，特别是在 2004 年到 2011 年，流动性表现出持续上升，一方面反映出银行资产并未过度集中于风险更高的贷款，同时体现出银行有更多的资源可以满足储户提取存款的需求；另一方面，流动资产比重的提升，有利于银行获得更为安全稳定的收益，同时降低银行的融资成本。但2012 年后，银行业的平均流动性出现明显的下降，到 2017 年持续下降至 10.68%。上市银行平均流动性自 2016 年起，也呈现逐年下降态势，且上市银行的流动性水平低于全体银行业平均水平。2020 年，上市银行流动资产占总资产的比率为 18.96%，而银行业的平均流动

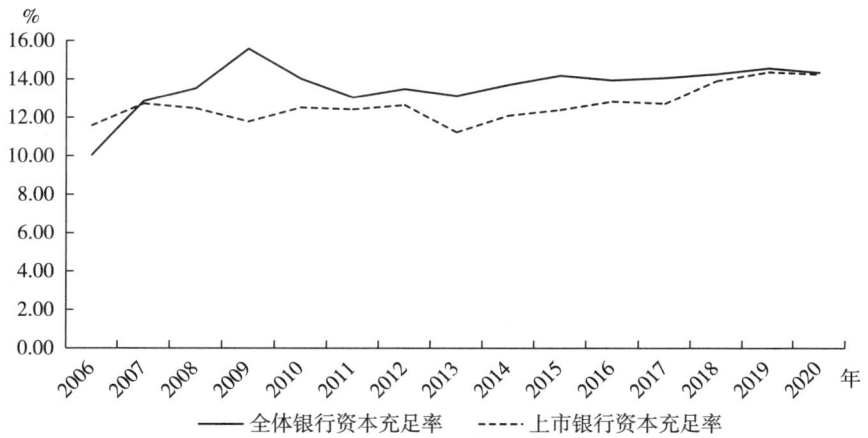

图 2 - 6　银行业资本充足率（2005—2020 年）

图 2 - 7　银行业流动性（2001—2020 年）

性为 22.95%，这说明上市银行可能拥有更多流动性风险相对更高的资产。近两年出现了包商银行流动性危机等风险问题，流动性风险已成为银行业的重要风险问题。

与许多研究文献一致，我们使用杠杆率衡量银行业的资本充足程度（见图 2 - 8），发现银行业平均杠杆率总体上表现出先下降后升高的趋势，特别是在 2005—2009 年期间中国银行业的杠杆率从 5.22% 上升到 9.29%，反映出银行对于负债的依赖程度下降，而使用自有资本提供信贷的能力上升。但是，2009 年后银行资本充足程度有比较明显的下降趋势，2016 年为 7.91%。大多数年份中，上市银行的资本充足程度明显低于银行业平均水平，近十年来只在 2005—2007 年实现反超。2012 年以后银行业整体杠杆率与上市银行杠杆率都呈现上升趋势并在 2019 年达到近年来高峰，2020 年略有下降。自资管新规以来，监管机构持续出台监管措施，监管力度持续升级，银行表外业务非标准负债业务（如理财产品、信托计划、委托贷款等）发展势头得到控制，银行业负债水平下降，杠杆率得以提升，这对于防控系统性金融风险至关重要。

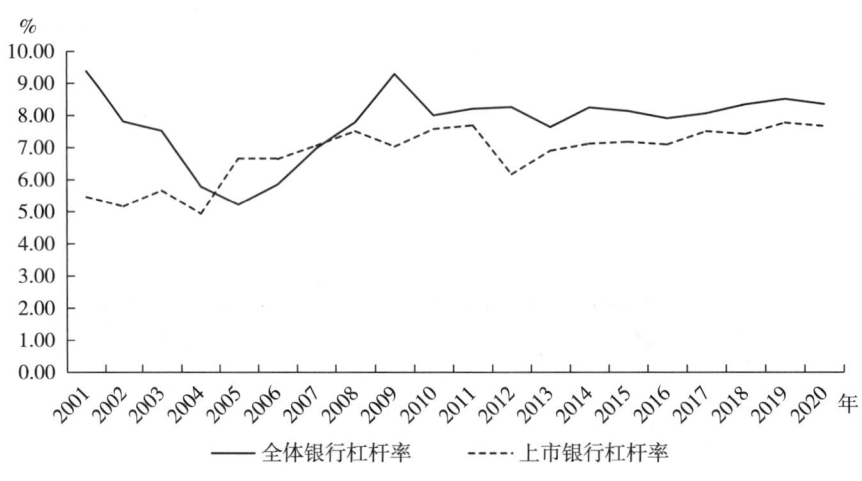

图 2 – 8　银行业杠杆率（2001—2020 年）

（二）中国银行业发展水平分析

下面我们讨论中国银行业发展程度的变化。为了避免使用单一指标可能带来的偏误，我们同样使用五个分指标衡量银行业各方面的发展水平。

第一，我们使用的分指标是银行资产回报率（ROA），我们按银行资产的大小对每一银行的资产回报率进行加权，从而算得银行业的加权平均资产回报率。平均资产回报率越高，说明银行业的经营状况和盈利水平越高。

如图 2 – 9 所示，2000 年—2010 年，银行业平均资产回报率表现出持续上升的趋势，显示出银行经营状况的改善，使得资产得以更有效地被利用，为银行创造更高的收益。但是在 2010 年后，受到产能和金融资本相对过剩的影响，平均资产回报率的上升势头趋缓甚至略有下降，显示银行收益较以往有所降低。受 2015 年人民银行五次降息并开放存款利率浮动区间上限的影响，市场利率中枢下行，导致银行业存款付息率较之前年度大幅下降。同时，随着我国利率市场化进程持续推进，以及受 2016 年 5 月 1 日的"营改增"政策等多因素影响，银行业生息资产收益率水平亦大幅下降。在流动性稳定以及市场竞争加剧的环境下，商业银行的利差空间被逐步压缩。银行业平均资产回报率在 2018 年下降至 0.85%，为自 2009 年后的最低水平，随后的 2019 年略有上升，受疫情等因素影响，2020 年继续下降至 0.62%。上市银行的资产回报率趋势与整个银行业相一致，绝对值始终领先于银行业整体。但受经济下行大环境的影响，预计全行业及上市银行的加权平均资产回报率可能都将进一步下滑。

第二，我们使用类似的指标，即银行业加权平均资本回报率来观察我国银行业的发展状况。总体上看，平均资本回报率与平均资产回报率的趋势较为相似，都在 2010 年之前表现出上升的趋势，而之后出现明显的下降，显示银行业经营状况出现持续恶化，2017 年下降

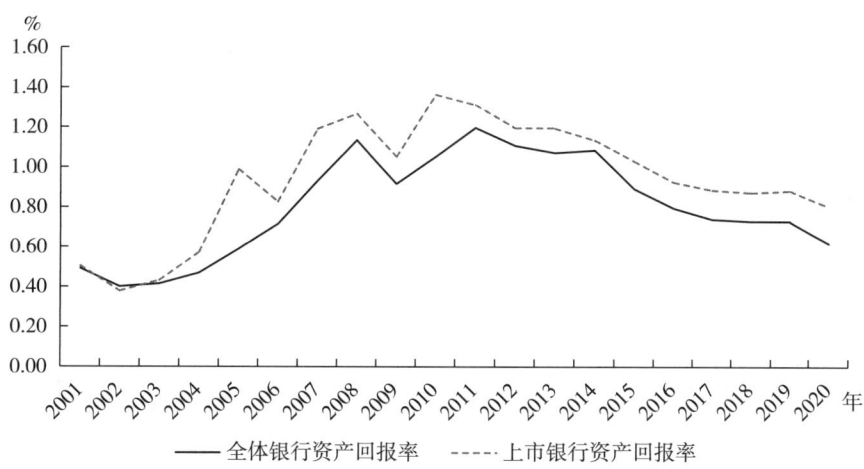

图 2-9 银行业加权平均资产回报率（2001—2020 年）

至 10.05%，2019 年为 8.80%，2020 年更是进一步下滑至 7.57%。以上两个指标显示，就银行业的经营收益而言，我国银行业近年来走势持续下降，主要原因在于受传统基建投资拉动的经济增长放缓、产能和金融资本的相对过剩、金融脱媒、息差收窄的影响，银行盈利能力下降。上市银行营业收入微幅增长甚至负增长（见图 2-10）。

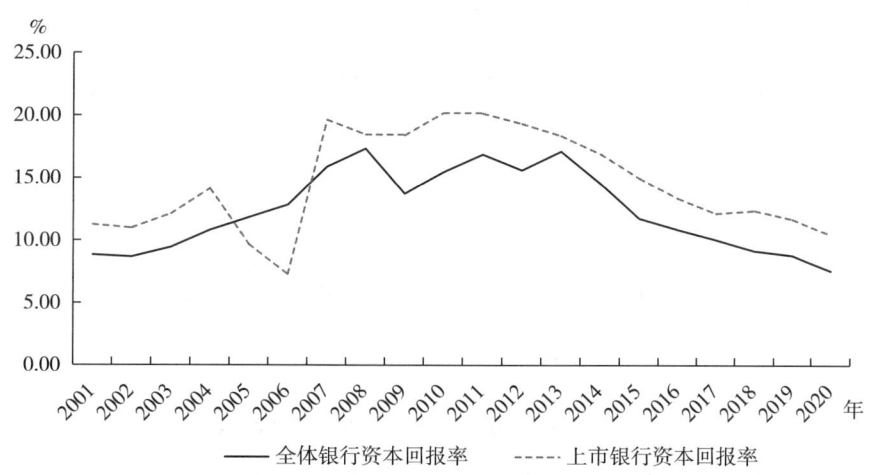

图 2-10 银行业加权平均资本回报率（2001—2020 年）

第三，我们使用非利息收入占总收入的比率，来观察银行经营范围的多样化程度。更高的非利息收入表明银行对传统业务的依赖程度降低，呈现更为稳健的多样化发展（见图 2-11）。

近年来，银行业整体成本收入比呈现下降趋势，究其原因，一方面是高息揽储行为被禁止，存款利率的普遍下降使成本下降；另一方面是同业业务、理财业务等业务规模的扩大，为银行带来了更多除贷款业务以外的收入，整体收入水平显著上升。银行业总体成本收入比

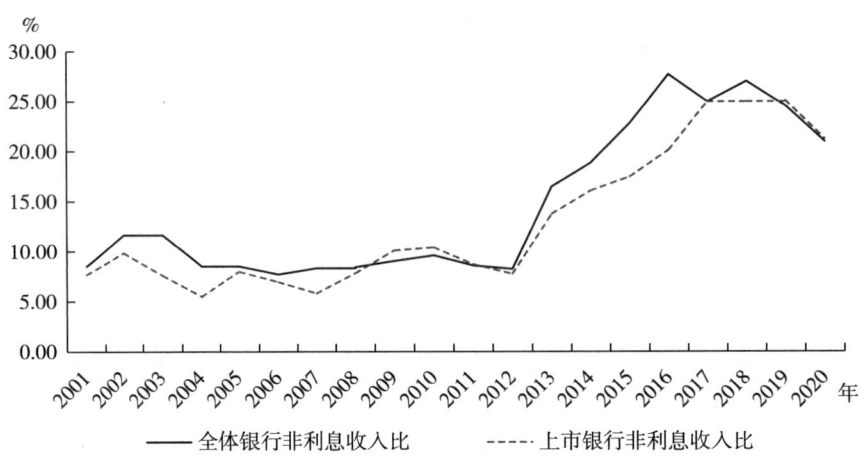

图 2 - 11 银行业非利息收入比 (2001—2020 年)

从 2006 年的 63.38% 下降到 2020 年的 37.66%。而同期上市银行的成本收入比同样出现可观下降，趋势与银行业总体保持一致（见图 2 - 12）。

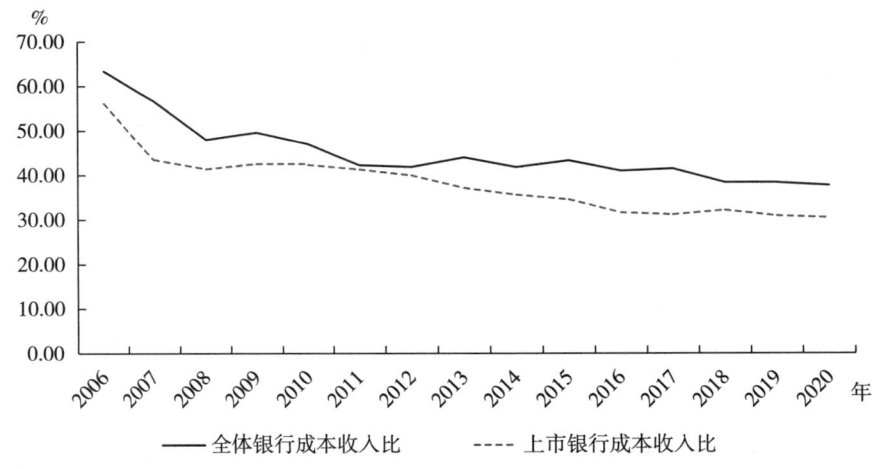

图 2 - 12 银行业成本收入比 (2006—2020 年)

我们发现，我国银行业的平均非利息收入比的总体趋势为在 2012 年以前围绕着大约 10% 的中间值上下波动，这是因为我国银行业依然高度依赖传统的贷款业务，利息收入是银行的主要收入来源，而非传统业务对银行收入的贡献则较为有限。但自 2012 年起，该指标逐年上升，全体银行业的非利息收入比至 2016 年达到 27.68%，主要原因在于为缓解盈利能力下降的压力，银行业盈利结构逐步由传统公司业务为主，向公司业务、零售业务和金融市场业务平衡发展转变，因而非利息收入占比显著提升。随着社会财富的增加，居民和企业对于资金管理和金融交易的需求快速增长，推动银行创新产品和服务日益丰富，加之利率市场化、互联网金融背景下商业银行存在向轻型银行转型的内在要求，银行中间业务持续增长。在信息科技高速发展和金融需求多样化态势下，未来中间业务将继续推陈出新，"大投行"业务将继续快速发展，托管服务将逐步多元化，理财业务逐步向开放式净值型产品转换，中间业务将成为我国商业银行新的盈利增长点。但2017年全体银行业的非利息收入比下降为24.95%。在2018年，经历了阵痛后全体银行的非利息收入比重新上升，这显示我国包括上市银行在逐步拓宽盈利方式，对传统贷款业务依赖性有所降低，但2019年由于经济增速放缓，整体投资收益率水平有所下降，2020年受到进一步冲击，下降幅度更大，因而非利息收入比有所下滑，就非利息收入占总收入这一比率，我们发现上市银行的非利息收入占比在各年份几乎低于银行业平均水平，在2008年与2015年股市下跌期间更为明显。

第四，与通过观察非利息收入分析银行收入多样化程度相似，我们观察了非存款负债在总负债中的占比，以此分析银行融资对传统储蓄的依赖（见图2－13）。该比率越高，意味着银行融资渠道的多样化程度越高。

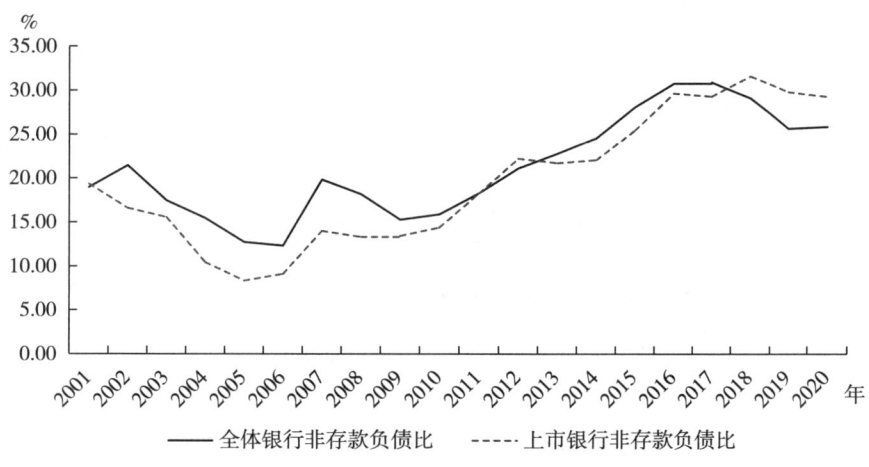

图2－13　银行业非存款负债占比（2001—2020年）

我们发现，在2010年前非存款负债比存在一些阶段性的波动，但2010年后逐年上升，至2017年，该指标上升至近年最高点的30.93%，但随后开始回落，在2020年回落至25.88%。这反映出存款依然是我国银行业获得融资的主要来源，银行通过非存款方式获得融资的程度尽管有所上升，但依然处于较低水平，且收入较不稳定，从这一侧面反映出非存款融资的途径还没有得到很好的运用。我们发现大多数时间上市银行的该指标都低于银行业的平均水平。但自2018年之后，上市银行非存款负债比实现对银行业平均水平的反超。

第五，我们通过观察银行市场结构，即集中程度，分析银行业的发展情况（见图2－14）。如果集中程度降低，可能反映出竞争程度的上升，资源可能由于竞争的升高而得到更优化的配置。我们使用HHI指数，即对银行资产占市场总资产的比率求平方后加总，反映市场集中程度。我国银行业内多种形式的金融机构并存。自加入WTO后，我国银行业于2006年年底对外资银行全面开放。目前，外资银行在我国普遍设立营业机构，形成具有一定覆盖面和市场深度的总行、分行、支行服务网络。外资银行在国内快速布局的同时，银监会积极推动民营银行试点工作，不断提升银行业对内开放水平。民营银行试点始于2014年，首批设立五家，分别为网商银行、微众银行、民商银行、华瑞银行和金城银行。2015年，银监会表示对民营银行申设不再设限，按照成熟一家设立一家的原则，来推进新设民营银行的工作。2016—2020年，重庆富民银行、四川新网银行、湖南三湘银行等多家民营银行相继获批，未来将会有更多民营资本进入银行业。多种所有制银行融合发展的格局不断壮大，HHI指数持续处于较低区间，但近年来市场集中度有所提高，竞争程度有所下滑，反映出在经济下行且改革不断深化的进程中，我国大银行市场份额有所回升，竞争力有所提高。

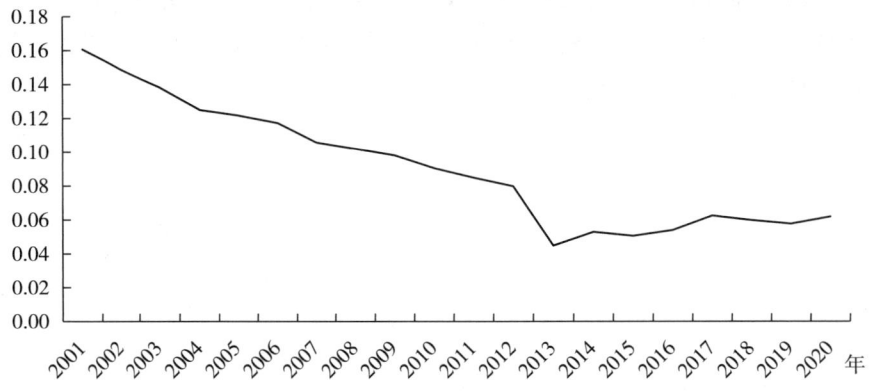

图2－14 银行业赫氏指数（HHI）（2001—2020年）

综合以上分析，我们认为，总体而言，中国银行业的风险水平在2020年较2019年有所上升，银行业流动性在2020年进一步下降，表现出恶化的趋势。与此同时，全体银行业的非利息收入占比、资产回报率相比前一年也有所下降。最后，上市银行流动性和非存款负债比的下降同样值得警惕。

五、中国银行业潜在风险隐患分析

银行业作为国民经济核心产业，与宏观经济发展具有高度相关性。近年来，我国宏观经济发展步入"新常态"，经济增长速度自然放缓，但随着结构转型、深化改革等措施的推进，我国宏观经济将逐步探底企稳，在合理的增速区间内保持可持续发展。2020年我国国内生产总值（GDP）为101.60万亿元，比上年增长2.3%，人均国内生产总值（人均GDP）为7.24万元，比上年增长2.0%，虽相较2011年之前有明显下降，但仍处于近年来均衡水平，说明我国经济正处于底部企稳阶段。随着宏观经济增速的放缓，我国银行业正由过去十余年规模、利润高速增长的扩张期，进入规模、利润中高速增长的"新常态"，经营情况总体保持平稳。中国人民银行实施稳健中性的货币政策，相机提高公开市场操作、中期借贷便利（MLF）、常备借贷便利（SLF）的利率，市场利率有所上行。监管部门把防控金融风险放到更加重要的位置，对银行业金融机构开展专项治理，金融监管趋严。

2018 年被称为"资管元年"，《关于规范金融机构资产管理业务的指导意见》（以下简称"资管新规"）、《商业银行理财业务监督管理办法》以及《商业银行理财子公司管理办法》三大理财监管文件相继落地，改变了银行理财业务的生态。首先，"资管新规"打破了刚性兑付，只有非保本理财产品才是真正意义上的资管产品；其次，禁止资金池业务，降低期限错配，旨在防范银行业的流动性风险传导；再次，消除多层嵌套，金融机构不得为其他金融机构的资产管理产品提供规避投资范围、杠杆约束等监管要求的通道服务；最后，统一规范了投资渠道、杠杆比例等监管指标，是规范银行业开展非存贷业务的一记重拳。

在宏观环境和政策等多重因素的作用下，2020 年银行业资产规模继续稳步增长，但增长速度呈下降趋势。尽管受宏观经济环境影响，银行资产质量有所下降，但整体风险可控。数据显示，2020 年行业流动性有所下降，资产回报率和资本回报率近年来呈现下降态势。此外上市银行的不良贷款率有所升高。为抵御各类风险的发生，近年来我国商业银行加大了不良贷款的拨备及核销力度。以上都是我国银行业在 2019 年和 2020 年凸显出的风险，需要警惕进一步的恶化。目前，我国银行业所面对的主要风险在以下几个方面：

（一）流动性水平进一步下降

根据我们上面的指标变化，可以看到，2013 年后，银行业的平均流动性出现明显下降，由 2013 年的 31.98% 持续下降至 2020 年的 22.95%，流动性指标平均每年大约下降 1 个百分点，成为近些年来银行业风险的主要来源。流动性下跌背后的原因是多层次的。

第一，从资产端来看，截至 2020 年末，中国银行业境内总资产达 319.7 万亿元，同比增长 10.1%，一方面近年来中小银行债券投资占比在未出现明显提升的同时，申请中期借贷便利消耗的优质债券有所增加，导致合格优质流动性资产不足；另一方面，存贷款期限错配造成长期流动性安排调节难度加大。因此流动性覆盖率和净稳定资金比率在 2020 年面临持续的达标压力。此外，随着央行对新增贷款数额、投向领域的管控加严，很多商业银行加大了主要由信托计划、理财计划构成的应收账款类投资，但其底层资产中用于发放贷款和垫款的比例较高，虽然 2018 年推出了"资管新规"，但从 2019 年开始推行以来，非标资产（银行理财产品、信托计划等）存量较大，净值化管理进程过程艰巨，偿付难度高，资产变现困难，进一步导致了资产流动性的下降。

第二，从负债端来看，根据央行公布的数据，截至 2020 年末，银行业境内总负债 293.1 万亿元，同比增长 10.2%。一方面，随着存贷缺口的不断扩大，商业银行存贷比压力进一步加剧，其中部分银行存贷比已超过 100%，中小银行存贷款基础性业务发展不均衡现象较为严重，负债业务面临较大瓶颈。另一方面，随着利率市场化的深入推进和互联网金融的迅猛发展，银行存款竞争进一步加剧。为了缓解存款增长压力，商业银行加大了同业存款、拆入资金、卖出回购等主动负债力度。中小银行主要通过期限错配获得利差，通过发行短期同业存单获取资金，再购买长期的同业理财或进行其他长期投资。同业负债和同业存单等短期批发性融资稳定性通常比较差，一旦同业负债或同业存单密集到期但又无法及时筹集资金时，银行将面临较大的流动性风险。

第三，在杠杆方面，根据我们计算的杠杆率指标，全体银行业杠杆率为 8.35%，实际杠杆水平较高。虽然因为监管压力的加强，资本充足率逐年增长至 2020 年的 14.35%，但在当前金融去杠杆的影响下，部分高杠杆运作的银行可能面临超常规的资金需求，宏观审慎评估体系（MPA）的资本和杠杆考核也将会对商业银行流动性风险管理提出更高要求。

第四，近年来，国内经济增长放缓，房地产、水泥、钢铁等行业出现产能过剩现象，而大部分投资资金都来源于银行信贷，具有很高的信用风险。随着行业进行周期性调整以及市场需求发生变化，信贷资产质量存在一定下行压力，资金回收困难，将对银行的流动性造成一定影响。从我们计算的指标可以看到，上市银行 2020 年不良贷款率为 1.56%，较 2019 年有所下降，但仍处于阶段性较高位，不良贷款的居高不下，使得信贷资产流动性进一步下降，进而影响银行流动性。

（二）利润率持续下滑

从我们计算的 ROA 和 ROE 指标来看，我国银行业的平均资产回报率从 2011 年的 1.2% 下降至 2018 年的 0.73%，2020 年仍然处于低位，和 2015 年之前的水平存在一定差距。而上市银行的资产回报率也从 2011 年的 1.31% 下降至 2020 年的 0.80%。平均资本回报率近年来的表现也同样不尽如人意，全体银行业的 ROE 指标从 2011 年到 2020 年下降超过 7 个百分点，上市银行的 ROE 指标更是从 20.15% 跌落至 10.45%。利润率的下降虽然在近两年内有所缓和，但下降的趋势仍然比较明显，2015 年以来的多次降息，使得息差缩小，伴随资产质量下行和不良率上升的压力，银行利润率出现了增速放缓甚至下滑。此外，2008 年国际金融危机之后的"四万亿"财政扩张导致市场不能出清，仍然有大量资金流向夕阳行业、产能过剩行业，而这些行业在之后数年的经营不善使得银行难以收回贷款，甚至由于政策原因持续向相关企业输血，这些国有企业的经营状况不佳，进一步降低了上市银行的盈利水平。

预计将来受经济大环境下行与监管要求的进一步提高（更高的资本充足率）两方面的影响，银行净利润增长情况将面临不小的挑战。

（三）非存款负债比回落

非存款负债比从 2008 年的 18.18 稳步增长至 2017 年的 30.93，但随后回落至 2020 年的 25.88。非存款负债是银行的主动负债业务，比存款负债具有更大的主动性、灵活性和稳定性。2008—2017 年，银行业整体非存款负债比的稳健上升说明各银行对于传统存款业务的依赖度下降，融资渠道趋于多元化、规模化，银行业整体信用风险缓解，恶性存款竞争行为减少。但 2017 年以后，受 MPA 考核、同业融资规范等金融监管加强的影响，同业业务等非存款负债业务进一步得到规范，业务规模也进入持续调整期，同业和其他金融机构存放款项呈现一定程度的下降，加上经济增速放缓，投资回报率下降，银行接受存款成本下降，因而非存款负债比持续回落。在以上背景下，预计 2022 年非存款负债比仍将继续下滑，非存款负债比的持续下滑将对银行主动负债能力的提高和流动性风险的防控造成不利影响。

综上所述，中国银行业在持续完善的监管下，虽然流动性、盈利能力、资产质量、负债结构均存在一定压力，但风险总体可控。中国金融行业增加值占国内生产总值的比例已达高位，长期高速且粗放的发展，滋生出了程度不一的风险隐患。近些年来，从暴露出来的风险案例可以看出，流动性短缺是造成诸多风险事件的重要原因，从资产、负债、市场供求关系等方面对银行业的流动性风险问题给予重点关注，是有效规避流动性风险冲击的重要途径。此外，虽然 2018 年"资管新规"实施以来，委托贷款、信托贷款等影子银行规模有所下降，但在窗口期内仍有大量影子银行业务未按要求进行整改。各种金融产品层层嵌套，多种业务模式叠床架屋，金融风险慢慢集聚。要想防止"黑天鹅"飞舞，避免"灰犀牛"冲撞，就必须切实加强和改善金融监管，进一步打破理财产品的刚性兑付，实现净值化管理，严格控制期限套利和设立资金池行为，实施穿透式、逆周期的宏观审慎动态监管，促使剩余不符合要求的影子银行业务得到整改。所以，未来强监管仍将是我国金融政策主旋律，将对银行业发展产生重要影响。央行货币政策保持稳健中性，金融市场利率有所下调，但强监管下风险管理意识的加强将使商业银行放缓信贷扩张速度，且金融监管加强带来的监管成本上升将继续制约银行盈利能力，对同业业务监管的加强也将对商业银行的主动负债业务造成一定冲击。但在结构性改革的阵痛过后，银行业未来有望在不断蓄力中迎来更广阔的发展空间。

第二节 证券业安全评估

一、评估体系和指数构建

(一) 引言

针对证券业的金融安全评估，我们根据证券业的业务特点，从稳定和发展两个角度综合评估证券行业的金融安全，结合数据的可获得性和可比性，构建适用的评估指数。本部分以证券公司为考察对象，出于对数据可获得性的考虑，我们将以国内 A 股上市的证券公司为样本考察我国证券业的金融安全问题，数据主要来源于国泰安数据库（CSMAR）和中国证券业协会。

(二) 指标体系

我们使用不同指标来反映中国证券业的稳定水平和发展水平，指标定义及数据来源详见表 2-6。衡量稳定水平的指标包括 Z 值和资本充足率。

Z 值：为考察证券业的破产风险，我们采用与评估银行业破产风险相同的方法，即计算证券业的 Z 值。Z 值的经济学解释为公司距离破产的距离，Z 值越高，表示证券公司越稳定，其面临的违约或破产风险越低。

资本充足率：所有者权益与总资产的比值，又称资本与资产总额比率，反映证券公司自有资本占总资产的比重。该比率把资本金与证券公司的全部资产相联系，衡量证券业的财务风险。一般而言，该指标越高，反映公司抵御风险的能力越强。

衡量发展水平的指标包括资本收益率、业务多元化程度和市场集中度。具体解释如下：

资本收益率：净利润与股东权益的比值，又称股东权益报酬率。该指标反映公司以自有资本获得收益的能力。该指标越高，表明证券公司自有资本的利用效率越高，证券业的发展水平也就越高。

业务多元化程度：证券业代理买卖证券业务收入与营业收入的比值。该指标越低，说明证券业发展越脱离传统证券经纪业务，通过业务创新实现多样化经营和差异化竞争，因此行业发展指数也就越高。由于数据可得性，该指标从 2007 年开始统计。

市场集中度（CR5）：市场前五大证券公司资产总额占市场总资产的比值。CR5 越低，表明证券市场集中程度越低，竞争程度越高。低集中程度、高竞争程度，表示证券业发展的进步。由于数据可得性，该指标从 2007 年开始统计。

表 2-6　　　　　　　　　证券业安全评估指标定义及来源

项目	指标名称	指标定义	判断标准	数据来源
证券业稳定水平	Z 值	$[(ROA + CAR)/\sigma(ROA)]$	越高越好	CSMAR
	资本充足率	所有者权益（总资本）/总资产	越高越好	CSMAR
证券业发展水平	资本收益率	净利润/股东权益	越高越好	CSMAR
	业务多元化程度	代理买卖证券业务收入/营业收入	越低越好	中国证券业协会
	市场集中度	前五大证券公司资产总额/市场总资产	越低越好	中国证券业协会

二、证券业安全评估

我们通过表 2-7 报告以上指标在 2001—2020 年的变化。

表 2-7　　　　　　　中国证券业各项稳定与发展指标（2001—2020 年）

年份	Z 值	资本充足率	资本收益率	业务多元化程度	市场集中度
2001	3.42	0.52	0.02	—	—
2002	3.05	0.49	-0.04	—	—
2003	3.43	0.51	0.02	—	—
2004	3.31	0.51	-0.05	—	—
2005	2.82	0.46	-0.10	—	—
2006	1.75	0.36	0.07		
2007	2.38	0.30	0.32	0.75	0.28
2008	1.36	0.23	0.16	0.71	0.28
2009	1.19	0.16	0.15	0.69	0.32
2010	1.56	0.21	0.12	0.55	0.25

续表

年份	Z值	资本充足率	资本收益率	业务多元化程度	市场集中度
2011	3.55	0.40	0.06	0.51	0.27
2012	2.67	0.41	0.02	0.39	0.28
2013	2.99	0.41	0.07	0.48	0.31
2014	1.87	0.27	0.04	0.40	0.31
2015	1.88	0.24	0.24	0.47	0.30
2016	1.87	0.27	0.08	0.32	0.40
2017	1.91	0.28	0.06	0.26	0.38
2018	1.95	0.29	0.03	0.23	0.39
2019	1.91	0.28	0.06	0.22	0.41
2020	1.99	0.28	0.06	0.26	0.41

接下来我们计算行业的稳定指数与发展指数，以及合成的行业安全指数。在合成行业安全指数时，我们首先对指标进行同向化处理（即将业务多元化程度和市场集中度指标的判断标准转换为越高越好），然后运用功效系数法对所有指标进行转化，在分别计算出行业稳定指数和行业发展指数后，按7:3的权重计算证券行业安全程度的总指数，分值越高代表我国证券行业安全程度越高、风险水平越低（见表2-8）。

表2-8　　　　　　　　　　　中国证券业各项稳定与发展指标评分

年份	证券业稳定水平指标		均值	证券业发展水平指标			均值	总体指数
	Z值	资本充足率		资本收益率	业务多元化程度	市场集中度		
2001	97.85	100.00	98.93	70.62	—	—	70.62	90.43
2002	91.53	97.21	94.37	65.03	—	—	65.03	85.57
2003	97.91	99.51	98.71	71.23	—	—	71.23	90.47
2004	96.00	98.51	97.25	64.80	—	—	64.80	87.52
2005	87.56	93.95	90.75	60.00	—	—	60.00	81.53
2006	69.46	82.38	75.92	75.50	—	—	75.50	75.79
2007	80.14	75.18	77.66	100.00	60.00	92.82	84.27	79.64
2008	62.76	67.81	65.28	84.73	63.38	91.83	79.98	69.69
2009	60.00	60.00	60.00	83.39	64.52	81.00	76.30	64.89
2010	66.24	65.21	65.73	80.36	75.05	100.00	85.14	71.55
2011	100.00	87.02	93.51	75.03	78.31	94.39	82.58	90.23
2012	85.16	88.26	86.71	70.92	87.14	91.99	83.35	85.70
2013	90.49	87.49	88.99	75.60	80.56	85.52	80.56	86.46
2014	71.55	72.01	71.78	73.10	86.10	83.99	81.06	74.57
2015	71.68	69.04	70.36	91.92	81.23	87.13	86.76	75.28
2016	71.46	72.38	71.92	76.62	92.28	62.25	77.05	73.46
2017	72.14	73.27	72.71	75.01	96.60	67.71	79.77	74.83
2018	72.81	74.68	73.74	72.05	98.82	66.04	78.97	75.31
2019	72.08	73.19	72.64	74.79	100.00	61.54	78.78	74.48
2020	71.96	73.19	72.58	75.21	96.96	60.00	77.39	74.02

　　从我国证券业安全的总指数看，自 2001 年开始，我国证券业的安全水平可以大致分为三个阶段（见图 2－15）。第一阶段为 2001 年至 2003 年，证券业的安全水平呈现小"V"形，"V"形的低点出现在 2002 年。第二阶段为 2004 年至 2011 年，证券业的安全水平呈现大"V"形，自 2004 年起，证券业的安全指数开始大幅下降，直到 2009 年达到最低点（64.89），随后明显改善，至 2011 年达到阶段性高点（90.23）。第三阶段为 2012 年至 2014 年，安全指数持续小幅下降；第四阶段为 2015 年至 2020 年，证券行业的安全水平总体波动幅度较小。总的来说，证券业的安全水平总体仍处于较低水平，证券业应当对行业风险保持警惕。

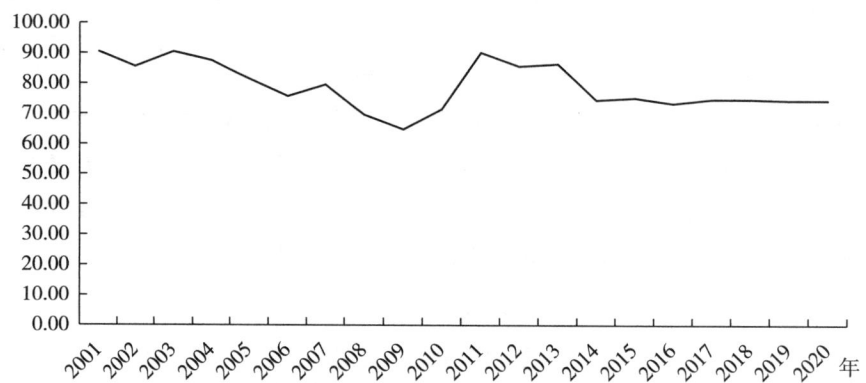

图 2－15　证券业风险状况（2001—2020 年）

　　以上是从纵向的角度评价我国证券业安全水平的变化，下面我们结合具体指标逐一观察。

（一）中国证券业稳定水平分析

　　我们首先用 Z 值观察证券市场的稳定程度。Z 值是公司研究中经常使用的一种衡量公司稳定的指标，其具体构建为：

$$Z = \frac{ROA + CAR}{\sigma(ROA)}$$

　　其中，ROA 代表各公司的年平均资产收益率，CAR 代表年平均资本充足率，$\sigma(ROA)$ 代表整个样本期 ROA 数据的标准差。Z 值的计算公式为资产收益率（ROA）和资本充足率（CAR）之和与资产收益率（ROA）标准差的比值，表示证券公司自有资本不能偿付利润损失的概率的倒数。由于总体样本较少，计算资产收益率的标准差时，我们采用 Beck 和 Laeven（2010）的方法，计算整个样本期 ROA 的标准差。图 2－16 为我国证券业平均 Z 值在 2001—2020 年的变化情况。

　　从图 2－16 可以看出，Z 值总体呈现大幅波动的特征，2001—2009 年，Z 值表现出较为明显的下降的趋势，至 2009 年达到最低值，表明证券业稳定程度有待提升。自 2010 年起，Z 值出现明显上涨，证券业的稳定程度有所改善，这种稳定程度的改善在 2011 年达到一个

图 2 – 16 证券业 Z 值（2001—2020 年）

阶段的最高值，此后一直到 2014 年，Z 值除了在 2013 年小幅上升外，总体呈现下降趋势，证券业稳定程度有待提升。2015—2019 年，Z 值呈现十分缓慢的波动趋势，但仍然处于历史较低水平。我们根据 Z 值的构成，发现 2015—2020 年的缓慢波动是受到 CAR 小幅上升的影响，反映出自 2015 年以来证券业的杠杆风险缓慢改善。

进一步地，我们考察证券业的资本充足率水平。由图 2 – 17 可以看出，自 2001 年以来，证券业的资本充足率总体上表现出下降的趋势。2001—2009 年，资本充足率持续下降至最低点（0.16），证券业杠杆风险持续增加，2010—2012 年期间从 0.16 快速上升到 0.41，反映出证券公司自有资本充足，对于负债的依赖程度下降。但是，2013 年后证券资本充足率再次呈现剧烈下降趋势，并且在 2015 年下降至阶段性低点（0.24）。2015—2018 年又连续回升，虽然 2019 年、2020 年小幅下跌，但从整体上看仍然显示证券业的负债水平处在一个相对的高位。

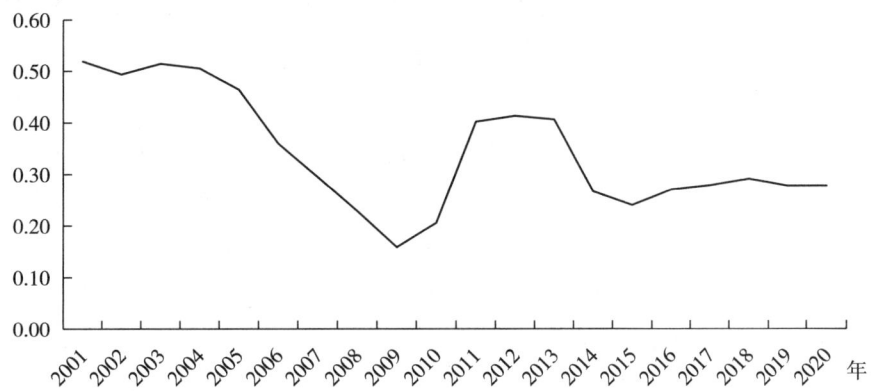

图 2 – 17 证券业资本充足率（2001—2020 年）

（二）中国证券业发展水平分析

下面我们讨论中国证券业发展程度的变化。为了避免使用单一指标可能带来的偏误，我们使用三个分指标衡量证券业各方面的发展水平。

我们使用的第一个分指标是证券公司资本收益率，指标越高，反映证券业的经营状况和盈利水平越好。

由图2-18可以看出，证券业的平均资本收益率呈现出宽幅震荡的趋势，反映出证券业经营状况和盈利水平的不稳定性。资本收益率自2005年跌入谷底以后呈上升趋势，在2007年达到历史最高点后迅速回落，在2012年达到阶段性低点后又开始呈现上升态势，在2015年达到峰值后资本收益率迅速回落至2018年2.73%。但2020年证券业的平均资本收益率为6.28%，相对于2018年，上涨了130%左右，原因在于这两年证券业业绩回暖，营业收入和净利润大幅上涨，使得平均资本收益率回升。

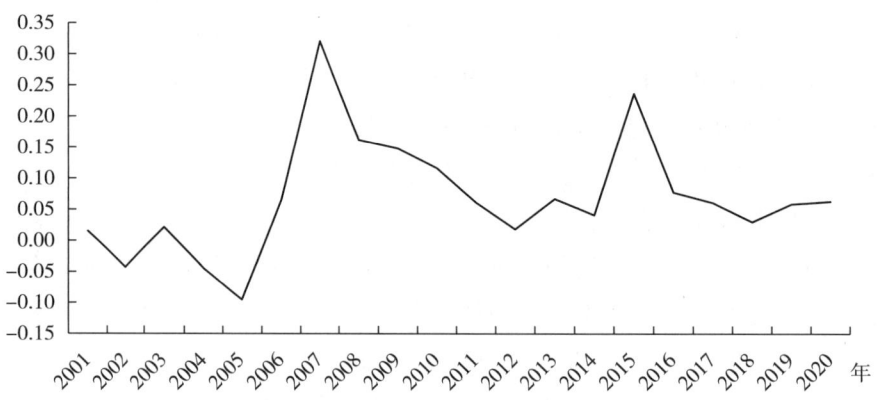

图2-18 证券业资本收益率（2001—2020年）

第二个我们考察的是代理买卖证券收入的占比，以此衡量证券业的业务多元化水平。如图2-19所示，2007—2020年，证券公司代理买卖证券业务收入在营业收入中的占比除了2012—2015年在45%附近震荡外，呈现明显下降趋势；而2020年小幅回升至25.89%，表明2020年我国证券行业业务多元化程度虽然稍有提高，但仍然处于历史低位。2012年5月召开的证券公司创新发展研讨会指出，我国证券行业的金融创新迎来了历史最好时期。经过2012—2015年三年时间的调整，近年来随着金融衍生品市场的不断发展以及互联网金融的兴起，我国证券业开启新一轮的业务多元化进程，业务多元化水平显著提高。

我国证券业多元化发展的动因来自多方面。首先，我国多层次资本市场体系的不断完善给证券业带来巨大的机会，投行业务、衍生品业务、境外业务等新业务的业绩逐步增加；其次，长期以来，我国证券行业面临内外部双重竞争。国内方面，由于证券公司业务和产品的同质性非常强，同业竞争激烈。随着网上证券交易的日益普及，以及互联网证券的深入发展，交易佣金呈现出明显的下降趋势，这也迫使证券公司必须开拓更广阔和更细分的业务领

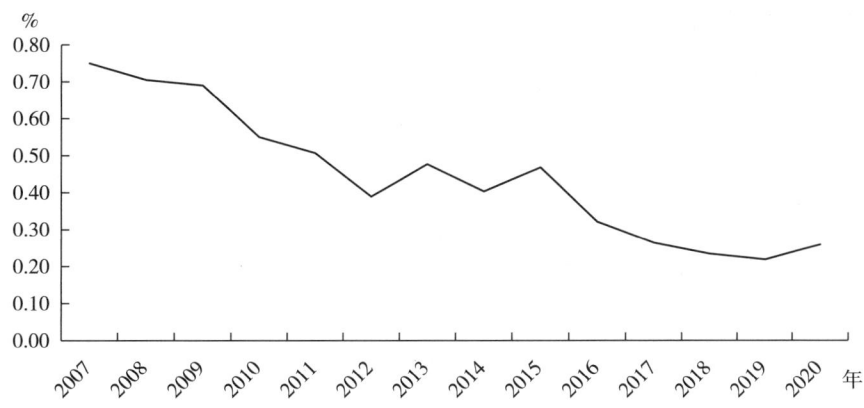

图 2 – 19 证券业代理买卖证券收入占比（2007—2020 年）

域。国外方面，随着中国加入 WTO，中国证券业还面临入世后的外部竞争，行业竞争格局进一步变化。激烈的竞争环境也迫使国内券商多元化发展，寻求新的机会和盈利模式。最后，证券行业多元化业务结构和多元化收入有利于提升证券公司业绩的稳定性。

第三个分指标是证券业的市场集中度，我们考察了自 2007 年以来按资产总额排序的前 5 家证券公司资产总额占全行业总资产比例的时序变化。如图 2 – 20 所示，2007—2020 年行业集中度总体呈现上升的趋势，从 28% 上升到 41%，说明我国证券业市场集中度较高。自 2015 年以来，在从严监管、加快开放的背景下，具备资本实力、创新能力的大券商占据更大优势，证券业集中度进入新一轮的快速提升。2020 年，我国证券业总资产排名前 5 的证券公司的资产总额占整个行业的 41.20%，较去年上涨近 1 个百分点，证券业市场延续集中化趋势。2006 年起，证监会开始实行以净资本为核心的风险监管体系，各种新业务的开展也对净资本规模提出更高的要求，且近年来证监会打造航母级头部券商这一提案的提出，有利于各种资源向规模较大、资产优良的优质券商集中，从而导致行业集中度的提高。

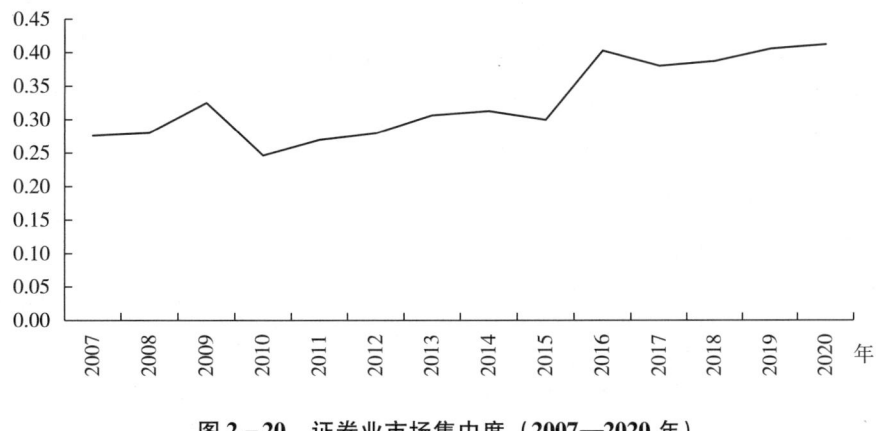

图 2 – 20 证券业市场集中度（2007—2020 年）

三、中国证券业潜在风险分析

2020 年，券商实现营业收入 4398.15 亿元，同比上涨 39.20%；净利润 1707.78 亿元，同比上涨 39.20%；127 家公司实现盈利，实现盈利的公司数量处于历史正常水平。从指数来看，2020 年证券行业稳定指数和发展指数较去年均有所下降，但幅度较小，因此证券行业安全指数也相较 2019 年小幅下跌。分析证券业稳定指数和发展指数的具体指标后，我们认为当前和未来的行业风险主要源于以下几方面。

（一）行业资产扩张速度加快，凸显资产扩张杠杆风险

截至 2020 年末，证券业总资产 8.90 万亿元，较 2019 年末增长 22.50%。这表现出证券业资产扩张速度在逐渐加快。在过去的几年中，我国证券行业不断向重资产转型，自营和融资收入占比不断提升，纯中介类业务占比下降。重资产业务盈利提升需要依靠加杠杆实现，2013—2015 年业务创新叠加"牛市"行情，整个行业杠杆倍数最高达到 3.14 倍，但后续在防风险、去杠杆、行情走弱的大背景下，行业加杠杆受限，虽然监管规定的杠杆上限在 6~7 倍，但 2016 年最低仅为 2.65 倍。之后伴随着监管和行情环境转好，杠杆持续提升。

对未来来说，由于券商业务中的重资本业务对经营杠杆依赖较高，又受政策支持影响，杠杆率将稳步提升，券商重资本业务有望大力发展。因此，随着资本市场改革不断深入，行业 ROE 有望继续上行。因此我们应更加注重资产扩张中产生的各类风险，如杠杆风险等。

（二）强者恒强，头部效应明显

2020 年资本市场改革利好持续释放，行业维持高景气度区间。2020 年以来，国内资本市场改革覆盖面逐步扩大。在发行层面，注册制推广至创业板，包括再融资在内的各项发行制度进一步优化，在交易层面，投资者门槛下调，涨跌幅限制放宽，两融机制提效，场外期权放开。在新政策利好释放、市场交投活跃叠加资本市场整体走强的大背景下，券商投行、经纪、两融及衍生品业务均实现了业绩增量。2020 年全年证券行业在去年同期高基数基础上，收入及利润端均继续保持快速增长，行业景气度再攀升。2020 年随着资本市场波动加剧，券商间经营水平差异越发明显，优质头部券商及特色中型券商表现亮眼。整体来看，头部券商凭借综合实力，叠加差异化监管红利，业务优势持续稳固，强者恒强的头部集中格局日益凸显。

（三）业务多元化意味着风险多元化

自 2012 年证券公司创新大会开始，创新成为证券行业的主旋律之一，各项新业务层出不穷，成为驱动行业发展的原动力。但业务创新对于证券公司而言是一把"双刃剑"。业务创新虽然是行业发展的大势所趋，能够显著提高经营业绩，但是业务模式的不成熟所带来的风险也不容小觑。业绩方面，布局新业务能够为证券公司创造新的利润增长点，但同时创新业务收入的波动性较大，也可能对公司造成损失；风险方面，新业务与原有业务相互关联、交叉、渗透，风险分散效应有利于降低公司的整体风险，但同时创新业务会增加新的风险来源，可能导致公司整体风险的增加，同时创新型业务的开展使得行业面临的风险结构由原来

的以市场风险为主转化为市场风险、信用风险、操作风险、流动性风险等并重。所以业务多元化也意味着风险多元化，证券公司在开展新业务的过程中应密切注意风险防范。

（四）严监管下，行业马太效应凸显，小券商面临较大挑战

2018 年底，中央经济工作会议提出资本市场在金融运行中具有"牵一发而动全身"的作用，到科创板的落地、"深改十二条"的推出、新《证券法》的实施，金融领域对外开放再上新台阶，也为证券行业带来深远影响。目前，监管致力于提升证券行业的核心竞争力，打造航母级的头部券商。证券公司监管方面主要聚焦证券业开放、证券公司股东规范、证券公司设立海外机构监管以及强化证券公司从业人员廉洁。业务监管方面，证监会主要侧重于资管业务和投行业务的监管。在新的监管形势下，有两种趋势值得关注，一是不同的证券公司对于监管要求的适应能力和承受能力存在差异，从而可能会导致证券公司经营发展发生变化。一般而言，小券商受到的冲击更大，这对小券商的经营发展也提出了更大的挑战。二是监管政策会提高业务门槛，使得部分业务与证券公司的综合实力相关联，从而起到了优胜劣汰的效果。总之，严监管政策使得行业马太效应加剧，促进行业整合。此外，严厉的金融监管可能对资本市场活跃度和融资量造成影响，证券业要关注流动性等风险。

第三节　保险业安全评估

一、评估体系和指数构建

（一）引言

针对保险业的金融安全评估，我们根据保险机构的业务特点，从稳定和发展两个角度综合考虑，结合数据的可获得性和可比性，构建了适用的评估指数。本部分以保险公司为考察对象。但由于数据的可获得性问题，我们将以国内 A 股上市的保险公司作为替代。数据主要来源于 CSMAR、银保监会、各上市公司的历年财务年报和 IPO 招股说明书中披露的数据，并对数据的一致性和有效性问题做了必要的处理。对于早期的数据，则根据历年《中国金融年鉴》和《中国保险年鉴》公布的保险公司经营数据做了补充与调整。

（二）指标体系

我们使用不同指标来反映中国保险业的稳定水平和发展水平，指标定义及来源详见表 2 - 9。具体来说，衡量稳定水平的指标包括：

Z 值：为考察保险业的破产风险，我们采用与评估银行业破产风险相同的方法，即计算保险业的 Z 值。Z 值的经济学解释为公司距离破产的距离，Z 值越高，表示保险公司越稳定，其面临的违约或破产风险越低。

资本充足率：所有者权益与总资产的比值，又称资本与资产总额比率，反映保险公司自有资本占总资产的比重。该比率把资本金与保险公司的全部资产相联系，衡量保险业的财务

风险。一般而言，该指标越高，反映公司抵御风险的能力越高。

流动性：现金及现金等价物与总资产的比值，反映保险公司的流动性。流动性越高，反映出公司抵御风险的能力越高。

发展指数的构成指标包括：

保险密度：保费收入与人口的比值，也称人均保费，反映了一国居民参加保险的程度，是对保险业整体发展水平的衡量。保险密度越大，行业发展指数越高。

保险深度：保费收入占国内生产总值的比值，反映了保险业在国民经济中的地位和发展状况。保险深度越大，行业发展指数越高。

规模增速：保险业资产总额增长率，反映保险业发展速度。规模增速越快，行业发展指数越高。

投资资金占比：保险业投资占资金运用总额的比率，反映了保险业资金运用对投资的依赖，指标越高说明对存款依赖越低，行业发展指数越高。

资产收益率：净利润与总资产的比值，反映行业的盈利能力。资产收益率越高，行业发展指数越高。

表 2 - 9　　　　　　　　　　　保险业安全评估指标定义及数据来源

项目	指标名称	指标定义	判断标准	数据来源
保险业稳定水平	Z 值	$[(ROA + CAR)/\sigma(ROA)]$	越高越好	CSMAR
	资本充足率	所有者权益（总股本）/总资产	越高越好	CSMAR
	流动性	现金及现金等价物/总资产	越高越好	CSMAR
保险业发展水平	保险密度	保费总收入/总人口	越高越好	银保监会
				国家统计局
	保险深度	保费总收入/国内生产总值	越高越好	银保监会
				国家统计局
	规模增速	资产总额增长率	越高越好	银保监会
	投资资金占比	投资/资金运用总额	越高越好	银保监会
	资产收益率	净利润/总资产	越高越好	CSMAR

二、保险业安全评估

我们通过表 2 - 10 报告以上指标在 2001—2020 年的变化。

表 2 - 10　　　　　　　中国保险业各项稳定与发展指标（2001—2020 年）

年份	Z 值	资本充足率（%）	资产流动性（%）	保险密度（元）	保险深度（%）	规模增速（%）	投资资金占比（%）	资产收益率（%）
2001	16.03	12.15	42.24	165.27	1.90	26.52	47.01	1.30
2002	14.96	11.18	45.67	237.69	2.51	29.30	45.28	1.37

续表

年份	Z值	资本充足率（%）	资产流动性（%）	保险密度（元）	保险深度（%）	规模增速（%）	投资资金占比（%）	资产收益率（%）
2003	14.39	11.50	48.81	300.28	2.82	28.82	45.70	0.57
2004	9.28	7.90	39.37	332.19	2.67	23.04	53.48	-0.11
2005	9.83	7.72	31.39	376.83	2.63	22.15	62.92	0.53
2006	13.03	10.04	10.88	429.18	2.57	22.83	66.33	0.90
2007	20.34	14.90	9.67	532.49	2.60	31.97	75.61	2.18
2008	13.11	10.59	7.01	736.74	3.06	13.21	73.53	0.41
2009	16.18	11.85	7.61	834.57	3.20	17.76	71.89	1.73
2010	14.48	10.49	6.36	1083.44	3.53	19.51	69.79	1.66
2011	13.34	9.93	5.10	1064.26	2.94	16.06	68.03	1.26
2012	13.69	10.56	6.29	1143.83	2.88	18.23	65.79	0.93
2013	13.83	10.36	3.93	1265.67	2.90	11.27	70.55	1.24
2014	16.03	11.92	3.39	1479.35	3.14	18.41	72.88	1.54
2015	17.53	12.79	3.77	1766.49	3.53	17.80	78.22	1.92
2016	14.52	11.05	3.94	2239.02	4.15	18.24	81.45	1.14
2017	14.73	11.03	3.50	2631.58	4.40	9.74	87.08	1.33
2018	15.86	11.98	3.18	2724.46	4.14	8.63	85.15	1.33
2019	17.94	12.95	3.21	3045.96	4.30	10.86	86.38	2.11
2020	17.48	13.07	3.06	3205.67	4.45	11.73	88.02	1.60

接下来我们计算行业的稳定指数与发展指数，以及合成的行业安全指数。在合成行业安全指数时，我们首先运用功效系数法对所有指标进行转化，在分别计算出行业稳定指数和行业发展指数后，按7:3的权重计算保险行业安全程度的总体评价，分值越高代表安全程度越高。具体结果见表2-11。

表2-11　　　　　　　　　中国保险业各项稳定与发展指标评分

年份	保险业稳定水平指标			均值	保险业发展水平指标					均值	总体指数
	Z值	资本充足率	流动性		保险密度	保险深度	规模增速	资产收益率	投资资金占比		
2001	84.39	84.70	94.26	87.78	60.00	60.00	90.65	84.61	61.62	71.38	82.86
2002	80.53	79.29	97.26	85.69	60.95	69.49	95.42	85.94	60.00	74.36	82.29
2003	78.46	81.08	100.00	86.51	61.78	74.44	94.59	71.91	60.39	72.62	82.35
2004	60.00	60.99	91.75	70.91	62.20	72.00	84.69	60.00	67.67	69.31	70.43
2005	61.98	60.00	84.77	68.92	62.78	71.41	83.17	71.15	76.51	73.00	70.14
2006	73.55	72.93	66.84	71.11	63.47	70.47	84.34	77.56	79.70	75.11	72.31
2007	100.00	100.00	65.78	88.59	64.83	71.01	100.00	100.00	88.39	84.85	87.47
2008	73.82	76.00	63.46	71.09	67.52	78.22	67.85	69.00	86.44	73.80	71.91
2009	84.95	83.00	63.99	77.31	68.81	80.27	75.65	92.25	84.90	80.37	78.23

续表

年份	保险业稳定水平指标			均值	保险业发展水平指标					均值	总体指数
	Z 值	资本充足率	流动性		保险密度	保险深度	规模增速	资产收益率	投资资金占比		
2010	78.80	75.46	62.89	72.38	72.08	85.43	78.64	90.96	82.94	82.01	75.27
2011	74.67	72.35	61.78	69.60	71.83	76.24	72.73	83.95	81.29	77.21	71.88
2012	75.94	75.84	62.83	71.54	72.87	75.25	76.45	78.15	79.20	76.38	72.99
2013	76.43	74.71	60.76	70.63	74.48	75.70	64.52	83.66	83.65	76.40	72.36
2014	84.41	83.39	60.29	76.03	77.29	79.46	76.76	88.81	85.83	81.63	77.71
2015	89.82	88.28	60.63	79.58	81.07	85.43	75.72	95.45	90.83	85.70	81.41
2016	78.95	78.57	60.77	72.76	87.28	95.19	76.47	81.79	93.85	86.92	77.01
2017	79.69	78.46	60.39	72.85	92.45	99.09	61.91	85.14	99.12	87.54	77.26
2018	83.77	83.73	60.11	75.87	93.67	95.00	60.00	85.17	97.32	86.23	78.98
2019	91.32	89.15	60.13	80.20	97.90	97.64	63.82	98.81	98.47	91.33	83.54
2020	89.63	89.82	60.00	79.82	100.00	100.00	65.32	89.85	100.00	91.03	83.18

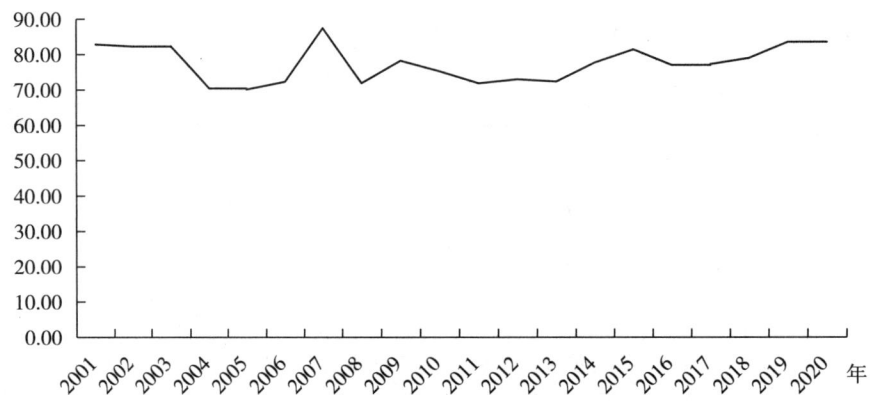

图 2－21　保险业风险状况（2001—2020 年）

从表 2－11 和图 2－21 可知，我国保险业的安全状况总体评价表现出反复波动的趋势。自 2001 年起，保险业的安全水平逐渐下降，直到 2006 年情况才有所改善，并在 2007 年达到高峰（87.47）。由于国际金融危机的影响，2008 年保险业的安全水平急剧下降，虽然 2009 年情况有所缓和，但在此之后又呈整体向下的趋势，2011 年达到阶段性的低点（71.88），此后情况逐步改善。2019 年保险业的稳定水平较上年有所上升，发展水平小幅上涨，保险业的总体安全指数较上年有所上升，2020 年安全指数保持平稳。总的来说，近几年保险业的安全状况有所好转，总体呈现缓慢上升的趋势。以上评价是我国保险业风险水平相对自身变化的纵向比较，下面，我们结合具体指标逐一观察。

（一）中国保险业稳定水平分析

我们首先用 Z 值观察保险行业的稳定程度。Z 值是公司研究中经常使用的一种衡量公司稳定的指标，其具体构建为：

$$Z = \frac{ROA + CAR}{\sigma(ROA)}$$

其中，ROA 代表各公司的年平均资产收益率，CAR 代表年平均资本充足率，$\sigma(ROA)$ 代表整个样本期 ROA 数据的标准差。Z 值的计算公式为资产收益率（ROA）和资本充足率（CAR）之和与资产收益率（ROA）标准差的比值，表示保险公司自有资本不能偿付利润损失的概率的倒数。由于总体样本较少，计算资产收益率的标准差时，我们采用 Beck 和 Laeven（2010）的方法，计算整个样本期的 ROA 的标准差。图 2-22 为我国保险业平均 Z 值在 2001—2020 年的变化情况。

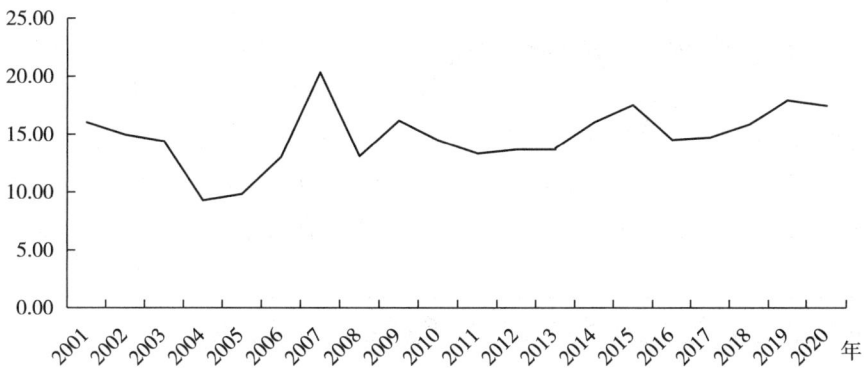

图 2-22　保险业 Z 值（2001—2020 年）

由图 2-22 可以看出，保险业 Z 值总体呈现出震荡的走势。2001—2004 年，Z 值表现出快速下降趋势，于 2004 年达到历史最低，随后三年急剧上升，于 2007 年达到最高值。2008 年受到国际金融危机的影响，Z 值迅速回落。2009 年，Z 值回升至相对高点，而 2010 年起又不断下行，至 2013 年达到阶段性低点，随后几年一直在该水平波动，2019 年出现小幅上升趋势，2020 年小幅下落。我们根据 Z 值的构成发现最近三年的资本充足率呈小幅上升趋势，反映出近三年保险业抵御风险的能力增强。

其次，我们对 2001—2020 年保险行业的资本充足率进行具体分析。由图 2-23 可以发现，保险业平均资本充足率总体上表现出震荡的趋势。具体来看，从 2001—2005 年，保险业资本充足率呈现明显下降趋势，随后两年急剧上升，在 2007 年上升到历年最高水平，受金融危机的影响，2008 年保险业的资本充足率水平急剧下降，2009 年短暂回升后，自 2010 年起，行业资本充足率呈现波动趋势，直至 2014 年资本充足率才较前一年有所回升。经历了 2015 年至 2017 年三连降后，2019 年和 2020 年出现了较为强劲的上升态势，表明保险行业抗风险能力有所增强。

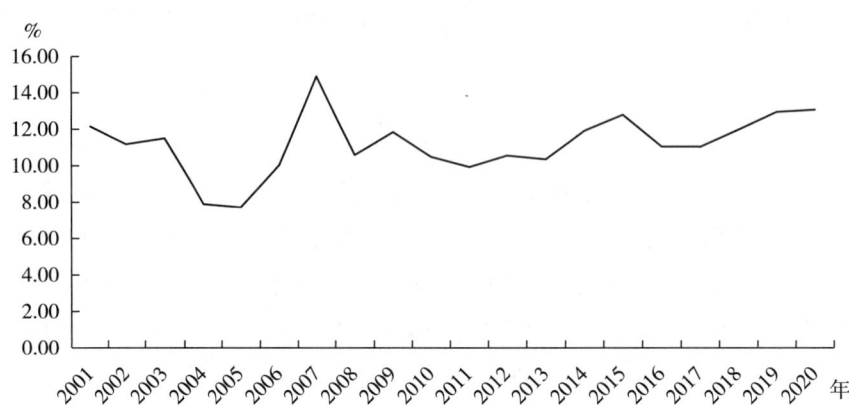

图 2 – 23　保险业资本充足率（2001—2020 年）

最后，我们具体分析衡量保险业稳定水平的最后一个分指标——保险业的资产流动性。由图 2 – 24 可以看出，我国保险业的流动性总体上呈现非常明显的下降趋势。具体来看，在 2003 年保险业的流动性有小幅上升后，自 2004 年起，我国保险业的流动性显示出持续大幅下降的态势，自 2008 年起，下降幅度有所降低，一直在 5% 附近波动。2018 年资产流动性达到样本期内最低水平，2020 年微增，为 3.21%，依旧处于较低水平。

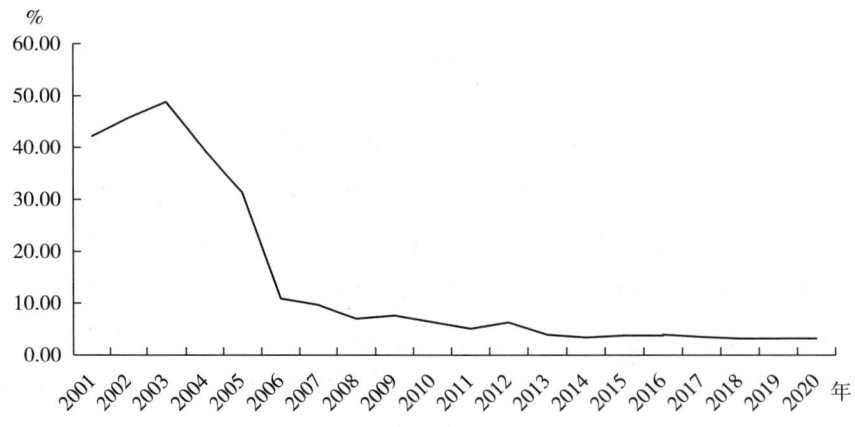

图 2 – 24　保险业资产流动性（2001—2020 年）

（二）中国保险业发展水平分析

下面我们讨论中国保险业发展程度的变化。为了避免使用单一指标可能带来的偏误，我们同样使用几个分指标衡量保险业各方面的发展水平。

我们第一个使用的分指标是保险密度，指标越高，反映我国居民参加保险的程度越大。从图 2 – 25 可以看出，从整体走势来看，保险密度呈现持续增长态势，并且每年增长的幅度也呈现上涨的趋势。至 2020 年，我国的人均保费达到 3205.67 元/人，纵向来看，我国保险市场运行稳中有进。横向来看，我国的保险密度高于亚洲平均水平，但低于全球水平50%左右。

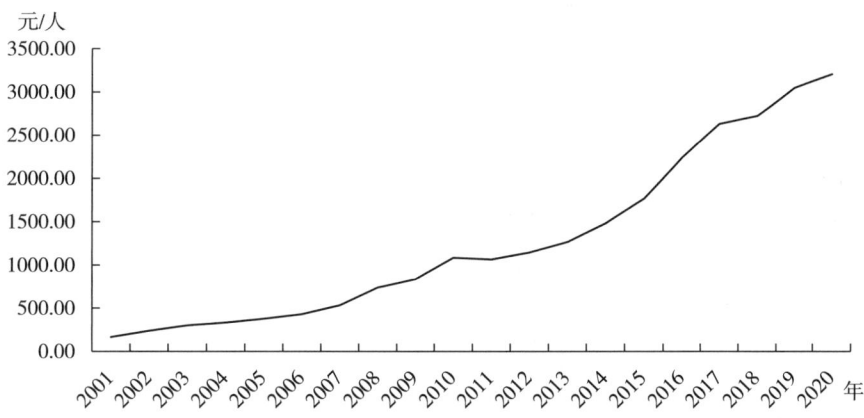

图 2 - 25 保险密度（2001—2020 年）

第二，我们具体分析2001—2020年我国保险深度的发展变化情况。从图2-26可以看出，我国的保险深度呈现周期性上升的趋势。2019年我国的保险深度为4.30%，较2017年下降2.27%，出现负增长。从整体走势来看，保险深度波动较大，于2003—2007年和2010—2012年两个阶段出现负增长，2013年起进入新一轮的增长期，2019年进入这一轮的增长阶段，2020年持续增长。

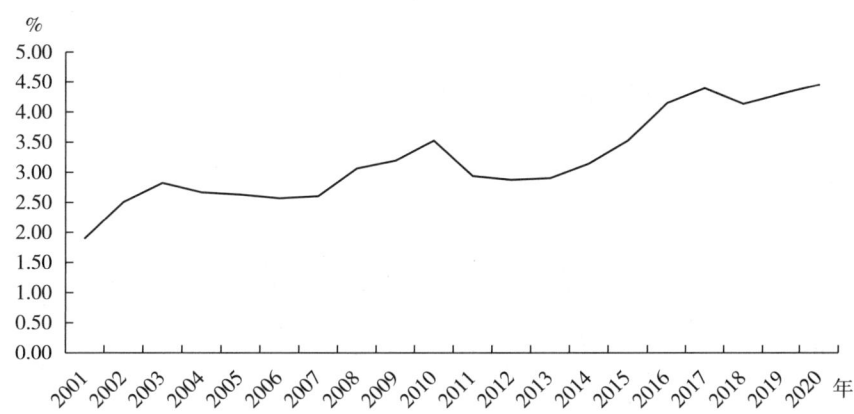

图 2 - 26 保险深度（2001—2020 年）

第三，我们考察保险业的资产规模增速，以此来分析我国保险业规模的发展状况。由图2-27可以看出，我国保险业的资产规模增速总体呈现出下降趋势且波动较大。2007年的保险业资产规模较2006年增长近31.97%，2008年受国际金融危机的影响增速放缓至13.21%，除了2013年增速突然下降至11.27%外，2009—2016年，每年保持在17%左右的增速。由于保险业近几年监管趋严，保险业面临结构性转型，2017年保险业资产规模增速下降至个位数,2018 年增速继续下降至 8.63%,2019 年规模增速有所上升至 10.86%。 2020 年持续上升至 11.73%。但总体而言,这几年保险业资产规模增速放缓。但行业增速放 慢未必是坏事,也有可能是一种从超常规发展向正常发展的回归。

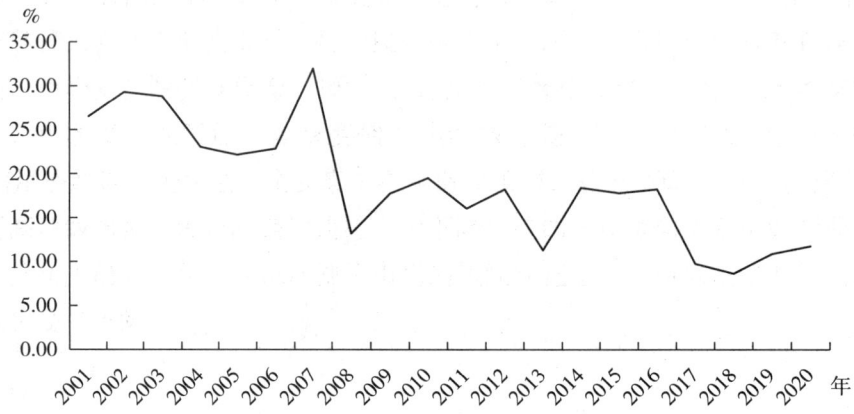

图 2 - 27 保险业资产规模增速(2001—2020 年)

构成保险业发展水平的第四个分指标为保险业的年均资产收益率。由图 2 - 28 可以看 出,保险业年均资产收益率总体呈现出宽幅震荡的趋势。2001—2004 年资产收益率呈急剧 下降趋势,2004 年保险业平均总资产收益率为负值。2005—2012 年,资产收益率变化呈 "M"形,分别在 2007 年和 2009 年达到顶点,2008 年出现阶段性的低点,2013 年起出现连 续两年的上涨之后在 2015 年达到阶段性顶点,2016 年资产收益率下降至 1.14%,2017 年行 业资产收益率小幅上升,2018 年保险业资产收益率水平基本与 2017 年持平,2019 年收益率 小幅上升,2020 年受疫情冲击,下降至 1.60%。

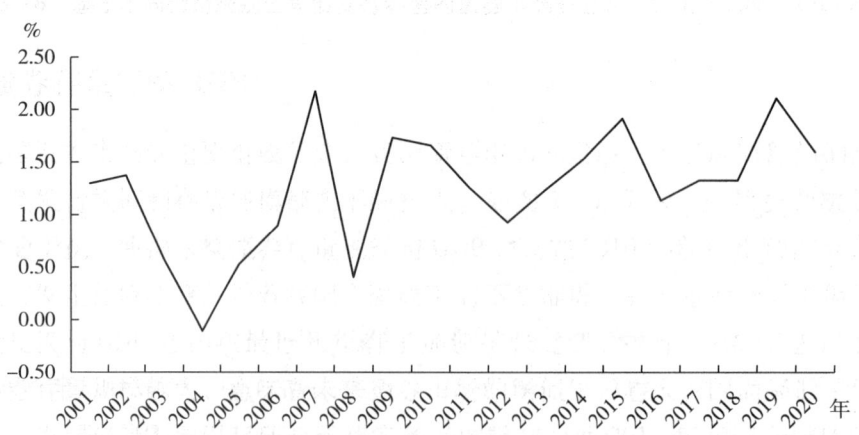

图 2 - 28 保险业年均资产收益率(2001—2020 年)

接下来,我们具体分析 2001—2020 年保险业的投资资金占比的变化情况。由图 2 - 29 可以看出,保险业投资资金占比总体呈现上升的趋势。从 2004 年起保险业投资资金占比就高于50%，说明投资规模要大于银行存款。2007年的投资占比甚至达到了75.61%，之后则一直稳定在70%左右，在2012年回落至65.79%，此后又逐年上涨。2017年投资占比达到历史新高，为87.08%。2018年投资占比较2017年有小幅回落，2019年投资占比小幅上升至86.38%，2020年继续上升至88.02%。

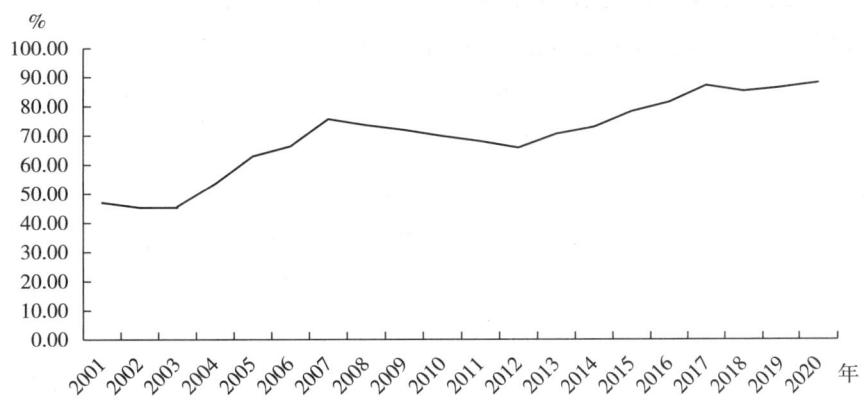

图2-29　保险业投资资金占比（2001—2020年）

基于中国金融市场和保险公司资产规模的快速发展，为了更好在资产保值与资产增值之间寻求更好的平衡，监管部门也在不断优化保险公司在资金运用方面的规定，即在风险可控的前提下，鼓励不断拓宽保险资金运用的渠道和范围，充分发挥保险资金长期性和稳定性的优势，为国民经济建设提供资金支持。2014年以前，保监会陆续出台一系列规定，允许保险资金投资于股票、基金、国家级重点基础设施项目、商业银行股权、不动产、股指期货等金融资产。2014年，保监会出台一系列规定，允许保险资金投资于创业板上市公司股票、集合资金信托计划、企业优先股、创业投资基金。由此可见，投资在资金运用方面扮演着越来越重要的角色，投资规模的不断扩大可以使保险公司的盈利能力和利用市场化产品进行风险管理的能力显著提升。同时，如果资金运用不当，也可能会带来更大的市场风险。

三、中国保险业潜在风险隐患分析

2020年，对于中国保险业是非常不平凡的一年。从数据来看，2020年原保险保费收入4.52万亿元，同比增长6.12%。2020年保险行业稳定指数和发展指数均有所下降，因此保险行业安全指数也有所下降。从上文对各指标的分析中，我们认为当前和未来保险业的风险主要源于以下几个方面。

（一）流动性保持平稳，资产规模进一步提升

2020年保险业实现原保费收入45257亿元，同比增长6.12%。近年来，受"保险姓保"政策、代理人规模增速放缓、互联网保险竞争激烈等多重因素影响，保险业面临转型压力，保费收入增速放缓。受新冠肺炎疫情和车险综合改革等多重因素影响，虽然2020年保险业

原保费收入实现了正增长，但相较于 2019 年同比增速下降 6.05 个百分点。保险业总资产为 23.30 万亿元，同比增长 13.29%。2020 年在疫情的冲击下，保险业受益于保险资金投资收益的高速增长和政策鼓励等因素，共实现净利润 3013.38 亿元，仅同比下降约 3%。保费收入增速放缓叠加疫情冲击可能会导致流动性风险问题，因此未来应更加关注流动性风险。

（二）负债端分化明显，增速放缓

2020 年，上市险企共实现保费收入 2.5 万亿元，同比增速为 3.65%。叠加行业转型升级和疫情的影响，上市险企寿险新单保费整体增速放缓，但各家险企间出现明显分化，中国人寿在"重振国寿"转型下负债端质量齐升，新业务价值实现了高增长；新华保险新管理层提出"规模价值全面发展"，银保趸交带动下新单出现高增长，但整体价值率下降较多，新业务价值出现较大的负增长；太平洋保险和平安保险实施了淡化开门红的思路，加上保障型产品的竞争更加激烈，全年新单保费均出现了负增长，但平安保险在长期保障型产品带动下整体价值率有所提升，因此新业务价值实现了正增长，太平洋保险整体价值率同比基本持平，新业务价值则出现了负增长；中国人民保险处于高速发展寿险业务的阶段，新单保费和新业务价值均实现了正增长。

上市险企均处于寿险转型中，目前上市均在进行转型或经营策略变化，包括中国人寿的"重振国寿"战略、太平洋保险"转型 2.0"中三年的代理人提质计划、平安保险为期一年的寿险改革、新华保险的"规模价值全面发展"、中国人民保险的加速高质量寿险发展等。未来应重点关注转型进展中产生的各类风险。

（三）利率下行，利差损风险凸显

我国长期国债利率可能出现趋势性下行，2020 年的新冠肺炎疫情加快了这一下行的态势。长期国债利率的趋势性下行为人身保险业带来利差损风险，原因在于人身保险业存在资产和负债期限不匹配。寿险公司缺乏可以进行长期投资的优质标的，这一状况并非短时期可以改变的。高预定利率的长期负债对应的是短期投资，一旦到期续作时遭遇利率下行，必然出现利差损。利差损将成为未来几年我国人身保险业看得见的"灰犀牛"。所以保险业在未来的发展中应更加注重防范利差损风险。

第三章　金融市场安全评估

第一节　评估体系和指数构建

金融市场的构成十分复杂，它是由许多不同的市场组成的一个庞大体系。有的观点认为，金融市场是借助金融工具实现金融交易的各种机制、过程和场所的关系总和（王国刚，2013）。金融市场的发展，一方面能够迅速有效地引导资金合理流动，提高资金配置效率；另一方面又具有定价功能，且金融市场价格的波动和变化促进了金融工具的创新，在实现风险分散和风险转移的同时也可能加大市场的波动性，使得金融市场的安全性有所下降。根据不同的角度，金融市场可以划分为不同的种类。按经营场所分类，可分为有形市场和无形市场；按交易性质分类，可分为发行市场和流通市场；按交割期限分类，可分为现货市场和期货市场；按融资交易期限分类，可分为资本市场和货币市场；按融资方式分类，可分为直接融资市场和间接融资市场；按交易标的物和交易对象分类，可分为货币市场、股票市场、债券市场、衍生品市场、外汇市场、票据市场、贴现市场、保险市场、黄金市场等。其中，最为常见的划分方式是按交易标的物和交易对象进行划分。

基于以上对金融市场的认识，同时考虑到在我国金融市场中的影响力以及数据的可获得性，本章主要从股票市场、债券市场、金融衍生品市场等方面开展我国金融市场的安全性评估工作。

一、股票市场

自 1990 年上海证券交易所成立以来，我国的股票市场历经近 30 年的高速发展，基本建立了以沪深 A 股市场为主体的多层次交易市场，在促进实体经济发展，引导资源优化配置方面取得了显著成效。根据 Wind 统计，截至 2020 年底，我国沪深 A 股市场中上市公司超过 4140 家，市值规模超过 64 万亿元，已经成为全球最大的股票交易市场之一。2020 年 7 月，新三板新设精选层的首批企业正式挂牌，多层次资本市场建设取得重要进展。8 月，创业板改革并试点注册制正式落地，股票发行注册制改革取得重要成果。

与西方发达国家不同，我国股票市场中的散户比例较高，而机构比例较低。相较于债券市场和衍生品市场，普通居民对股票市场更为熟悉、参与度更高，股票市场的价格波动对居民财富和社会稳定的影响也更大，使得其安全性受到全社会的广泛关注。因此，在上述背景下，研究我国股票市场的安全性显得非常有意义。

目前，理论界和实务界从不同的角度选取并创建了大量指标来衡量我国股票市场的安全性。本章从最基本的估值角度出发，选取使用频率最高、估值效果最好的股市市盈率、股票市场深度、股市市值与GDP之比和融资融券余额与A股总市值之比，共同衡量我国股票市场的安全性。

（一）股市市盈率

股票市场的整体市盈率大致可以判断某一时期市场价格的合理性。具体而言，股市市盈率越高，说明股价与公司收益之间的差距越大，价格高估的风险越大，降低了股市的安全性，反之则相反。本章将当年各季度的上证综指、深证成指、中小板指和创业板指市盈率按市场规模进行加权平均，进而计算各季度的均值作为当年股市市盈率的测度指标。

（二）股票市场深度

股票市场的深度衡量了市场在承受大额交易时证券价格不出现大幅波动的水平。大额交易能够在具有深度的市场中顺利进行，从而不会导致证券价格出现大幅波动状况，原因在于买卖双方资金量匹配，避免出现存在大额卖出时，买入量不足，价格大幅下跌；或存在大额买入时，无相应卖出导致价格抬升的情况。通常流动性较强的大盘股的市场深度最好，大资金可以自由进出。该指标越高，说明股票市场的安全性越高。本章采用上证综指、深证综指、中小板综指和创业板综指每周五（交易日）最高最低指数的差值，并按市场规模进行加权平均计算该指标的年度均值。

（三）股市市值/ GDP

股票市场的总市值衡量一国虚拟经济的规模，而GDP则代表着一国实体经济的规模。因此，股市市值与GDP之比可以度量一国经济证券化的程度。该指标越高，说明股票市场的泡沫化越严重，安全性越低。本章用当年各季度股票市场总市值与GDP之比，计算年度均值作为对应的衡量指标。

（四）融资融券余额/ A股总市值

股票市场融资融券交易是一项具有重要意义的创新交易机制。通过融资融券余额与A股总市值之比的计算，衡量股票市场的活跃程度以及潜在的杠杆交易风险、强制平仓风险和总体市场风险程度。该指标越高，说明融资融券余额占A股总市值的比重越大，安全性越低。本章用当年各季度的融资融券余额与A股总市值之比，计算年度均值作为对应的衡量指标。

二、债券市场

债券市场，作为我国资本市场的重要组成部分，其发展受到政府部门的高度重视和大力支持。从总体上看，目前我国债券市场的发行规模和存量规模庞大，已成为全球第二大债券市场。从整体风险上看，相较于股票市场的高不确定性和衍生品市场的高杠杆风险性来说，债券市场的整体风险较小，安全性较高。从投资者结构来看，我国债券市场的准入门槛较高使得债券市场中机构投资者占主体，而个人投资者很少。这一特点对我国的债券市场造成了正反两方面的影响：一方面，相较于个人投资者，机构投资者掌握更多的价格信息和专业知识，其交易行为更加理性，减少了市场交易噪声，使得债券市场的特征如期限结构、收益率曲线等包含了丰富的市场信息；另一方面，由于缺少个人投资者，我国债券市场的交易很不活跃，这不仅可能造成交易价格的失真，也会限制我国债券市场发展。

截至 2020 年末，债券市场总发行规模近 30 万亿元，总市值有 77 万亿元。在疫情初期，我国债市的金融支持疫情防控政策和工具层出不穷：中国银行间市场交易商协会建立"绿色通道"，提升了疫情防控企业发行债券的效率；发行疫情防控债、特别国债；国常会提出信用债净融资增加 1 万亿元；开展债券置换业务等。但值得注意的是，随着我国经济步入"新常态"，经济结构调整，以及面临"后疫情时期"经济复苏的不确定性，出现了债券市场的信用违约规模和频率加剧，评级行业乱象频出的问题，这预示着监管对市场的态度在逐步转变。

因此，债券特别是风险债券的安全性，是未来相当长一段时间内理论界和实务界需要高度关注的问题。不同类型的债券在信用风险上存在明显差异。国债、金融债有政府、金融机构作担保，风险很低；企业债需要发展改革委逐一审批并严格监管，风险较小；而公司债由企业自主确定其发债规模和兑付方式，因此风险相对较高。

本章将重点关注风险较高的公司债，通过公司债发行利率的变化情况来衡量我国债券市场潜在的风险，并以此制定相应的安全性指标。具体而言，本章利用债券市场违约率、低信用级别公司债与高信用级别公司债的发行利差、债券存量规模与 GDP 之比和债券市场波动率综合衡量我国债券市场的安全性。值得注意的是，由于我国公司债的历史不长（首只公司债出现在 2007 年），因此对应指标的时间趋势尚不明显，只能反映出相邻年份的变化情况。

（一）债券市场违约率

债券市场违约率衡量了债券市场总体的偿债能力，是指全部信用债发行人中在过去一年未按期支付利息或本金的比例。违约率与经济环境相关，在经济不景气时，违约率往往比较高，而在经济强劲的时候，违约率往往处在历史低位。该指标越高表明债券市场的安全性越低。本章将各季度债券市场到期未偿还量与总发行量的比值的年度均值，作为债券市场违约率的测度指标。

（二）低信用级别公司债与高信用级别公司债的发行利差

不同信用级别的公司债在发行利率上有明显的差异。一般而言，低信用级别公司债的发行利率要高于高信用级别公司债的发行利率，并且两者的差异越大，说明市场认为低信用级别公司债的违约风险越大，债券市场的安全性越低。因此，低信用级别公司债与高信用级别公司债之间的发行利差，是从同品种债券的角度衡量了我国债券市场的安全性。考虑到目前我国公司债的信用评级普遍较高（最低的信用评级是 BBB 级），发债主体的信用评级主要集中于 AAA、AA＋、AA、AA－等档位，合计占比 85.14%，其中 AAA 级企业占到 13.6%，低信用评级的公司债数量十分有限，因此将 AA 级以下（不含 AA 级）的公司债均视为低信用评级的公司债，而将 AA 级和 AAA 级的公司债视为高信用评级的公司债。本章将各季度低信用评级公司债的规模加权发行利率与高信用评级公司债的规模加权发行利率之差，作为对应的衡量指标。

（三）债券存量规模/ GDP

整体来看，我国债券的质量普遍较高，虽然并未发生大规模违约事件，但债券存量规模的扩大，会增加未来的偿债负担和压力，进而降低债券市场的安全性。因此，本章用当年各季度债券市场未偿债券的存量规模与 GDP 之比的均值，作为衡量债券市场的偿债负担的指标，其值越大，债券市场的安全性越低。

（四）债券市场波动率

债券市场的波动性，通常指债券价格或者债券收益率的波动现象。它能够反映债券的真实价值和收益的情况。债券的波动具有均值回归性、传导性、记忆性、尖峰厚尾和非对称等特征。本章根据当年日度债券现期收益率情况，计算年度波动率作为衡量债券市场波动的代理指标，其值越大，说明债券市场安全性越低。

三、金融衍生品市场

金融衍生品是指以杠杆或信用交易为特征，在传统金融产品（如股票、债券、货币、金融市场指数等）基础上派生出来的，具有新价值的金融工具，如期货合约、期权合约、互换及远期协议合约等；而金融衍生品市场则是由一组规则、一批组织和一系列产权所有者构成的一套市场机制。金融衍生品市场具有风险转移、价格发现、增强市场流动性等功能，能提高市场效率、分散风险以及稳定市场。

我国金融衍生品市场主要包括互换市场、远期市场、期货市场和期权市场等，而期货期权市场的发展尤为市场所关注，已经初步形成了商品金融、期货期权、场内场外、境内境外协同发展的良好局面。2010 年 4 月 16 日，首批 4 个沪深 300 股指期货挂牌交易，这意味着我国金融期货在沉寂了近 15 年后再次登上金融市场舞台；2013 年 9 月 6 日，国债期货正式在中国金融期货交易所上市交易；2015 年 4 月 16 日，上证 50 以及中证 500 股指期货开始上市交易；2019 年 8 月 27 日，国内首批商品期货 ETF 获批，标志着公募基金开启商品期货指数化投资新时代。2015 年 2 月 9 日，中国证监会批准上海证券交易所开展股票期权交易试点，试点产品为上证 50ETF 期权，至此，中国期权市场开始启动。2019 年底，上交所推出了沪深 300ETF 期权合约，推出组合保证金和组合行权优化机制，完成了期权多标的运行体系的建设。

截至 2020 年 12 月 31 日，根据中国期货业协会统计数据，2020 年我国期货市场成交量（单边口径）为 61.5 亿手，期货市场成交额（单边口径）为 437.5 万亿元。根据 Wind 统计，上证 50ETF 期权和沪深 300ETF 期权已经成为全球主要的 ETF 期权品种。2020 年，上交所 ETF 期权合约累计成交 9.82 亿张，累计成交面值 36.83 万亿元，累计权利金成交 7167.08 亿元。我国期权期货市场投资者结构较为合理，且境外投资者参与度稳步提升，我国重要大宗商品定价影响力得到提高。

由于期权市场发展较晚，无法有效进行安全性评估，因此对于衍生品市场，本章重点关注期货市场的安全性。基于相关文献和数据可得性，本章将针对 5 年期国债期货和沪深 300 股指期货开展安全性评估工作，使用 4 个指标衡量衍生品市场的安全性，分别是衍生品市场波动率、衍生品市场持仓变动率、风险价值 VaR 值以及预期损失 ES 值。

（一）衍生品市场波动率

波动率是对投资标的资产回报率变化幅度的衡量，从统计角度看，是资产回报率的标准差，其值越大，表明相应标的资产回报率变化幅度越大，整体风险水平也就越高，也即表明金融安全性越低。国债期货和股指期货的波动率都以年为单位使用日度数据进行测算。首先，基于两类产品的上市和交割特性，本章使用当月主力合约数据进行计算，进而实现交易日期的无缝衔接。一般而言，持仓量和成交量最大的合约是市场上最活跃的合约，因而构成主力合约。其次，国债期货和股指期货均按照保证金交易，其杠杆特性导致收益与风险也成倍放大，为体现期货合约的杠杆特性，本章使用的日度收益率均利用杠杆进行加权。由于实际杠杆率数据无法获得，本章使用的加权杠杆均为名义杠杆，即以中国金融期货交易所（以下简称中金所）公布的最低保证金获得；此外中金所公布的最低保证金随交易日期和市场行情而变，因而名义杠杆率也随之作出调整。

（二）衍生品市场持仓变动率

期货市场月末持仓量变动率衡量了期货市场的流动性，期货合约的流动性源于期货市场参与者的买卖，持仓量即为买卖双方尚未平仓的数量，持仓量大说明市场参与者有较多的买卖行为，则期货市场的安全性也较低。本章通过期货每月月末持仓量变动量（当前持仓量与前 30 天平均持仓量的差值）／前 30 天平均持仓量的均值计算该指标。

（三）风险价值 VaR 值

现今的金融创新加大了市场波动性，使得市场风险成为金融风险管理的重点，为了对市场风险采取合理手段进行研究和管理，风险价值 VaR 理论应运而生并得到广泛推广与应用。由于金融标的资产收益率一般具有尖峰厚尾特征，并不服从正态分布，因此对分布的尾部研究尤为重要；传统的 VaR 计算方法需要事先获得收益率分布，与实际数据拟合时通常对分布的中部拟合较好而对尾部拟合不好，因此可能造成无法准确预测在历史数据中未曾发生过的极端风险的情形。在对 VaR 进行计算的多种统计方法中，极值理论可以不考虑分布假设问题，因而能够很好地处理风险量化分析中的厚尾问题。本章使用极值理论中的超阈值 POT 模型对两类期货产品进行 VaR 计算，其中使用日对数收益率的负值，即对多头头寸进行 VaR 度量，并使用 99% 置信水平下的 VaR 值；日度收益率数据同样利用了杠杆进行加权。风险价值越大，表明出现极端风险的概率越高，即金融安全性越低。

（四）预期损失 ES 值

尽管 VaR 是理论界与实务界用于风险度量的一个有效工具，但其也有不足之处。一方面其未考虑一旦非正常情况出现时极端损失的严重程度而低估实际损失；另一方面其不满足次可加性，违背了以分散化投资来降低投资组合风险的初衷。为衡量衍生品市场的安全性，本章还计算了预期损失 ES 值，由于 ES 在 VaR 的基础上进一步考虑了出现极端风险情况时的平均损失程度且满足次可加性，因此可以更完整地衡量相应标的金融资产出现极端损失的风险。对于 ES 值的计算同样利用超阈值 POT 的方法进行建模，日度收益率数据利用杠杆进行加权，且只对多头头寸进行 ES 度量，并使用 99% 置信水平下的 ES 值。预期损失值越大，表明出现极端风险的概率越高，即金融安全性越低。

四、指标体系汇总

将上述指标总结如表 3 - 1 所示，即为本章提出的金融市场安全评估体系。

表 3 - 1   金融市场安全评估指标体系

一级指标	二级指标	三级指标
金融市场安全	股票市场	股市市盈率
		股票市场深度
		股市市值/GDP
		融资融券余额/A 股总市值
	债券市场	债券市场违约率
		低信用级别公司债与高信用级别公司债的发行利差
		债券存量规模/GDP
		债券市场波动率
	金融衍生品市场	衍生品市场波动率
		衍生品市场持仓变动率
		风险价值 VaR 值
		预期损失 ES 值

五、指数构建及说明

（一）数据来源和指标说明

首先，金融市场安全性评估面临的主要困难是数据问题，其中，股票市场的数据可得性较强，债券市场和衍生品市场的数据可得性较差，在综合分析指标的代表性、经济含义以及数据可得性的基础上，本章确定了如表3-2所示的指标体系。

其次，在时间长度的选择上，股票市场和债券市场的某些指标数据计算起始时间以2000年为起点，最终指标可得数据的时间大多在2000年之后。最终指数的编制将基于年度数据，不足一年的数据按年度数据处理。

表3-2   指标及数据说明

指标	数据来源	说明
股市市盈率	Wind数据库，年度	当年各季度的上证综指、深证成指、中小板指和创业板指市盈率按市场规模进行加权平均，进而得到均值指标
股票市场深度	Wind数据库，日度	当年各周上证综指、深证综指、中小板综指和创业板综指最高最低指数差按市场规模进行加权平均
股市市值/GDP	Wind数据库，年度	当年各季度股票市场总市值与GDP之比的均值
融资融券余额/A股总市值	Wind数据库，年度	当年各季度的融资融券余额与A股总市值之比的均值
债券市场违约率	Wind数据库，年度	债券到期未偿还量与总发行量的比值的年度均值
低信用级别公司债与高信用级别公司债的发行利差	Wind数据库，年度	当年度低信用评级公司债的规模加权发行利率与高信用评级公司债的规模加权发行利率之差
债券存量规模/GDP	Wind数据库，年度	当年各季度各类未偿债券的存量规模与GDP之比的均值
债券市场波动率	国泰安，Wind数据库，年度	根据当年各月债券现期收益率，测算的年度标准差
波动率	中金所，Wind数据库，年度	以日度收益率测算的年度标准差
持仓变动率	Wind数据库，年度	每月月末持仓变动量与前30天平均持仓量的比值的均值
风险价值VaR值	中金所，Wind数据库，年度	依据极值理论POT模型计算的多头头寸VaR值
预期损失ES值	中金所，Wind数据库，年度	依据极值理论POT模型计算的多头头寸ES值

（二）指数构建方法

以上数据均先进行同向化处理后，再用功效系数法进行标准化。在所有标准化后的指标中，指标值越高代表安全性越好，指标值越低代表安全性越差。在此基础上，将股市市盈率、股票市场深度、股票市值/GDP和融资融券余额/A股总市值四项指标分别按照0.25、0.25、0.25、0.25的权重加权构成股票市场指数，将债券市场违约率、债券存量规模/GDP、信用债利差和债券市场波动率四项指标分别按照0.25、0.25、0.25、0.25的权重加权构成债券市场指数。同时，分别将国债期货和股指期货功效系数法下的波动率、衍生品市场持仓变动率、风险价值VaR和预期损失ES取均值，得到加权汇总功效系数法下的波动率、衍生品市场持仓变动率、风险价值VaR和预期损失ES，再将加权汇总功效系数法下的四项指标分别按照0.1、0.1、0.4、0.4的权重加权构成衍生品市场指数。最后，我们将股票市场指数、债券市场指数和衍生品市场指数加权平均得到金融市场安全综合指标。考虑到衍生品市场2013年才开始逐渐发展并完善，因此，在2013年之前，金融市场安全综合指标根据股票市场指数和债券市场指数加权平均，权重分别为0.5、0.5；2013年之后，金融市场安全综合指标采用股票、债券、衍生品三个市场的安全指数加权平均，权重分别为 0.4、0.4、0.2。

第二节 评估结果与分析

表 3 - 3 和表 3 - 4 分别是股票市场、债券市场安全指标和衍生品市场安全指标，表 3 - 5 则在此基础上给出了金融市场安全指数。相较于 2019 年，2020 年衡量股票市场、债券市场的安全指标均有所下降，而衡量金融衍生品市场的安全指标中仅有两个指标稍微上升；整体上看，股票市场、债券市场和衍生品市场安全指数都呈下降趋势，其中债券市场的下降幅度最大，因此其安全性尤为值得关注。接下来，我们将具体分析各金融市场安全指数的变化。

表 3 - 3　　　　股票市场和债券市场安全指标汇总（2001—2020 年）

年份	股市市盈率	股票市场深度	股市市值/GDP	融资融券余额/A股总市值	债券市场违约率	信用债利差	债券存量规模/GDP	债券市场波动率
2001	73.06	99.72	76.62	—	68.83	—	100.00	—
2002	78.27	99.37	79.87	—	68.33	—	95.78	—
2003	82.58	99.73	82.40	—	78.62	—	90.02	—
2004	88.23	99.24	84.93	—	72.63	—	90.94	—
2005	93.82	100.00	100.00	—	72.55	—	85.46	—
2006	90.89	92.79	86.18	—	89.30	—	87.55	—
2007	100.00	60.00	60.00	—	81.12	—	81.89	—
2008	90.51	65.37	64.34	—	80.95	74.45	88.82	74.73
2009	75.71	81.28	63.86	—	99.49	66.61	93.19	100.00
2010	81.59	90.19	64.77	100.00	95.54	65.51	93.35	94.43
2011	84.79	95.14	67.35	97.91	100.00	61.78	99.72	95.00
2012	81.60	95.62	71.66	94.62	67.94	60.00	91.90	70.87
2013	87.98	93.19	73.62	78.96	74.08	78.40	93.38	76.84
2014	83.66	94.24	71.96	60.00	65.45	65.47	87.06	74.73
2015	60.00	78.67	61.65	65.50	60.00	60.88	68.35	66.85
2016	75.62	93.78	63.19	70.79	72.17	62.11	60.00	68.01
2017	84.87	96.53	62.32	72.11	93.56	86.75	78.07	60.00
2018	93.21	91.94	64.63	74.00	93.76	72.06	79.25	63.32
2019	93.68	92.69	63.70	74.38	91.74	100.00	78.80	73.34
2020	89.36	91.14	61.36	69.25	86.67	68.21	67.19	68.34

表 3 – 4 衍生品市场安全指标

年份	国债期货功效系数法				股指期货功效系数法				加权汇总功效系数法			
	持仓变动	波动率	VaR	ES	持仓变动	波动率	VaR	ES	持仓变动	波动率	VaR	ES
2010	—	—	—	—	—	88.69	89.88	91.51	—	—	—	—
2011	—	—	—	—	—	94.90	97.32	97.71	—	—	—	—
2012	—	—	—	—	—	93.27	99.77	100.00	—	—	—	—
2013	—	90.53	92.01	94.46	—	88.95	91.98	92.79	—	91.09	92.49	93.52
2014	—	83.74	84.01	80.44	—	89.20	95.84	95.02	—	91.34	96.40	95.80
2015	—	60.00	60.00	60.00	—	60.00	60.00	60.00	—	60.00	60.00	60.00
2016	88.73	100.00	100.00	100.00	60.00	100.00	100.00	98.90	74.36	100.00	100.00	100.00
2017	60.00	100	99.00	98.93	100	99.85	98.99	98.99	80.00	99.93	99.00	98.96
2018	100.00	99.97	99.00	99.00	68.82	99.82	98.99	99.01	84.41	99.66	99.00	99.00
2019	68.89	99.99	99.00	98.94	87.20	99.96	98.99	98.99	78.05	99.98	99.00	98.96
2020	76.98	99.95	99.00	99.00	60.32	99.78	98.99	98.99	68.65	99.83	98.99	98.99

表 3 – 5 金融市场安全指数

年份	股票市场指数	债券市场指数	衍生品市场指数	综合指数
2001	83.13	84.42	—	83.77
2002	85.84	82.06	—	83.95
2003	88.23	84.32	—	86.28
2004	90.80	81.78	—	86.29
2005	97.94	79.01	—	88.48
2006	89.96	88.42	—	89.19
2007	73.33	81.51	—	77.42
2008	73.41	79.74	—	76.57
2009	73.61	89.82	—	81.72
2010	84.14	87.21	—	85.67
2011	86.30	89.12	—	87.71
2012	85.88	72.68	—	79.28
2013	83.44	80.67	83.51	82.35
2014	77.47	73.18	86.01	77.46
2015	66.45	64.02	54.00	62.99
2016	75.84	65.57	97.44	76.05
2017	78.96	79.60	97.18	82.86
2018	80.95	77.10	97.61	82.74
2019	81.11	85.97	96.99	86.23
2020	77.78	72.60	95.71	79.29

一、股市市盈率

从总体上看，我国股票市场的价格波动较大，牛熊市分界明显，使得股市市盈率起伏不断。具体而言，2001年前后的科技股泡沫使得股市市盈率较高，而股市安全性较低；之后随着相关泡沫的破灭，股价下降，使得股市市盈率下降，股市安全性得到提高；2006年至2009年的股市大牛市和紧随其后的次贷危机，让股市市盈率大起大落，股市安全性也随之波动；2010年后股市的持续低迷，降低了股市市盈率并提高了股市安全性；而2014年末开启的新一轮牛市，又再次使得股市市盈率上升，股市安全性下降。牛市持续到2015年上半年，2015年下半年股市出现熊市，股价持续下跌；2015年"股灾"针对股指期货的三大限制措施尤其是"限仓令"的实施，引发期指市场流动性与市场深度严重不足，不仅使得股指期货风险管理功能无法正常发挥，也是造成股票市场长期存量博弈的原因之一，在此期间场内资金较为稳定，并未出现显著的流入流出，使得2016年股市持续低迷，股市市盈率走低，股市安全性有所回升（见图3-1）。而2017年价值投资理念进一步贯彻，大市值蓝筹股发展较好，且结构性牛市特征明显，即仅有部分个股股价上涨，其余多数股票价格走势较为稳定。煤炭和钢铁股受益于国家供给侧结构性改革，迎来股市新发展，传统行业依托新零售、互联网、人工智能创新开拓新市场。因此2017年的股市得以延续2016年的发展态势，总体上表现出较高的市场安全性。2018年中国股市受到宏观经济下行以及中美贸易摩擦的影响，A股市场整体股价出现显著下降，金融类行业、周期类行业、稳定类行业、消费类行业、成长类行业股票市盈率均低于历史中位数水平，市场安全性有所上升。2019年中美贸易摩擦持续升级使得宏观经济继续受到影响，人民币贷款规模下滑，股票市场价格继续下降，市场安全性略微提升。2020年以来，主要发达经济体金融市场一度陷入恐慌，美元流动性快速收紧，新兴经济体汇率贬值，资本大幅流出。2020年，突如其来的新冠肺炎疫情对中国乃至全球经济带来前所未有的冲击，大量风险资产和一些传统避险资产遭抛售。面对多国股市数次熔断的环境，在我国党和政府的有序防控下，国内疫情率先得到有效控制，中国经济首先复苏，市场对中国经济前景普遍看好，所以中国股市市盈率下降幅度不大。

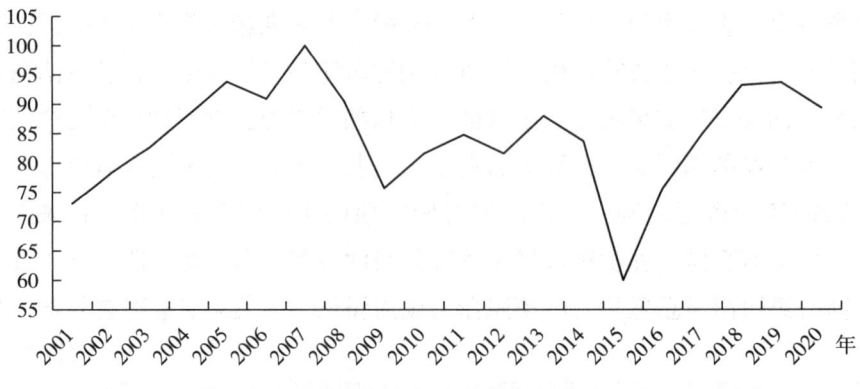

图3-1　基于市盈率的股票市场安全性指标值（2001—2020年）

二、股票市场深度

我国股票市场是一个投资者结构以散户为主的新兴市场，且以短线买卖为主，市场交投相当活跃。从图3-2可以看出，股市深度在2015年达到最低值，风险最大。主要原因是中央提出的一系列经济利好政策被资本市场中的一些投资者过分解读，多空双方意见分歧。2015年以后股市深度增加，市场流动性增强，2017年达到最高点后股市深度开始下降。2019年科创板开板，加之2020年备受市场期待的创业板改革并试点注册制方案"出炉"，以前所未有的速度和机制突破，给中国资本市场的未来发展带来了深远影响，中国资本市场的改革迎来关键点。投资者对于股票市场发展较为乐观，资金持续流入股市，股市深度指标走势保持向上趋势，但市场波动较为频繁，使得市场安全性稍微下降。

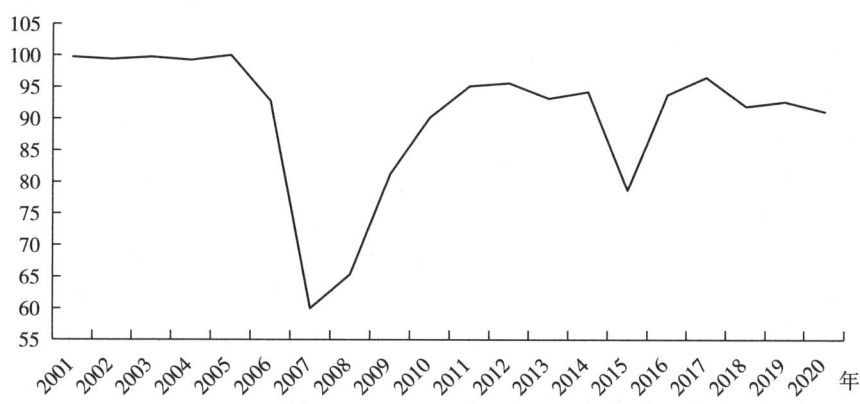

图3-2 基于市场深度的股票市场安全性指标值（2001—2020年）

三、股市市值/GDP

我国股市市值与GDP之比同样受到股市价格波动的影响。如图3-3所示，2007年的大牛市，使得股市泡沫化严重，股市市值与GDP之比达到峰值，股市安全性很低；而紧随其后的次贷危机刺破了股市泡沫，使得股市市值与GDP之比快速回落，股市安全性升高；之后持续几年的股市低迷期，让股市市值与GDP之比在中低位徘徊，股市安全性较高；但2014年末开启的新一轮牛市，又再次使得股市市值与GDP之比上升，股市安全性下降；接着在2015年牛市结束，出现熊市，2016年股票市场一直低迷，股市安全性再次上升。2017年，股市迎来全面大发展，股市市值与GDP比值有了一定程度上的提高，从而降低了股市的安全性。在2018年，市场整体表现为熊市，股市市值全年呈现下降趋势，较2017年同比增长较小，故股市市值与GDP之比只有轻微上升，股市安全性略微降低。2019年年初开启一轮小牛市，但在后三个季度市场整体表现不抢眼，股市市值与GDP比值略有提升。2020年，疫情引发股市短期下跌，但从整体来说，基本面与流动性仍主导市场走向，中国股市总市值呈攀升态势，同时中国也是全球唯一实现经济正增长的主要经济体，全年国内生产总值（GDP）同比增长2.3%，经济总量突破100万亿元，股市市值与GDP比值略有下降。

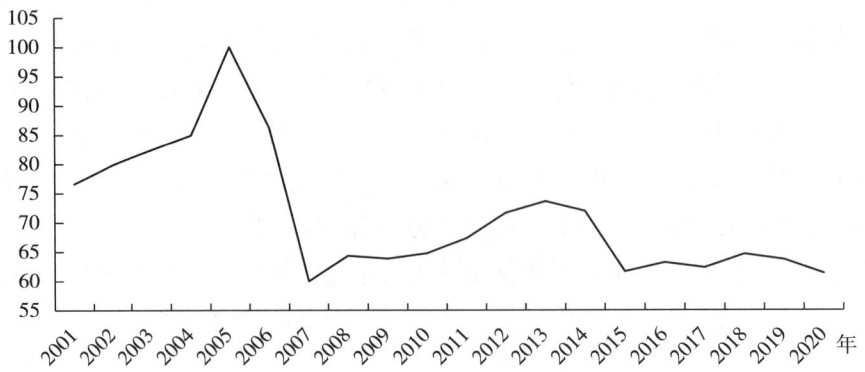

图3-3　基于股市市值与GDP之比的股票市场安全性指标值（2001—2020年）

四、融资融券余额/A股总市值

我国融资融券交易系统于2010年3月31日正式开通。2010年底至2014年底，我国融资融券余额复合增长率达到299%，而2014年，经过融资融券标的券扩容、转融通业务持续创新等举措后，伴随着行情的爆发，融资融券业务出现了井喷，截至2014年底，融资融券市场余额为1.03万亿元，比2013年底的3465亿元增长了196%。融资融券业务在2014年达到顶峰，从而使股票市场安全性触底。而2014年后，融资融券余额开始下降，从而使得股票市场安全性逐步上升（见图3-4）。2019年市场在该方面的安全性继续保持稳步上升的趋势。2020年第三季度，创业板注册制最终落地，作为配套规则，融资融券业务也制定了新规。随着新规的推出和实施，融券业务得到了较大的发展，对完善市场多空力量平衡起到了积极作用。截至2020年末，融资融券余额有16190亿元，尽管中国股市总市值今年以来也呈攀升态势，但融资融券余额/A股总市值较2019年略微上升，因此2020年市场在该方面的安全性有所下降。

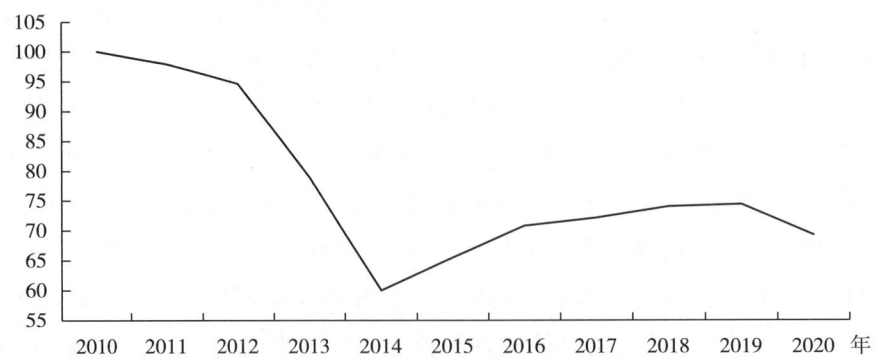

图3-4　基于融资融券余额与A股市值之比的股票市场安全性指标值（2010—2020年）

五、债券市场违约率

从图 3 - 5 中可以看出,2001—2011 年债券市场违约率逐渐下降,国内债券市场整体信用风险低于国际市场水平。2014—2017 年违约主体多为机械设备和化工等产能过剩的行业,在 2014—2016 年违约风险有效释放后,2017 年违约风险有所减小。自 2018 年以来,金融监管加大去杠杆、强监管的力度,造成了企业的筹资性现金流大幅下降,从而信用风险暴露速度明显加快。2019 年大部分民营企业普遍受限于现金流紧张、流动性危机等问题,违约主体的杠杆率仍处较高阶段,融资难、流动性分层危机及经营困境导致违约率提升。2020 年违约债券一共有 173 例,其中央企 29 例,地方国企 44 例,民企违约 92 例,中外合资企业 8 例,债券违约数量和规模持续上升,债券市场安全性有所下降。

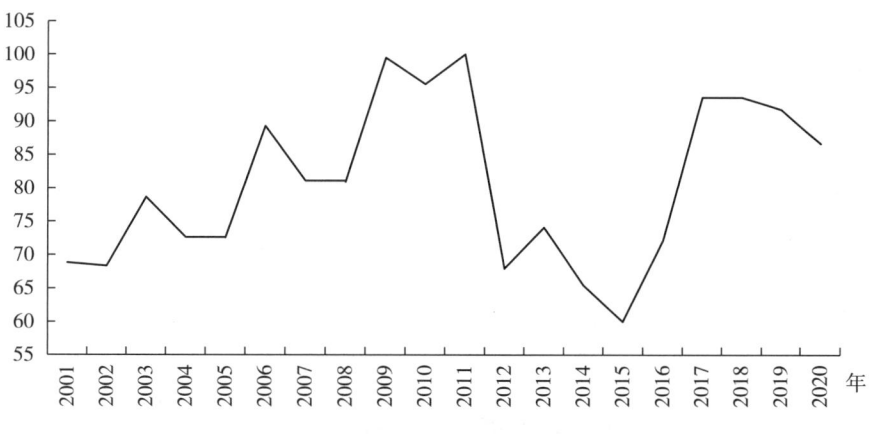

图 3 - 5　基于违约率的债券市场安全性指标值（2001—2020 年）

六、低信用级别公司债与高信用级别公司债的发行利差

我国公司债出现的历史不长（首只公司债诞生于 2007 年）,低信用级别公司债出现的时间就更晚,导致目前该指标的时间序列有限,相应的时间趋势并不明显。由图 3 - 6 可以发现,我国低信用级别公司债与高信用级别公司债的发行利差在 2015 年达到最大值,债市安全性达到最低,其背后的原因主要是随着我国经济步入"新常态",经济增速放缓和经济结构调整加快,使得一些传统行业、产能过剩行业面临较大的转型压力。这些行业相关的公司债特别是低信用级别公司债在 2015 年开始出现一些违约情况,进而增大了市场对高风险债券兑付能力的担忧,市场因此要求更高的风险溢价,提高了低信用级别公司债的发行利率,降低了债券市场的安全性;2016 年国家"去产能"政策的推进、房地产市场的复苏和大宗商品（比如煤、油、金属）价格的反弹,在一定程度上减轻了市场对传统产业高风险债券违约的担忧,从而使得低信用级别与高信用级别公司债之间的发行利差缩小,债券市场的安全性得到了一定程度的改善。而 2017 年众多传统行业依托国家供给侧改革或产业转型

获得了新发展，尤其是"去产能、去库存"取得显著成效。其中过剩产能企业的整体业绩得以修复，银行坏账率明显降低，具体表现为低信用级别债券发行利率相较于高级别债券明显下降，信用债极差显著缩小，债券市场安全性出现陡升。在多项"去杠杆"政策发布以及"资管新规"出台的影响下，由于资金链收缩过快，2018 年前三个季度在紧信用环境下，金融市场震荡较为剧烈，依赖影子银行的民企融资条件恶化，市场违约事件频发，信用债利差急剧走阔，市场安全性明显降低。2019 年随着政府继续收紧影子银行体系监管，企业融资能力下降，市场安全性降低，首季度债券违约数量是 2018 年同期数量的 3 倍。2018—2019 年，信用违约以民企为主，主要集中在制造业领域，然而 2020 年的信用违约主体则从民企转向了高评级国企，民企的信用违约大幅下降，违约领域也向上游资源行业、基础设施行业延伸，分布更趋多元化。这也加剧了市场的风险深化担忧，所以基于不同信用级别公司债发行利差出现了下降。

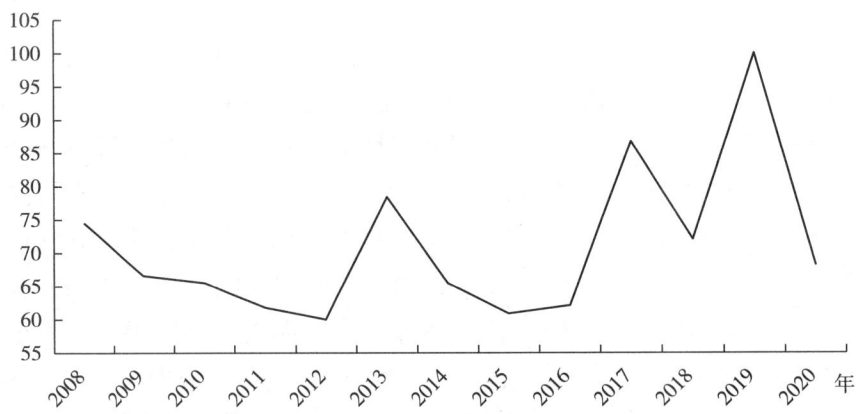

图 3-6　基于不同信用级别公司债发行利差的债券市场安全性指标值（2008—2020 年）

七、债券存量规模/GDP

作为我国资本市场的重要组成部分，我国债券市场的发展受到了政府部门的高度重视和大力支持，其发行规模和存量规模都在不断扩大。如图 3-7 所示，虽然受到次贷危机和政府投资计划的干扰，使得未偿债券存量规模与 GDP 之比在 2010 年前后出现波动，但其增长的趋势并没有发生任何改变。随着我国金融改革的不断推进，更多企业选择了债券融资，使得债券存量规模与 GDP 之比在最近几年有了加速扩张之势，并于 2016 年达到了历史最高点。由于债券存量规模越大，意味着未来债券市场的偿债压力越大，因而降低了债券市场的安全性，这一发展趋势需要引起理论界和实务界的重视。而 2017 年我国金融监管加强，金融去杠杆和金融生态链重塑成为主题，表现为债券发行总量大幅下降，市场投放量增速变缓，因此大大提高了我国债券市场的安全性。2018 年，金融去杠杆政策继续实施，同时"资管新规"出台，债券总发行量水平基本保持不变，未偿债券存量规模与 GDP 之比有轻微下降，整体安全性保持上升趋势，上升幅度较小。2019 年受益于债券后续处置方式增多，比如撤销回售以及场外兑付，未偿债券存量规模与 GDP 之比下降，安全性略微上升。2020 年受到疫情影响，债券发行量增长以非典型的方式进行，通常，发行量和 GDP 呈正相关：随着 GDP 上升（或下降），债券发行也同向变动。但是，自 2020 年第三季度以来，发行量和 GDP 呈负相关，并且幅度达到了历史上的大幅度；同时在第三季度，债券发行量的到期未偿还量高达 61771 亿元，也达到了历史上的峰值，使得未来债券市场的偿债压力攀升，因而显著降低了债券市场的安全性。

图 3 - 7　基于债券存量规模与 GDP 之比的债券市场安全性指标值（2001—2020 年）

八、债券市场波动率

如今债券市场已经成为我国金融市场的重要经济支柱，也逐步在国际市场上占有一席之地。债券市场发行的种类由以国债为主逐渐扩展到地方政府债、企业债、公司债、金融债等。如图 3 - 8 所示，在 2011 年之前，由于国内经济缓慢复苏，债券市场收益率持续保持走低趋势，其安全性也始终保持在较高水平。其后，国内债券市场经历罕见牛市，债券市场收益率波动剧烈，因此，安全性继续下降。后期债券市场走出了十年难遇的大牛市行情，但全年国内经济基本面仍然较为疲弱，市场安全性不断下降。2016 年"黑天鹅"事件频发，债券市场震荡剧烈，市场安全性继续保持低位运行。2017 年，美联储加息步伐加快，国内推进金融严监管和去杠杆。在国内外错综复杂的经济环境下，我国货币政策维持稳健中性，债券市场面临资金紧平衡，货币市场利率和债券市场收益率不断上行。受多种因素影响，债券市场全年各券种收益率大幅上行，波动率高，从而使得市场安全性进一步降低。2018 年，整体债券收益率呈现下行行情，人民银行四次宣布定向降准，缓解资金链收缩过快带来的小微企业"融资难、融资贵"的问题，助力稳步推进去杠杆过程，波动率有所下降，市场安全性得以在一定程度上升。2019 年，央行按期望实行全面定向降准并且下调 MLF 利率，较大程度释放了市场的流动性，债券收益率波动幅度较小，从而使得市场运行更加稳定。2020 年初，受疫情冲击影响，市场波动较大，但整体来看我国宏观经济继续保持良好的复苏态势，伴随着央行货币政策重新开始边际宽松，又超额叙做 MLF，显著缓解了市场流动性紧张的局面，在一定程度上使得市场上紧张的情绪得到了有效的缓解，且保证了年末资金市场利率的稳定，从而整体上债券市场的波动性相较于上年有一定的回落。

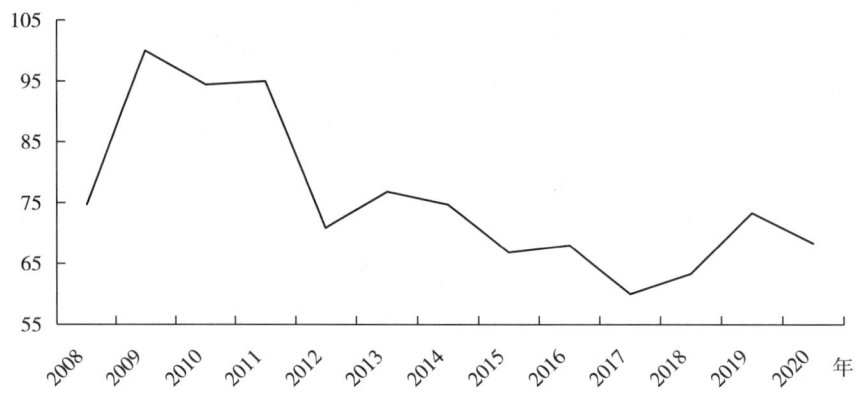

图 3 - 8　基于债券市场波动率的债券市场安全性指标值（2008—2020 年）

九、衍生品市场持仓变动率

图 3 - 9 和图 3 - 10 分别是国债期货衍生品市场和沪深 300 股指期货衍生品市场的月末持仓变动率指标值。两者作为股市和债市的期货品种对应的持仓变动率，具有此消彼长的关系。2017 年防范风险、抑制资产泡沫是工作的重点，国债期货交易活跃度高于 2016 年，股指期货交易活跃度低于 2016 年。2018 年国债期货交易活跃度下降，总成交量以及持仓量同比下滑，主要由机构风险管理需求和交易需求双双降低导致，国债期货市场安全性有所上升。股指期货交易活跃度上升，股指期货市场安全性有所降低。2019 年国债期货交易活跃度上升，成交量和持仓量显著增加，市场流动性进一步提升，股指期货交易活跃度下降。从 2020 年的市场表现来看，由于央行在 2020 年年初疫情期间实施超常规货币政策，国债期货的 5 年期合约呈现更显著的成交量和持仓量扩大的局面，合计持仓量在 2020 年下半年突破

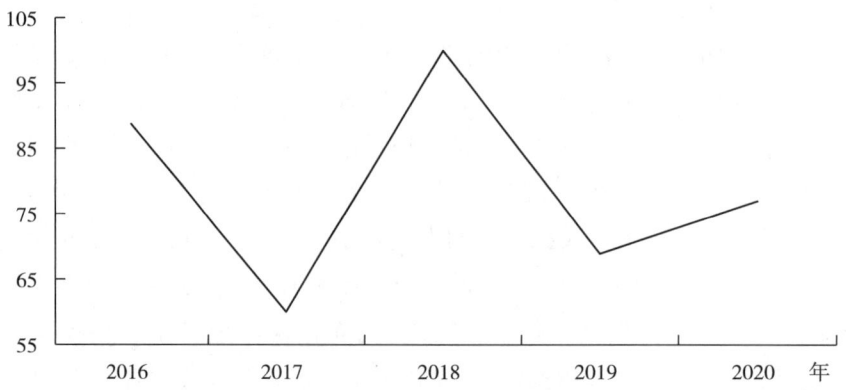

图 3 - 9　基于月末持仓变动率的国债期货市场安全性指标值（2016—2020 年）

20 万手大关。总体来说，衍生品市场波动性加大，市场交易活跃。

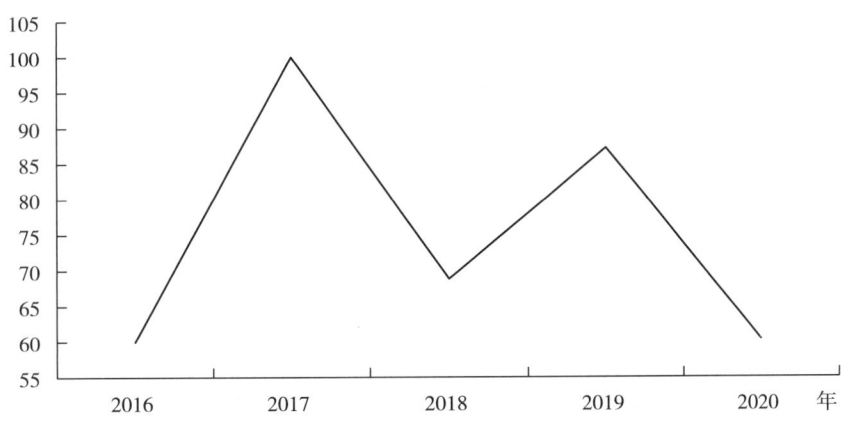

图 3 – 10 基于月末持仓变动率的股指期货市场安全性指标值（2016—2020 年）

十、衍生品市场波动率

图 3 – 11 和图 3 – 12 分别是国债期货衍生品市场和沪深 300 股指期货衍生品市场的波动率指标值。从图 3 – 11 可以看出，2013 年和 2014 年国债期货的总体波动率逐年上升，至 2015 年达到最大值，2015 年国债期货价格和成交量经历了大幅变动，导致波动率陡然上升，安全性下降明显；至 2016 年，国债期货市场回归平静，安全性有所回升。图 3 – 12 表明，以沪深 300 为代表的股指期货在 2014 年前的波动率变化幅度不大，处于平稳状态；但 2015 年股票市场爆发的大牛市以及随后产生的股市大幅波动，导致股指期货市场产生共振效应，其波动率快速放大，金融安全性显著下降；2016 年随着市场运行趋于平稳以及中金所在不断提高股指期货保证金水平的同时限制仓位规模，以沪深 300 为代表的股指期货市场的波动率开始下降，金融安全性有所提升。2017 年，我国期货市场整体呈下行态势，全国期货市场累计成交量和累计成交额双降，同比分别下降 25.66% 和 3.95%，且市场波动率创下历年新低，因此金融安全保持高位水平不变。2018 年国债期货日均成交量较 2017 年减少 26.13%，总持仓量减少 25.9%，受到整体经济下行的压力，国债期货收益率呈现震荡下行走势，股指期货波动率和国债期货波动率较 2017 年略微上升，安全性在维持高位的情况下略有下降。2019 年国债期货成交量较上年增长 42.1%，总持仓量增长 63.8%，期转现制度和做市商制度的引入使得市场运行更加平稳，安全性略微提升。与 2019 年全年相比，2020 年成交量同比上涨 76%，持仓量同比上涨 32%。相比国债期货做市商制度实施之前，TS 合约的市场活跃度显著提升，不论是交易需求或是套保需求，TS 合约均能提供较充足的流动性。另外，2020 年商业银行和保险机构正式获批参与国债期货业务，此举将国债现货市场最重要的两大投资者引入期货市场，增加了市场活跃程度。

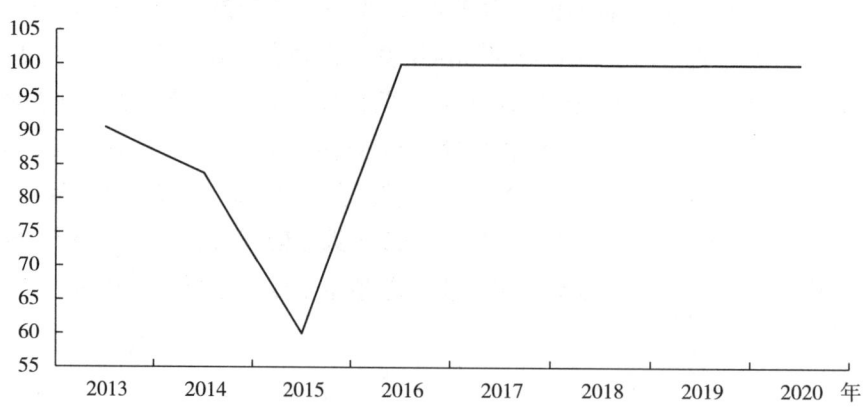

图 3 – 11　基于波动率的国债期货衍生品市场安全性指标值（2013—2020 年）

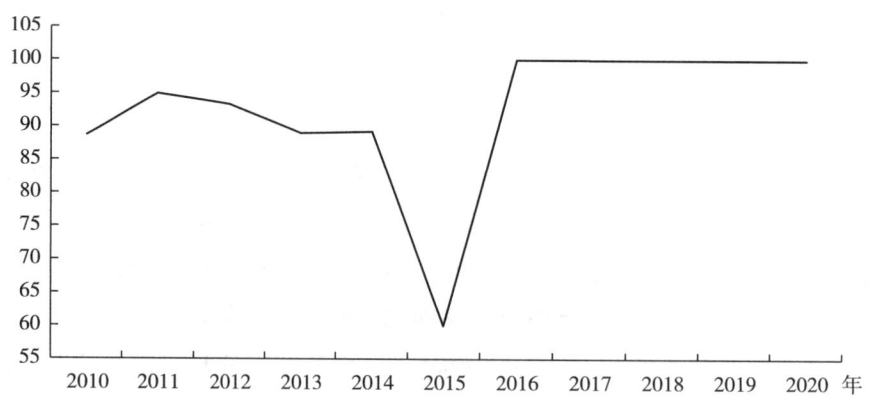

图 3 – 12　基于波动率的沪深 300 股指期货衍生品市场安全性指标值（2010—2020 年）

十一、衍生品市场风险价值 VaR 值

图 3 – 13 与图 3 – 14 分别是国债期货衍生品市场和沪深 300 股指期货衍生品市场 99% 置信水平下的 VaR 指标值。图 3 – 13 表明，2015 年，国债期货市场的风险价值达到最大，相应的金融安全性最低；另外，由图 3 – 13 可以发现，相对于 2013 年 99% 置信水平下的风险价值，2014 年 99% 置信水平下的风险价值趋于上升，这说明就 2014 年的国债期货市场而言，尾部的极端风险概率上升，因此必须更为关注金融安全性；而在 2016 年国债期货的风险下降，安全性提高。图 3 – 14 是以沪深 300 股指为代表的股指期货市场的风险价值。由数据可以发现 99% 置信水平下的风险价值变化幅度不大，说明此时金融风险安全性比较高；但 2015 年股票市场的巨大变化导致沪深 300 股指期货的风险价值显著增大，相应的其安全性显著降低，此时必须高度关注股指期货市场可能蕴含的巨大风险。2016 年随着相关监管措施陆续实施，衍生品市场金融安全性有所上升。2017 年是金融监管大年，国务院金融稳定发展委员会成立，标志着对金融统筹监管和监管协调建立了顶层设计，各方监管也开始竞

争性紧缩，发布一系列严厉政策，致力于化解资管领域金融风险。因此，2017—2019 年我国金融安全性虽然略有小幅波动，但安全性整体维持高位不变。2020 年股指期货以及国债期货的风险价值略微上升，国债期现价格联动紧密，安全性略微下降。

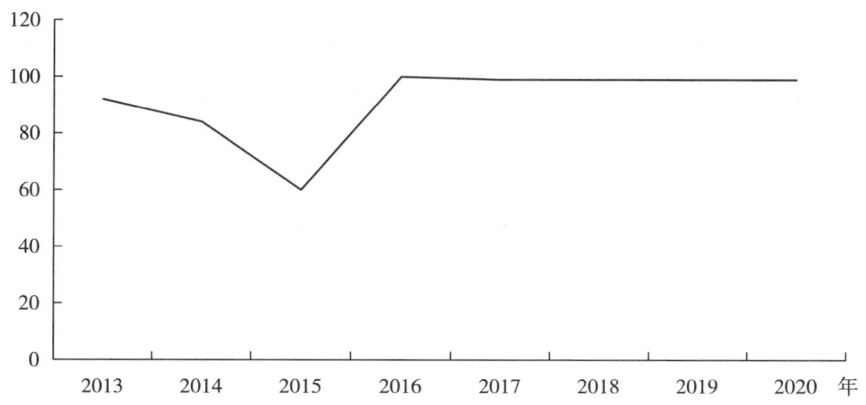

图 3 - 13　基于 99％置信水平 VaR 值的国债期货衍生品市场安全性指标值（2013—2020 年）

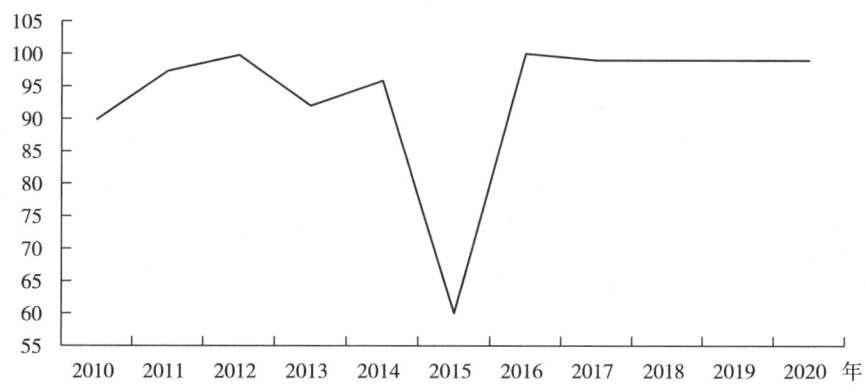

图 3 - 14　基于 99％置信水平 VaR 值的沪深 300 股指期货衍生品市场安全性指标值（2010—2020 年）

十二、衍生品市场预期损失 ES 值

图 3 - 15 与图 3 - 16 分别是国债期货衍生品市场和沪深 300 股指期货衍生品市场 99％置信水平下的 ES 指标值。图 3 - 15 表明，国债期货市场的预期损失值在 2015 年达到最大，相应的该年度的金融安全性下降最明显，此后国债期货的预期损失值有所下降，因此金融安全性有所上升；而图 3 - 16 表明，以沪深 300 股指为代表的股指期货市场的预期损失值在 2014 年之前变化幅度不大，说明此时金融风险安全性比较高；但 2015 年股票市场的巨大波动导致沪深 300 股指期货的预期损失值显著增大，相应的其安全性显著降低，2016 年随着市场运行趋于平稳以及中金所对市场交易的限制政策开始实施，以沪深 300 为代表的股指期货市场的预期损失值开始下降，金融安全性有所提升。而 2017 年，由于监管大大加强，虽然数

据显示国债期货以及以沪深300为代表的股指期货市场预期损失值略有提升，但由于波动幅度极小，可以认为金融安全性仍然与2016年的状况基本一致。2018年，在国债期货和股指期货99%置信水平下风险价值基本保持不变的情况下，预期损失有略微下降，说明尾部风险下降，故安全性有所上升。2020年国债期货和股指期货的预期损失下降，安全性略微上升。

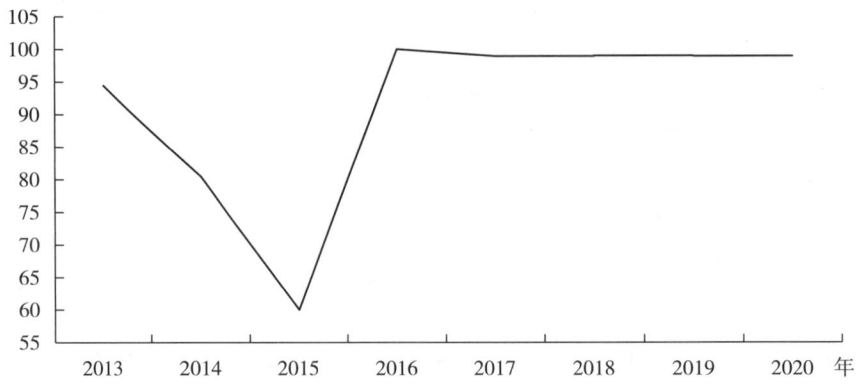

图3-15　基于99%置信水平ES值的国债期货衍生品市场安全性指标值（2013—2020年）

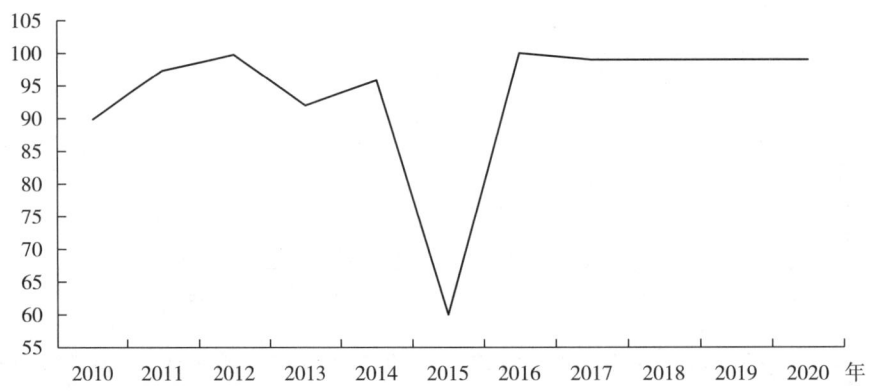

图3-16　基于99%置信水平ES值沪深300股指期货衍生品市场安全性指标值（2010—2020年）

十三、基于规模加权的衍生品市场安全性

图3-17至图3-20是基于规模加权下的衍生品市场安全性指标值，即基于国债期货和沪深300股指期货的成交总金额（规模）探讨两类金融衍生品的加权持仓量、波动率、加权风险价值VaR和加权预期损失ES。考虑到国债期货上市较晚，为便于加权比较，两类金融衍生品均从2013年起开始测算；另外，相较于国债期货市场的成交额，以沪深300为代表的股指期货市场的成交额更为庞大，除了2016年由于中金所对股指期货交易的限制导致交易数据较少外，其他年份股指期货交易成交额占两类金融衍生品总成交额的95%以上，

因此，基于规模加权的衍生品市场的安全性更多体现了沪深 300 股指期货市场的安全性。其中，图 3 – 17 是基于规模加权下的衍生品市场的持仓量安全性指标值；图 3 – 18 是基于规模加权下的衍生品市场的波动率指标值；图 3 – 19 是基于规模加权下的衍生品市场 99% 置信水平下的 VaR 指标；图 3 – 20 是基于规模加权下的衍生品市场 99% 置信水平下的 ES 指标。通过比较可以发现，无论是加权波动率指标值，还是加权风险价值和加权预期损失值，最大值均出现于 2015 年，表明该年度的波动率最大，其风险价值和预期损失值也最大，因而金融安全性指标值最低，需要特别关注极端的金融安全风险。此后的 2016 年和 2017 年，由于金融监管力度不断加强，随着市场情绪趋于平缓以及相关交易政策的限制，无论是加权波动率、加权风险价值还是加权预期损失值均有微小幅度上升，表明金融安全性的微小幅度下降。2018 年受经济下行压力的影响，衍生品市场波动率略微上升，在险价值水平基本保持不变，预期损失略微降低，整体衍生品市场安全性略微降低，但仍维持高位。2020 年受益于机构投资者参与度增加以及买卖价差缩小带来的市场整体流动性提高，债市交易情绪已经明显偏向乐观，整体衍生品市场安全性出现提升。

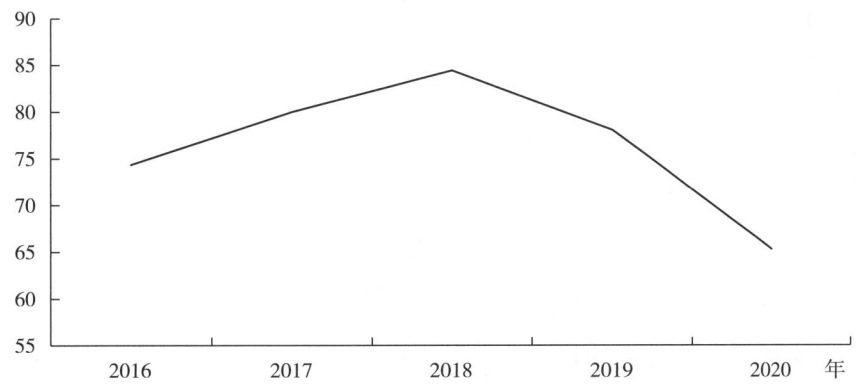

图 3 – 17　基于规模加权下的衍生品市场的持仓量安全性指标值（2016—2020 年）

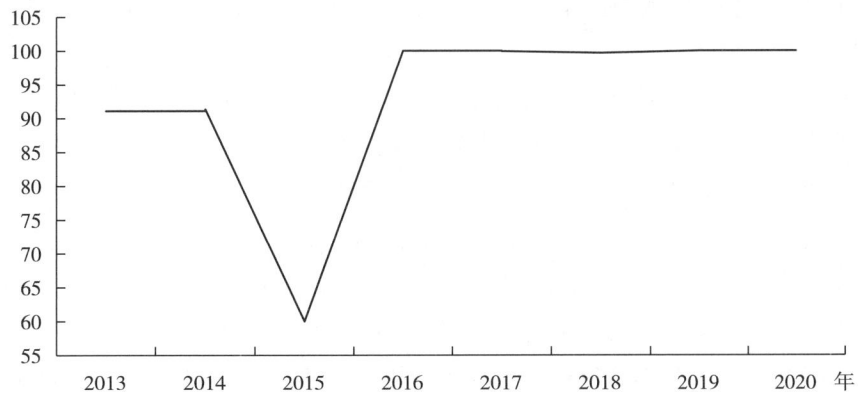

图 3 – 18　基于规模加权下的衍生品市场的波动率安全性指标值（2013—2020 年）

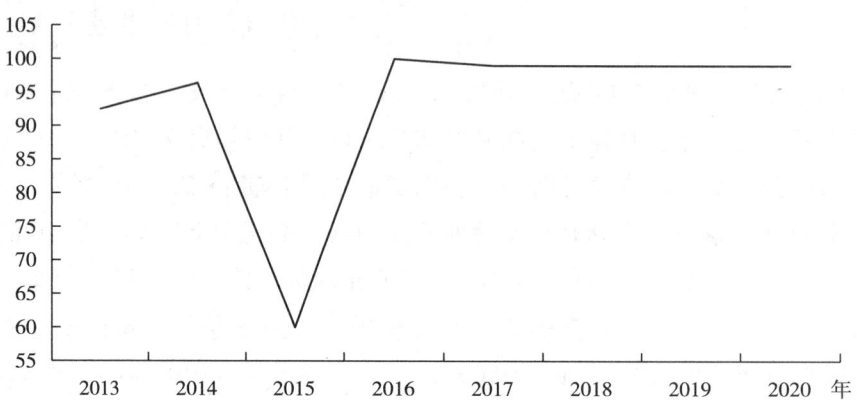

图 3－19　基于规模加权下的衍生品市场 99％置信水平的 VaR 安全性指标值（2013—2020 年）

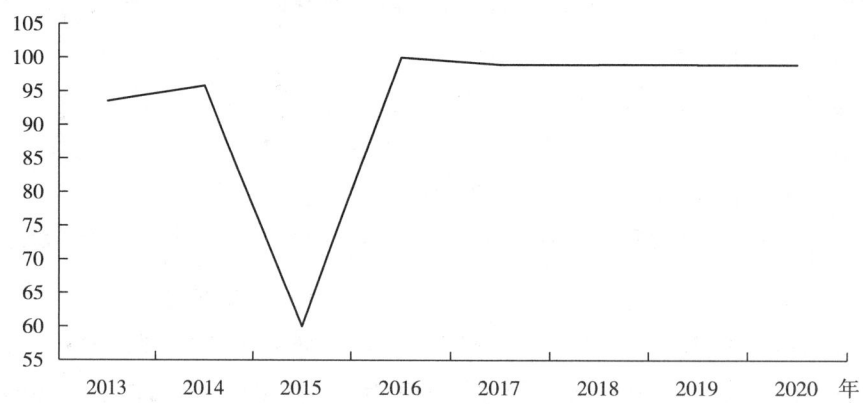

图 3－20　基于规模加权下的衍生品市场 99％置信水平的 ES 安全性指标值（2013—2020 年）

十四、金融市场安全综合指数

图 3－21 展示了由股票市场、债券市场和金融衍生品市场等三个方面构成的金融市场安全综合指数。

第一，从图 3－21 中指数的走势来看，2007 年金融市场安全综合指数达到低点，这主要与当时股票市场的巨幅波动相关；在 2007 年时点上，债券市场变化幅度不大，但股票市场的安全性显著下降，进而导致金融市场安全综合指数趋于下降，金融安全性降低。

第二，与此同时，2015 年金融市场安全综合指数相对于其他年份下降明显，且与 2007 年情形又有所不同。在 2015 年，股票市场风险、债券市场风险、衍生品市场风险都趋于增大，导致金融市场安全综合指数总体下降，金融安全性下降趋势明显；2015 年，股票市场历经暴涨暴跌行情，衍生品市场和债券市场受到股票市场巨幅波动拖累。面对来自舆论的压力，中国金融期货交易所于 8 月 26 日起实行新的交易规则，如调整股指期货日内开仓限制

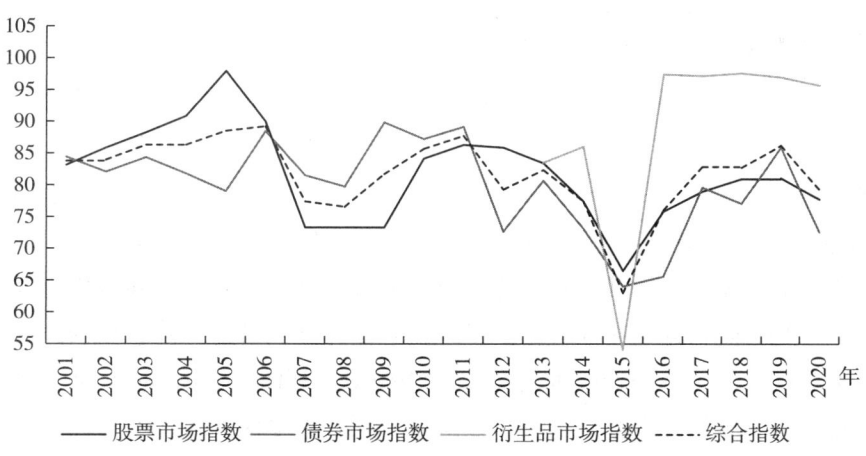

图 3 - 21 金融市场安全指数（2001—2020 年）

标准，提高股指期货各合约持仓交易保证金标准，大幅提高股指期货平仓手续费标准，加强股指期货市场长期未交易账户管理等，导致股指期货的交易量流动性骤降，金融安全性明显下降，三大市场的表现导致金融市场安全综合指数大幅降低，金融安全性骤降。2007 年以及 2015 年是大牛市，此时无论选取股市市盈率指标还是股市市值与 GDP 之比指标，都可以明显看出其波动幅度过大，导致股票市场的安全性降低。

第三，2016 年，随着相关监管措施陆续出台并发挥功效，股票市场风险以及衍生品市场风险继续降低，金融安全性上升。但在 2016 年 10 月，美联储加息、国内经济企稳、货币政策难松、年末资金面收紧等多重因素叠加，导致中国债券市场流动性收紧，债市大跌，波动性急剧放大，债券市场安全性下降。加之 2016 年以来，债券违约呈现常态化趋势，债券违约数量高达 30 余起，相当于过去两年的总和；随着债市扩容以及城投债偿付高峰期的到来，债券市场违约风险将进一步集中暴露。因此债券违约风险也是金融市场最凸显的风险，值得关注。不过综合来看，得益于相关监管措施的陆续到位，金融市场整体安全性在 2016 年有所上升。

第四，2017 年全年，整体市场呈下行状态，加之金融监管力度和范围进一步加强和扩大，且债券市场存量规模大幅下降，逆转了 2016 年债券市场的风险表现。在衍生品市场方面，由于中金所调整股指期货日内开仓限制标准、提高股指期货各合约持仓交易保证金标准、大幅提高股指期货平仓手续费标准、加强股指期货市场长期未交易账户管理等因素，导致股指期货的交易量流动性骤降，同时 2017 年的国债期货价格和成交量也经历了大幅变动，波动率和风险价值下降，安全性上升。总体上看，股票市场、债券市场、衍生品市场安全性均有所上升或基本保持高位水平，变化幅度极小，从而使得金融市场整体安全性总体呈现出上升趋势。

第五，2018 年，受到宏观经济下行以及中美贸易摩擦的影响，A 股市场市盈率下降明显，股市安全性提升。债券市场方面，债券存量规模继续下降，提升了市场安全性，但由于受到资金链收缩过快的影响，信用债利差走阔，整体安全性有所下滑。衍生品市场波动率略微上升，但安全性基本维持高位不变。综合来看，2018 年金融市场安全性较 2017 年有所下降，但仍维持高位。同时，2018 年作为"一行三会"与"一委一行两会"之间的分水岭，标志着中国金融监管体制将进入新"双峰监管模式"，未来市场安全性有望进一步增强。

第六，2019 年，宏观经济下行压力增加，各项主要指标处于较为合理的区间。A 股市场市盈率略微下降，股票市值相对于 GDP 的增速扩大使得虚拟经济占比增加，安全性下降，同时整体换手率提高使得股票市场安全性进一步下行。市场避险情绪提升以及违约率提高增加了对于高质量债券的需求，从而导致高评级债券利率下降，债券市场安全性提升。衍生品市场引进境外投资者，大力发展机构投资者，同时股指期货恢复常态化交易，市场流动性增强，安全性略微提高。金融市场整体安全性提升，主要来自债券市场安全性的提升，但股票市场安全性有所下降，未来不确定性加大可能导致市场安全性下降。

第七，2020 年金融市场安全综合指数较前三年有明显下降，主要是由于股票市场、债券市场和金融衍生品市场的安全指数均有不同程度的下降。其中，尤为重要的是债券市场风险出现了较大幅度上升，较 2019 年提高了 15.5%。债券市场方面，是低信用级别公司债与高信用级别公司债的发行利差和债券存量规模/GDP 这两个安全指标出现了显著下降，分别下降了 31.79% 和 14.73%。主要原因是：首先，信用债利差持续走阔和债券发行量的非典型增长使得市场风险增加。多家信用市场评级为 AAA 级的发债主体信用风险持续显现，这也反映出债券市场出现较大风险不仅是由于疫情期间经济环境的不确定性，多重政策的交互冲击及企业经营困难等因素影响，还暴露出我国债券信用评级行业存在级别虚高、评级区分度不高、风险揭示不及时等问题。其次，股票市场的安全性也有所下滑，主要是受创业板注册制的落地实施影响，融资融券余额呈攀升态势，从而使得股票市场安全性略有下降。衍生品市场安全性稍微下滑，主要由于 2020 年央行在年初新冠肺炎疫情期间实施超常规货币政策，衍生产品的成交量和持仓量呈现显著的扩大局面，市场交易活跃，风险性有所增加。

第三节　金融市场潜在风险隐患分析

2020 年，新冠肺炎疫情冲击导致全球经济遭遇金融危机以来最严重衰退，国际金融市场出现深度调整。而中国疫情控制有力，货币政策相对温和，经济秩序持续恢复。整体来看，中国金融市场运行平稳，表现优于多数经济体。加之过去三年，系统性金融风险重点环节、重点领域的处置有力，国内系统性金融风险的压力有所缓释，包括重大金融风险在内的攻坚战取得了阶段性成果。但是，在新冠肺炎疫情全球大流行、美元滥发导致通货膨胀、逆全球化加剧以及内外风险因素共振可能性加大的情况下，仍需长期警惕系统性金融风险，系统性金融风险防控仍是金融工作永恒的主题。

根据 2020 年金融市场运行情况显示，债券市场发行规模显著增长，现券交易量增加，收益率曲线平坦化上行，市场投资者结构进一步多元化。同时，利率衍生品成交量同比上升，互换及期货价格小幅下降；股票市场主要股指大幅上涨，两市成交金额显著增加。在取得经济成绩的同时，也需要对面临的不确定性和风险多加警惕。主要是三个方面：一是疫情变化存在不确定性，疫情冲击导致的各类衍生风险不容忽视；二是外部环境存在不确定性，世界经济形势仍然复杂严峻，复苏不稳定不平衡；三是国内经济恢复基础尚不牢固。

在疫情初期，我国债市的金融支持疫情防控政策和工具层出不穷。2020 年 2 月 5 日，中国银行间市场交易商协会发布了《关于进一步做好债务融资工具市场服务疫情防控工作的通知》，建立"绿色通道"；发行疫情防控债、特别国债；国常会提出信用债净融资增加 1 万亿元；开展债券置换业务等。由于经济复苏日渐成效，宽货币政策逐步被宽信用取代，市场流动性收紧，杠杆套息空间压缩，信用分层愈加显著，而市场也呈现出奇特的取消与发行双高现象；结构性存款规模下降，压降银行息差，桩桩事件纷至沓来，也预示着监管对市场的态度在逐步转变。

近年来，我国落实《公司信用类债券信息披露管理办法》，促进公司信用类债券信息披露标准统一。坚持市场化、法治化原则，完善债券违约风险防范和处置机制。加强金融基础设施统筹监管，加快推进债券市场基础设施互联互通，确保金融市场整体安全稳定和高效运行。稳步推进债券市场双向开放，引入更多中长期投资者。

2020 年 4 月 27 日，中央全面深化改革委员会第十三次会议审议通过了《创业板改革并试点注册制总体实施方案》。6 月 12 日，证监会发布《创业板首次公开发行股票注册管理办法（试行）》《创业板上市公司证券发行注册管理办法（试行）》《创业板上市公司持续监管办法（试行）》和《证券发行上市保荐业务管理办法》。与此同时，证监会、深圳证券交易所、中国证券登记结算公司、证券业协会等发布了相关配套规则，创业板改革和注册制试点启动。注册制的推行，也为新三板推出转板机制奠定了制度基础。6 月 3 日，证监会发布《关于全国中小企业股份转让系统挂牌公司转板上市的指导意见》，明确符合条件的新三板挂牌公司可以申请转板到上海证券交易所科创板或深圳证券交易所创业板上市。注册制及新三板转板机制有利于提升市场活跃度，强化市场约束，充分发挥市场调节和市场价值发现功能。以注册制改革为龙头，统筹推进交易、退市、再融资和并购重组等关键制度创新，改进各领域各环节的监管，着力提升上市公司质量，对于夯实市场平稳健康发展的基础具有重大意义。

2020 年，我国金融业对外开放步伐进一步加快。在国际化、市场化、法治化的原则下，我国主动有序的金融业高水平开放迈入新阶段，一系列扩大金融业开放措施的落地，为经济高质量发展提供了坚实支撑。自 2020 年 1 月 1 日、4 月 1 日、12 月 1 日起，证监会分别取消期货公司、基金管理公司、证券公司外资股比限制。6 月 19 日，友邦保险有限公司上海分公司改建为独资人身保险公司，中国首家外商独资人身保险公司正式诞生。6 月，证监会依法核准摩根大通期货为我国首家外资全资控股期货公司。金融部门将确保各项已经宣布的开放措施落地，推动全面落实准入前国民待遇加负面清单管理制度，实现制度性、系统性开放。同时，更加注重风险防控，加强宏观审慎管理，完善风险防控体系，结合中国的国情，并参考国际上的最佳实践，完善监管标准、会计准则等制度和安排，使监管能力和开放水平相适应。

一、民营企业复工难，存在潜在风险威胁

新冠肺炎疫情这只"黑天鹅"使全球经济发展面临极大的不确定性，直接影响金融业及金融系统的稳定性。由于防控新冠肺炎疫情，限制要素流动，导致大量民营企业停工、停产，可能会进一步导致金融系统及机制运行、金融资源配置等出现问题，造成金融机构业务中断、盈利急速下降，甚至出现倒闭风险，进而引发系统性危机。尤其需要注意，新冠肺炎疫情在短期内对包括服务业在内的经济系统产生了巨大冲击。针对文旅、餐饮等具有人口集聚特征的服务业，新冠肺炎疫情使得民众大幅减少相关需求和消费，可以预期即使在疫情过后的一段时间内，对此类产品和服务的需求也很难快速恢复到疫前水平。另外，服务业聚集了大量的中小民营企业和个体从业人员，这些企业和人员的资本实力弱、抗风险能力低，疫情所引起的现金流断裂和工资成本上升很可能会引致大批中小微企业破产并产生相当数量的低技能失业者。

二、债券评级区分度不足，风险预警功能式微

在特殊的宏观环境与政策之下，2020年的信用风险与往年不同，呈现出独特并有一定延续性的新特征：一是受疫情影响，部分经营不善的企业短期内现金流受到冲击，触发债务危机。疫情是导火索，债务违约是企业长期积累的经营基本面问题在特定时期的集中暴露。二是行业下行、政策调控背景下，缺乏竞争力的企业经营恶化，盈利能力大幅下降。随着市场经济的不断发展和市场化程度的不断加深，各行业集中度逐步提升，资源向头部企业集中趋势明显。在这个过程中，伴随着行业激烈竞争，行业内企业经营的分化，在竞争中处于弱势的企业信用风险不断累积，最终表现为债务违约。三是投资风格激进，盲目进行业务扩张的企业陷入流动性危机。企业通过举债筹资弥补投资亏损的方式不可持续，一旦融资渠道受限、现金流断裂，企业将面临无法偿债的风险。四是国企信用风险多重暴露，优质及核心资产剥离或转让、偿债意愿不强引发市场冲击，主体信用评级验证风险功能较弱，评级滞后性较强。从短期来看，2020年连续发生的地方国企违约事件，降低了投资者的信心，加剧市场信用风险；但从长期来看，违约风险的暴露有利于提高市场的风险管理能力，通过打破刚性兑付，进一步处置债券评级乱象，透析根源，治理整顿，以规范信用评级，使之真正做好债券投资的"看门人"。

信用评级是债券市场的重要基础性制度安排。近年来，我国评级行业在统一规则、完善

监管、对外开放等方面取得长足进步，但也存在评级虚高、评级区分度不足、事前预警功能弱等问题，制约了我国债券市场的高质量发展。为完善评级行业，首先，应该使评级行业竞争更趋市场化，推动评级行业竞争格局重塑，信用评级机构的竞争重心将从级别竞争转向评级质量竞争和投资人服务竞争，这有助于推动信用评级行业高质量健康发展，提高信用评级行业整体公信力。其次，通过信息化，提升评级机构业务水平和业务能力。信用评级行业高度依赖信息和数据，大数据、人工智能等技术的开发运用，可以增加历史数据与信用风险的关联性，更好地解决评级行业信用体系建设、企业风险事件传导、企业信用风险实时预警等问题，提升评级机构的信用风险揭示水平，实现提质增效、控制风险和业务创新。最后，强化合规意识、完善公司治理、加强内部控制、严格坚守评级规范和制度准则，将是评级机构生存发展的重要前提。

三、新冠肺炎疫情冲击，股市剧烈波动

2020 年全球性公共卫生危机——新冠肺炎疫情暴发，使得全球经济出现了较大不确定性，金融市场波动剧烈。全球经济经历了第二次世界大战以来最严重的衰退，主要发达经济体的金融市场一度陷入恐慌，其风险资产和一些传统避险资产遭抛售，多国股市数次熔断，美元流动性快速收紧，资本从新兴市场大幅流出，各国金融市场间波动加剧。在我国，新冠肺炎疫情暴发后，一方面股市剧烈波动，市场情绪起伏不定。疫情防控严重限制了要素的正常流动，这导致员工无法到岗工作，企业难以如期复工，实体经济受到严重影响，尤其是服务业企业；另一方面，动荡的国际经济形势、境外疫情变化和外部环境均存在诸多不确定性，需要严防各国间资产共振带来的全球性金融危机。

第四章　房地产市场安全评估

第一节　评估体系和指数构建

　　房地产业是我国国民经济的重要支柱产业，对拉动经济、刺激消费有巨大作用。随着房地产业的发展，房地产市场风险已成为我国当前面临的最重要的经济和金融风险之一，房地产业也因此成为我国宏观经济调控的重点。

　　对近年来房地产市场风险评价的相关研究内容与研究方法进行梳理后，我们发现，目前国内外比较普遍的风险存在性检测方法主要分为指标法和数理统计法，而更多的学者倾向于采用指标法来评估我国房地产市场的安全水平。丰雷等（2002）提出了运用预示指标、指示指标和滞后指标这三类指标来进行房地产风险水平的测度；然而三类指标之间存在明显的前因后果关系，不符合指标体系设计的独立性原则，因此运用这套指标体系来测量房地产市场风险水平，很可能存在较大的误差。苏立熙（2013）将相关测度指标分为由市场内部供需结构影响的供给类指标、需求类指标和以外部性影响房地产市场的金融类（信贷支持类）指标。需求类指标主要从需求和价格的关系来衡量，测度真实需求情况；供给类指标主要测度房地产投资是否过热，供给是否过度；金融类指标主要根据投入房地产开发和居民购买房地产商品的资金来源，评价金融机构的资金流向是否合理。何恺和程道平（2016）根据我国房地产市场风险的主要控制点，将房地产市场风险指标体系概括为住房价格风险、住房流动性风险以及住房库存风险三个方面。鉴于部分指标属性不定，我们无法确切地将其划分为某一类，所以本章直接采用多个单指标描述的指标体系。

一、引言

　　针对房地产市场的安全评估，我们根据房地产市场特点，及相关已有文献研究，结合数据的可获得性和可比性，构建适用的评估指数。本章指标的构建主要采用宏观经济指标，数据主要来源于 Wind 和国家统计局。

二、指标选取

　　在综合分析指标的代表性、经济意义及数据可得性的基础上，我们采用的具体指标体系如表 4 - 1 所示。

表 4 - 1 房地产市场安全评估指标体系

一级指标	二级指标	判断标准	数据来源
房地产市场安全指数	房价收入比	越低越好	上海易居房地产研究院年度报告
	房地产价格增长率/GDP 增长率	越低越好	国家统计局，Wind
	商品房销售额增长率/社会消费品零售总额增长率	越低越好	Wind
	库存消化周期	越低越好	Wind
	个人住房贷款增长率/人均收入增长率	越低越好	中国人民银行《货币政策执行报告》，Wind
	房地产投资额/GDP	越低越好	Wind
	商品房销售额/商品房开发投资额	越高越好	Wind
	房地产贷款总额/金融机构贷款总额	越低越好	中国人民银行《货币政策执行报告》，Wind
	房地产开发贷款/企业资金来源	越低越好	国家统计局，Wind
	本年新开工房屋面积	越高越好	Wind

房价收入比，即住房价格与城市居民家庭年收入之比，一定程度上代表了当地居民的商品房购买能力的高低。当房价收入比持续升高，突破其临界值的时候，表明当地居民对当地的商品房购买能力已经不足，但是从市场需求来看，商品房仍然在热销，此时当地房地产市场内可能存在泡沫并有大量投机需求。因此，房价收入比也可以衡量投机需求对整体市场需求的扭曲程度。该指标值越高，房地产市场安全性越低。

房地产价格增长率/GDP 增长率。该指数是根据房地产泡沫的含义来设计的，是比较房地产行业和国民经济发展速度的动态指标。一般而言，在城市化建设时期，房地产业的发展速度会快于区域实体经济的发展速度，此时房价增长率大于 GDP 增长率。但若房价增长率远大于实体经济发展速度，指标值可能突破其临界值，房地产行业可能被过度开发，市场内可能存在泡沫。该指标值越高，房地产市场安全性越低。

商品房销售额增长率/社会消费品零售总额增长率。商品房需求市场的繁荣程度直接体现为商品房销售额，社会消费品零售额的增长是经济增长的重要指标之一。在我国大力推进城市化建设的过程中，居民购房需求被不断释放，在一定范围内，商品房销售额增长率可以大于社会商品零售额增长率。但是如果该指标值过高，则说明市场内存在非真实的房屋购买需求，市场内可能出现泡沫。该指标值越高，房地产市场安全性越低。

库存消化周期，即商品房待销售面积与商品房销售面积的比值，能够反映区域房地产市场在一定时期内的供求是否平衡以及市场状态是否良好，也可以反映房地产市场的热度和预期，表示住宅市场产品相对过剩程度。该指标值越高，房地产市场安全性越低。

个人住房贷款增长率/人均收入增长率。个人住房贷款是金融机构对购房者的金融支持，房贷与收入增长率之比可以刻画居民偿付房贷的能力。当该指标值过高时，个人住房贷款激增，推升房价催生房地产泡沫的同时，个人以及家庭还款压力增加，金融机构面临的信用风险提升，容易导致泡沫的破灭。该指标值越高，房地产市场安全性越低。

房地产投资额/GDP。房地产开发投资对国民经济发展具有较大的拉动作用，房地产行业已经成为我国经济增长的支柱性产业。房地产投资额在 GDP 中的占比，反映了其在国民经济结构中是否合理。若占比过高，说明社会有过多的资源流入房地产行业，实体经济产业或因资金受到挤压而得不到发展，市场可能存在经济泡沫。

商品房销售额/商品房开发投资额。商品房销售额不仅是市场需求的反映，同时也是决定开发商回笼资金情况和其后续开发能力的因素之一。商品房开发投资额是房地产开发商生产房地产产品所消耗的成本。该指标能够反映房地产行业总体效益性以及开发商后续开发能力。当该指标小于 1 的时候，反映区域内房地产开发投入多而效益差，开发商资金回笼慢，开发进度放缓；若该指标大于 1，反映区域内房地产开发的效率比较高，未来可能将继续追加房地产投资。该指标值越高，房地产市场安全性越高。

房地产贷款总额/金融机构贷款总额。房地产贷款总额包括了开发商开发投资的贷款和个人购买房地产商品的贷款等与房地产业直接相关的贷款。没有足够的资金，就不能产生资产泡沫。计算房地产贷款总额在金融机构贷款结构中的比例，一方面可以看出房地产业资金流转情况以及对金融贷款的依赖程度，另一方面可以看出金融业对房地产业的资金支持程度。银行对房地产行业过度的金融支持，可能存在过度放贷的问题，催生房地产泡沫的同时，也增加了其自身的贷款回收风险，此时指标值偏高，与泡沫存在性呈正相关，房地产市场安全性较低。

房地产开发贷款/企业资金来源。国内房地产企业多以负债经营，通过期房销售和建筑款保持资金的流动性。房地产开发贷款在企业资金来源中的占比是从宏观的角度测度房地产开发企业负债经营的规模，反映了房地产开发企业应对市场风险的能力。当该指标值过高，说明企业负债经营风险较大，企业开发速度可能过快，房地产市场内可能存在泡沫。该指标值越高，房地产市场安全性越低。

本年新开工房屋面积。新开工房屋面积指报告期内新开工建设的房屋建筑面积，以单位工程为核算对象，即整栋房屋的全部建筑面积，不能分割计算。不包括在上期开工跨入报告期继续施工的房屋建筑面积和上期停缓建而在本期恢复施工的房屋建筑面积。该指标越大，说明房地产市场越景气，房地产市场安全指数越大。

三、指数构建

对以上的指标进行同向化处理后，再用功效系数法进行标准化。所有标准化后的值进行加权平均得到房地产市场安全指数，指标值越高代表安全状态越好，指标值越低代表安全状态越差。

第二节　评估结果与分析

表 4－2 是房地产市场安全指数及其他各个指标的具体数据情况。

表 4 - 2　　　　　　　　　　　房地产市场安全指数

年份	房价收入比指数	房地产价格增长率/GDP增长率指数	商品房销售额增长率/社会商品零售总额增长率指数	库存消化周期指数（待售面积/销售面积）	个人住房贷款增长率/人均收入增长率指数	房地产投资额/GDP指数	商品房销售额/房地产开发投资额指数	房地产贷款总额/金融机构贷款总额指数	房地产开发贷款/企业资金来源指数	本年新开工房屋面积安全指数	房地产市场安全指数
2001	99.30	92.39	70.99	61.52	60.00	100.00	60.00	100.00	77.25	60.00	78.15
2002	99.30	91.27	76.08	65.89	77.59	97.00	60.40	97.65	86.50	61.14	81.28
2003	100.00	90.06	66.27	76.77	75.91	92.63	62.03	93.96	79.16	63.65	80.05
2004	95.09	74.82	74.69	84.59	81.78	89.35	64.59	90.48	87.65	64.85	80.79
2005	91.58	75.17	74.29	90.60	92.31	87.75	89.01	88.89	91.97	66.47	84.80
2006	92.98	89.90	79.82	93.65	88.83	86.16	86.50	84.77	77.27	68.82	84.87
2007	90.18	81.64	73.23	100.00	89.18	83.90	94.97	80.85	83.52	72.25	84.97
2008	97.89	100.00	92.26	88.75	100.00	82.08	65.73	82.68	82.43	73.74	86.56
2009	89.47	60.00	60.00	96.21	61.39	79.32	98.21	80.85	90.35	76.66	79.25
2010	60.00	86.68	81.78	99.06	84.61	73.52	88.06	78.56	91.61	86.61	83.05
2011	61.54	87.20	83.42	92.25	93.66	69.30	76.91	78.42	95.17	92.43	83.03
2012	70.95	81.86	83.47	84.05	97.48	66.35	73.02	79.15	96.26	89.50	82.21
2013	72.14	82.44	76.09	78.86	88.09	61.16	76.80	77.01	100.00	94.53	80.71
2014	71.72	94.55	90.38	64.56	88.58	60.00	65.69	75.06	86.51	89.94	78.70
2015	76.63	81.36	79.82	60.00	83.49	63.69	73.92	73.01	76.58	84.68	75.32
2016	72.42	74.97	68.53	72.18	72.64	64.53	92.25	67.74	81.50	87.30	75.41
2017	67.65	85.18	79.83	81.95	84.99	66.95	97.73	64.30	75.32	89.78	79.37
2018	66.60	73.17	79.59	86.36	86.84	67.45	100.00	61.19	62.26	96.29	77.98
2019	62.74	81.10	82.83	87.92	87.54	66.31	97.01	60.00	60.00	100.00	78.54
2020	61.89	61.07	100.00	88.67	76.75	63.74	98.49	60.57	61.81	99.43	77.24

图 4 - 1 显示了 2001—2020 年我国房地产市场安全指数走势。总体来看，2001 年以来，我国房地产市场安全评估状况大致可以分为六个阶段：一是 2001—2008 年，由于我国制定了一系列支持房地产发展的政策，房地产市场快速发展，价格持续上扬，之后的一系列调控措施虽使房地产市场安全水平有所波动，但总体呈上扬趋势，指数由 2001 年的 78.15 上升至 2008 年的 86.56；二是 2008 年国际金融危机后，相继出台的楼市刺激措施以及房地产市场需求的大幅释放，使得房地产市场安全水平急剧下降，安全指数从 2008 年的 86.56 降至 2009 年的 79.25；三是 2008 年国际金融危机后的恢复期，"国十一条""国十条""9·29 新政"等政策的相继出台，从抑制需求、增加供给、加强监管等方面对房地产市场进行了全方位的调控，安全指数从 2009 年的 79.25 增至 2010 年的 83.05；四是房地产市场转折与深度调整期，库存压力逐渐显现，政策从严控渐趋宽松，安全指数从 2010 年的 83.05 下降至

2015 年的 75.32；五是 2015—2017 年的推动长效机制阶段，我国坚定推动房地产长效机制落地，在限售新政策出台的背景下，房地产安全指数在 2017 年有了显著的提高，从 2015 年的 75.32 上升到了 2017 年的 79.37；六是 2017—2020 年，其中 2017—2018 年，由于房价飞速上涨，房地产安全指数大幅下降，由 2017 年的 79.37 下降至 77.98；2019 年房地产市场政策紧缩，"房住不炒"定位的提出、限购令的持续实施，使房地产市场安全指数回升，从 77.98 升至 78.54；2020 年，新冠肺炎疫情"黑天鹅"冲击房地产市场，政策调控基调先松后紧、行业景气度持续承压，房地产安全指数下降幅度较大，由 2019 年的 78.54 下降至 2020 年的 77.24。

图 4 - 1　房地产市场安全指数

为进一步分析我国房地产市场安全水平的当前状况以及后续发展，我们将详述 2008 年以来的房地产市场安全状态的演变过程，分析房地产市场安全指数各阶段变化的原因，以及当前我国房地产市场存在的安全隐患。

一、2008—2009 年房地产市场安全指数急剧下滑的原因

从表 4 - 2 可以看出，与 2008 年相比，2009 年房地产市场安全性大幅下滑。其原因可以归为以下三点（见图 4 - 2）：第一，房价风险大幅上涨，相应的房价收入比指数和房价增长率/GDP 增长率指数分别从 2008 年的 92、100 下降至 2009 年的 60、60；第二，投资性购房需求激增，需求过旺，相应的商品房销售额增长率/社会商品零售总额增长率指数从 100 降至 63.34；第三，个人住房抵押贷款激增，催生房地产泡沫，加剧房地产信贷风险，相应的个人住房贷款增长率/人均收入增长率指数从 100 大幅下降至 61.39。

上述风险的产生原因如下：受 2008 年国际金融危机影响，中国宏观经济景气下降，加之从紧的货币政策影响，居民购房意愿显著降低，观望情绪浓厚。2009 年，房地产市场经过持续一年的观望期，累积了一批具有购房需求和购买能力的自住型和改善型消费者，而之前房价的回调为他们提供了进入市场的契机，导致出现销售过旺、市场成交活跃、房价水平不断攀升的局面。房地产市场表现出的有利可图继而吸引了具有投资投机性购房需求的消费

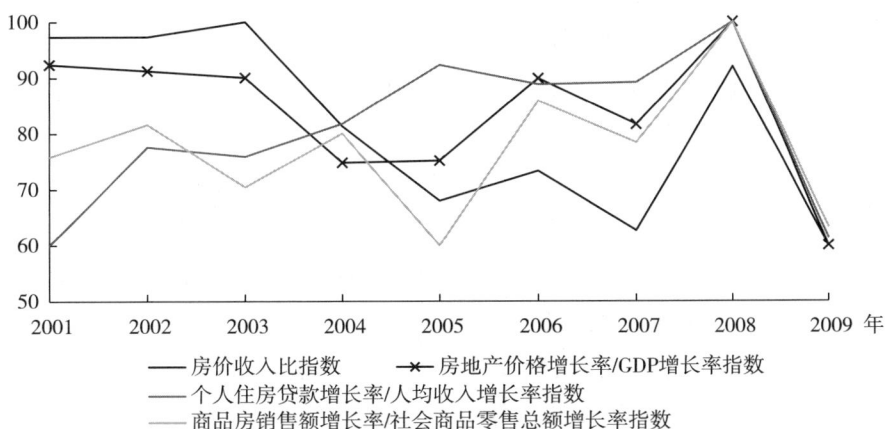

图 4 - 2 房地产市场相关安全指数变动（2001—2009 年）

者，进一步推升房价。此外，政府为恢复经济采取的适度宽松的货币政策使得流向房地产业的信贷资金增长较快，信贷风险由此加剧。

二、2010—2016 年房地产市场转折与深度调整期安全状态评估

从图 4 - 3 中可以看出，2011—2016 年期间，我国房地产市场具体存在以下几方面风险：第一，库存压力逐年上升，库存消化周期指数从 92.25 下降至 72.18；从需求角度，商品房销售额/房地产开发投资额指数大体呈现下降趋势，从 2011 年的 76.91 下降到 2015 年的 73.92，在 2015—2016 年有所上升；第二，房地产投资风险上升，具体表现为房地产投资额在 GDP 中的占比过高，相应指数从 69.30 下降至 64.53；第三，金融机构对房地产业的资金支持程度不断增大，越来越多的资金涌入房地产市场，催生资产泡沫，加剧信贷风险。风险产生的主要原因可能是房地产市场的高利润、住房的刚性需求以及渐趋宽松的信贷政策吸

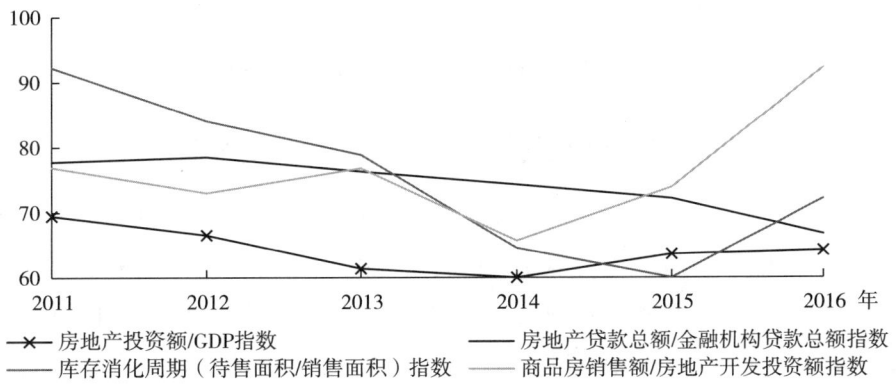

图 4 - 3 房地产市场相关安全指数变动（2011—2016 年）

引房地产商不断地追加投资，而近些年随着住房需求的释放，需求市场渐趋饱和，由此造成房地产市场严重的供过于求，市场风险加剧。

图4-4表明，2016年房地产投资增速仍呈下滑态势。短期来看，原因有二：一是整体库存高企的情况仍然存在，2016年全国商品房销售面积和销售金额均创新高，同比分别增长22.5%和34.8%。但反观库存水平，到2016年末，全国商品房待售面积约6.95亿平方米，较2015年末仅减少2314万平方米，整体减少3.2%。这是因为房地产市场只是消化了一二线和部分三四线城市的库存，绝大多数三四线库存水平依然很高，不甚景气的销售前景必然对增加投资产生负面影响。二是近年来我国全力去库存，各地土地供应大幅削减。自2013年以来，土地购置面积和新开工面积连年下滑，直接拖累开发投资额增速下降。而从2016年第四季度起，国家在供需两端分别加力紧缩调控，通过限贷、限购、严查资金等方式加强对市场的监管，严控资金大规模涌入房地产市场，使得开发企业投资收缩。长期来看，经过连续多年的高速增长，房地产开发投资额基数已然十分庞大，继续持续高速扩张显然不符合经济发展的客观规律。投资增速降低，反而意味着我国房地产从高速发展阶段进入到接近波峰的平稳发展阶段。

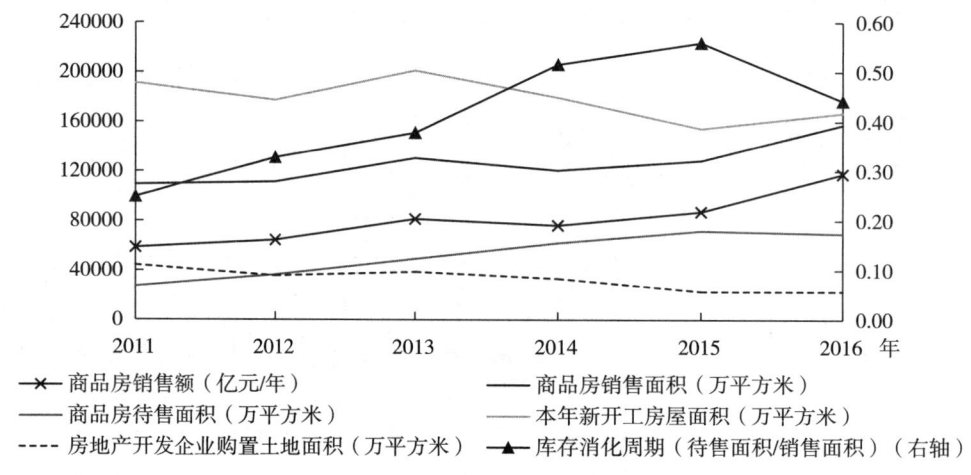

图4-4　房地产市场相关数据变动（2011—2016年）

三、2016—2017年房地产市场推动长效机制阶段安全状态评估

与2016年相比，2017年房地产市场安全水平明显上升，如表4-3所示，具体表现为：第一，房地产价格增长率/GDP增长率安全指数从2016年的74.97上升到2017年的85.18，这是因为2017年房地产价格增长率环比有所下降，从2016年的平均增长10.06%下降到5.38%，表明房地产行业泡沫受到抑制，房地产行业安全性有所提高。第二，商品房销售额增长率/社会商品零售总额增长率安全指数从2016年的68.53上升到2017年的79.83。主要是由于商品房销售额增长率在2017年出现明显下降，从2016年的34.80%下降到2017年的

13.70％。这主要由于重点城市在严厉政策管控下，市场趋于稳定，销售面积同比增幅不断回落，成交规模明显缩减，一线城市降温最为显著。第三，库存消化周期安全指数从2016年的72.18上升到2017年的81.95。主要表现为商品房待销售面积从2016年的69539万平方米下降到2017年的58923万平方米，同时商品房销售面积从2016年的157348.53万平方米上升到2017年的169407.82万平方米，进而库存消化周期从2016年的0.44下降到0.35。这与我国在2017年推出的限售政策密切相关，房地产供给减少，进而商品房待销售面积减少。第四，个人住房贷款增长率/人均收入增长率安全指数从2016年的72.64上升到2017年的84.99。具体表现为，个人住房贷款增长率从2016年的37.40％下降到2017年的21.67％，而城镇居民人均年可支配收入增长率从2016年的7.8％增长到2017年的8.3％，个人住房贷款增长率/人均收入增长率从2016年的4.8％下降到2017年的2.61％，而个人住房贷款增长率的下降主要与各城市限购升级有关。第五，房地产投资额/GDP安全指数从2016年的64.53上升到2017年的66.95。这主要是由于2017年GDP的增长速度高于2016年，使得2017年房地产投资额/GDP安全指数有了一定的上升。第六，商品房销售额/房地产开发投资额安全指数从2016年的92.25上升到2017年的97.73。这主要与2017年商品房销售额的增长有关，特别是来自三四线城市的商品房销售额的大幅增长。第七，房地产贷款总额/金融机构贷款总额安全指数从2016年的67.74下降到2017年的64.30；房地产开发贷款/企业资金来源安全指数从2016年的81.50下降至2017年的75.32；但本年新开工房屋面积安全指数从2016年的87.30上升到2017年的89.78。这是由于2017年房地产企业继续购买土地，增加新开工房屋面积，为此，需要大量的资金，所以，房地产企业会申请大量贷款，从金融机构进行贷款的数额进一步提高，房地产贷款总额/金融机构贷款总额安全指数下降，房地产开发贷款/企业资金来源安全指数下降，但本年新开工房屋面积安全指数上升。

表4-3　　　　　　　　　相关指标安全指数（2016—2017年）

指标名称	2016年	2017年
房价收入比安全指数	72.42	67.65
房地产价格增长率/GDP增长率安全指数	74.97	85.18
商品房销售额增长率/社会商品零售总额增长率安全指数	68.53	79.83
库存消化周期（待售面积/销售面积）安全指数	72.18	81.95
个人住房贷款增长率/人均收入增长率安全指数	72.64	84.99
房地产投资额/GDP安全指数	64.53	66.95
商品房销售额/房地产开发投资额安全指数	92.25	97.73
房地产贷款总额/金融机构贷款总额安全指数	67.74	64.3
房地产开发贷款/企业资金来源安全指数	81.5	75.32
本年新开工房屋面积安全指数	87.3	89.78
房地产市场安全指数	75.41	79.37

2017 年房地产安全指数上升的具体原因，可能包括以下几方面：第一，政策力度不断加强，"租购并举"长效机制加快落地。2016 年年底，中央经济工作会议明确提出"房子是用来住的，不是用来炒的"，并强调"加快研究建立符合国情、适应市场规律的基础性制度和长效机制"；2017 年 4 月和 7 月的中央政治局会议上，对长效机制的相关表述分别为"加快形成"和"加快建立"；十九大报告则在阐述"加强社会保障体系建设"时，强调"房住不炒"定位，并明确长效机制的内涵为"多主体供给、多渠道保障、租购并举的住房制度"。中央多次对长效机制的表述，意味着未来房地产调控思路将紧紧围绕着"房住不炒"的政策基调，长效机制相关政策已走向加快落地阶段。第二，"因城施策"，推行"限售"新手段抑制投机购房需求。"限售"为 2017 年以来调控新手段，能够更有针对性地抑制投机购房需求，平稳房地产市场。"限售"能够有效降低房地产市场交易流动性，抑制投机购房，防止房地产市场因过度的投机需求而明显波动，同时对刚需型和改善型购房人群的影响较小，有利于为长效机制的逐步推出创造平稳的市场环境。核心一二线城市限购、限贷的力度继续收紧，调控的城市范围进一步向部分销售火爆的弱二线和三四线城市扩围。

四、2017—2019 年投资性炒房现象有所扩散，房价涨速提高

表 4 – 4 表明，与 2017 年相比，2018 年房地产市场安全水平有所下降。具体表现为：第一，房价增长过快，房价增长率已达 10.17%，房价收入比上涨明显，已突破 8.0，过快增长的房价推动了市场运行风险；第二，房地产开发贷款/企业资金来源安全指数从 2017 年的 75.32 大幅下降到 62.26，进一步发现 2018 年房地产开发企业开发贷款余额为 10.19 万亿元，为历年最高，另一方面，个人住房贷款额也有所提升，信贷风险增加；第三，"去库存"效果较明显，较 2017 年，2018 年商品房销售额有所提升，新开工房屋面积为 209342 万平方米，库存风险降低。

表 4 – 4   相关数据变动（2017—2019 年）

名称	2017 年	2018 年	2019 年
房价收入比	7.7	8	8.8
房价增长率（%）	5.56	10.71	6.56
房地产开发贷款余额（万亿元）	8.3	10.19	11.22
房地产开发企业本年资金来源（万亿元）	15.61	16.60	17.86
房地产开发贷款/企业资金来源（%）	0.53	0.61	0.63
商品房销售额（累计值，亿元）	133701.3	149972.7	159725.1
个人住房贷款余额（万亿元）	21.9	26.97	30.20
个人住房贷款增长率（%）	21.67	17.81	17.05
商品房待售面积（万平方米）	58923.00	52414.00	49821.00
商品房销售面积（万平方米）	169407.8	171654.4	171558.9
库存消化周期（待售面积/销售面积）	0.35	0.31	0.29

2018 年房地产安全指数下降的原因，可能是因为 2018 年前 7 个月，弱二线与三四线城市的楼市温度继续上升，部分 2017 年曾有所降温的一二线城市也在 2018 年第二季度出现回暖，二者合力抬高楼市。具体表现在，2018 年 3 月至 7 月，全国新房成交增速有所反弹，全国百城房价环比涨幅重新扩大，并再次进入过热区间；弱二线城市和三四线城市土地市场高潮不断，大中开发商纷纷加大了购地力度；投资投机性炒房现象呈扩散之势。

在这一楼市繁荣期继续拉长、楼市情绪持续高涨、房地产市场秩序出现诸多乱象的形势之下，政府管理部门不断加大调控力度。比如，4 月至 8 月，住建部几次约谈多个城市负责人；6 月下旬七部委联合出台新政，对 30 个城市进行为期半年的市场整治行动；7 月 31 日中央政治局会议，措辞严厉地提出"下决心解决好房地产市场问题""坚决遏制房价上涨"等。于是，在本轮史无前例大繁荣所导致的市场显著透支以及政策不断升级与高层严厉警示房地产过热这两个因素的叠加抑制之下，从 2018 年 8 月开始，全国多数地区楼市有所降温。

房地产市场方面，虽然房价增长率/GDP 增长率有所下降，但房价收入比出现历年新高 8.8，这主要是由于虽然房价增长速度放缓，从 2018 年的 10.71% 降至 2019 年的 6.56%，但仍然高于收入水平涨幅，相应的房价收入比指数从 65.45 降至 60，同时 2019 年度 GDP 增长率为 6.1%，低于房地产价格增速，房地产投资额/GDP 指数从 61.53 降至 60.67，地价从 2018 年的 5525.5 元每平方米增至 2019 年的 5696.35 元每平方米，涨幅仍然低于房价涨幅，地价房价比指数也有所下降。需求市场方面，有两个指数在增长：商品房销售额增长率/社会消费品零售额增长率指数有所上升，销售额增长率从 12.2% 降至 6.5%，需求放缓，同时去库存有明显成效，在销售面积维持基本相同水平的情况下，商品房待售面积由 5.2 万平方米降至 4.9 万平方米，同时也有三个指数出现下降：商品房销售额/房地产开发投资额指数由 100 降至 97.01，15～64 岁劳动力人口占比指数也出现下降，土地供销比由 61.16 降至 60.41，土地购置面积从 2018 年的 29141.57 万平方米降至 2019 年的 25822.29 万平方米。关于信贷风险的三个指数均存在下降的趋势，个人住房贷款增长率/人均收入增长率从 61.53 降至 60.67，房地产贷款总额/金融机构贷款总额指数和房地产开发贷款/企业资金来源指数分别从 61.19、62.26 降至 60、60，主要原因是，个人信贷规模增长保持与 2018 年相同水平的情况下，收入增长从 2018 年的 17.05% 降至 7.92%，房地产企业负债经营风险增大。

2019 年政府以紧缩型房地产市场政策为主，多个地市升级限购政策，抑制了部分投机性炒房需求，而政府强调"房住不炒"，落实因城施策，调控目标紧紧围绕稳地价、稳房价、稳预期，防范化解房地产市场风险，2019 年上半年房地产市场出现短期繁荣，5 月，住建部在此前对 6 个城市进行预警提示的基础上，又对新建商品住宅、二手住宅价格指数累计涨幅较大的佛山、苏州、大连、南宁 4 个城市进行预警提示。在 2019 年国内外经济形势下行压力非常大的背景下，政府力求保障房地产市场安全以减少金融市场风险，但在 2017—2018 年房价增长的基数较大的前提下，2019 年度政府的措施尽管有了一定的成效，但仍不能在短期内解决房价增长过快的问题，"房住不炒""因城施策"等政策仍需要坚持。

第三节　当前房地产市场存在的安全隐患

总体来看，当前我国房地产市场的安全隐患主要来源于：（1）信贷市场，个人与企业均扩大与房地产相关信贷借款导致的信贷风险；（2）投资性炒房现象扩散，房价增长过快，房地产发展过热，投资性购房需求上升导致的市场风险。具体分析如下。

一、个人与房地产企业扩大信贷借款，信贷危机增加

（一）个人投机性购房需求有所增加

从个人房贷增长率与人均收入增长率比值的走势来看（见图 4 - 5），2020 年，投机性投资购买有所增加，个人住房贷款增长率有所提高。

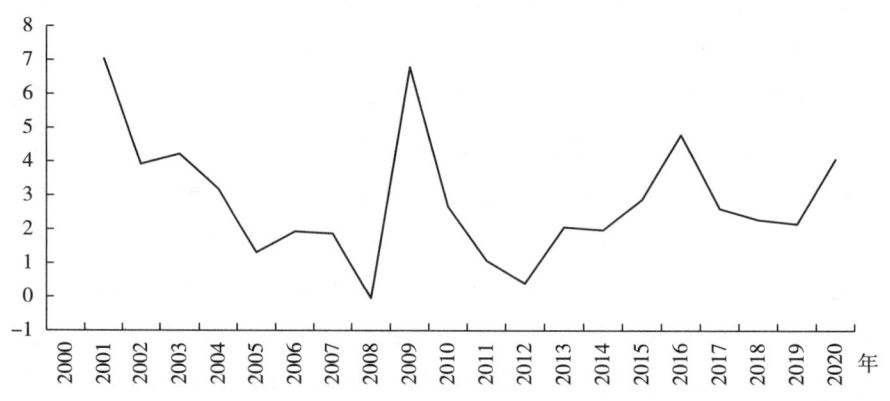

图 4 - 5　个人房贷增长率/人均收入增长率（2000—2020 年）

从图 4 - 6 中可以看出，商品房销售额增长率与社会消费品零售总额增长率的比值基本呈现涨跌交替的上下起伏态势。2020 年，商品房销售额增长率与社会消费品零售总额增长率大幅下降，但房价收入比有所上升。

（二）企业资金链紧张，信贷危机增加

图 4 - 7 显示了 2001 年以来我国房地产贷款总额在金融机构贷款总额中的占比以及房地产开发贷款与企业资金来源之比的走势。可以看出，2001 年以来我国房地产贷款总额在金融机构贷款总额中的占比持续增加，已从 9% 上升到 29%。说明金融机构对房地产市场的信贷支持加大，未来面临的信贷风险增加。同时，从房地产开发贷款/企业资金来源来看，房地产开发未来仍将保持增长趋势，供给面有扩大趋势，但随着房地产贷款总额/金融机构贷

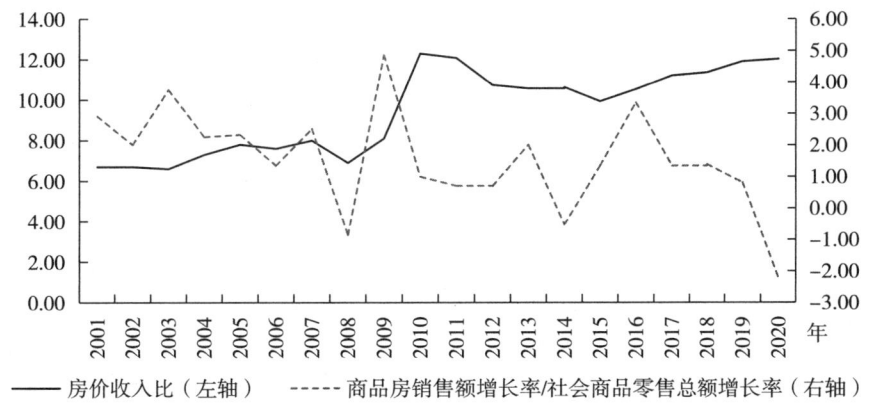

图 4-6 房价收入比与商品房销售额增长率/社会商品零售额增长率（2001—2020 年）

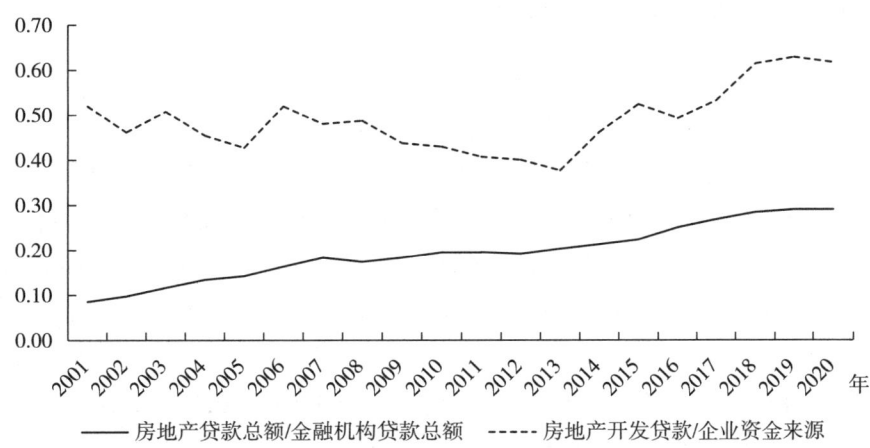

图 4-7 房地产贷款总额/金融机构贷款总额、房地产开发贷款/企业资金来源（2001—2020 年）

款总额不断上升，未来房地产融资难度将增大。

图 4-8 反映了房地产开发企业购置土地的面积及其增速，从图中可以看出，相对 2019 年，2020 年土地购置面积增速虽略有上升，但总量基本持平，说明房地产企业正不断扩大供给面。

总的来说，一方面，房地产市场供给方从信贷市场借入大量现金，新购买土地面积不断增加，未来房地产供给将不断增加；另一方面，由于政策等因素影响，房地产市场需求方不断减少贷款额，需求降低。未来供需不对等，房地产供给方融资困难程度将增加，从而导致房地产供给方资金链紧张，长此以往，房地产企业将无法回收资金，负债无法偿还，将带来市场危机，增加信贷危机。

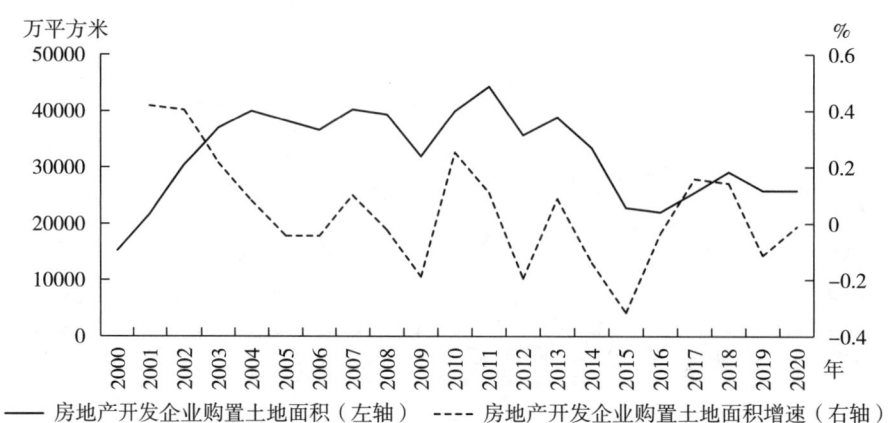

图4-8　房地产开发企业购置土地及其增速（2000—2020年）

二、房价增速大幅上升，市场风险增加

图4-9显示了2001年以来我国房价收入比、房价增长速度以及房价增速与GDP增速之比的走势。由图可知，2003—2007年，我国房价收入比总体呈上升趋势，从6.6上涨至8；受2008年国际金融危机以及从紧的货币政策影响，居民购房意愿显著降低，观望情绪浓厚，房价收入比跌至6.9；但随着国家4万亿元应对国际金融危机的一揽子计划等有效经济刺激政策以及2008年的楼市刺激措施相继出台，我国房价再次快速增长，而城镇居民可支配收入并未同步上升，导致2009年房价收入比上升至8.1，政策效果持续到2010年，房价收入比在2010年达到历史最大值12.3；2010—2013年，房价收入比持续下降至10.57；2015—2019年，房价收入比再次上涨，从9.93上升至11.91。2020年房价收入比继续上升，突破12，房地产市场泡沫增大，市场可能存在虚假繁荣，市场风险增加。

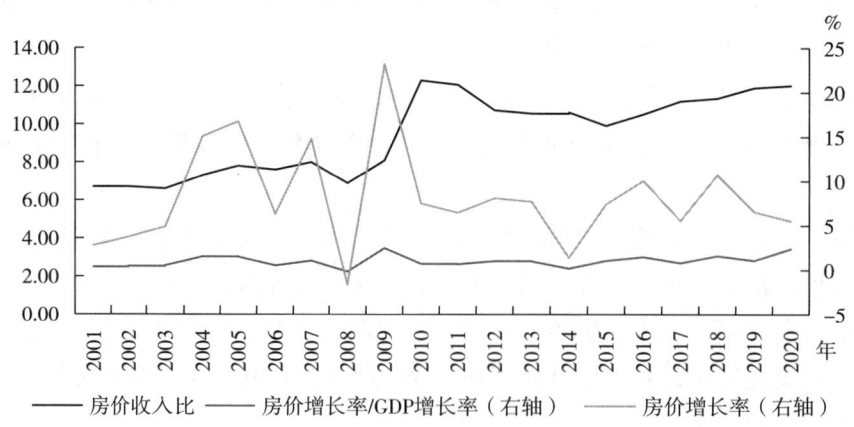

图4-9　房价收入比、房价增长率/GDP增长率与房价增长率（2001—2020年）

从房价增长率与 GDP 增长率比值走势来看：在 2004 年和 2005 年两年中，房地产市场快速升温，受投资性购房需求过快增长的影响，房价增长率分别达到 15.04% 和 16.72%，在 GDP 增长率平稳增长的情况下，房价增长速度远大于实体经济发展速度。特别是在 2009 年，受国际金融危机影响，我国 GDP 增速下降，而房地产市场经过 2008 年的低迷期后出现新一轮高涨，房价增长率达到 23.18%，导致房价增长率与 GDP 增长率比值也大幅上升。2014 年以来，在经济下行压力和由以往"控房价、抑需求"转变为"促改善、稳消费"的房地产相对宽松政策背景下，房价再次大涨，房价增长率和 GDP 增长率比值从 0.19 上升至 2.4。高房价吸引资金从其他实体行业流出，削弱制造业，影响实体经济的发展。房价增速严重偏离 GDP 增速，房地产存在泡沫。2017 年，政策力度不断加强，限购限贷限售多方面政策同时实施，房价增长速度显著下降，房地产行业泡沫受到抑制，房地产行业安全性有所提高。2018 年，房价增长率明显上升，导致房价增长率与 GDP 增长率比值也有所上升，房地产市场风险上升。2019 年，受到"房子是用来住的、不是用来炒的"以及防范房地产市场金融安全风险的多方面政策的调控，房价增长率明显下降，由 2018 年的 10.71% 下降到 6.56%，且房价增长率/GDP 增长率也下降到 1.08%，证明政策调控有效。2020 年，受疫情影响，房价增长率继续下降，但 GDP 增长率由 6% 大幅下降至 2.3%，因此两者之比仍然上升。

图 4-10 是 2018—2021 年各级城市月度价格指数走势。2018—2019 年房价表现为：一线城市、二三线城市的房价都呈下降趋势，一线城市房价趋于稳定，三线城市房价指数下降明显，二线城市房价指数下降速度趋于一线和三线城市之间。2020 年间，一线城市房价逐渐攀升，二线城市房价趋于稳定，三线城市房价呈现波动趋势，总体上与 2019 年房价相差不多。

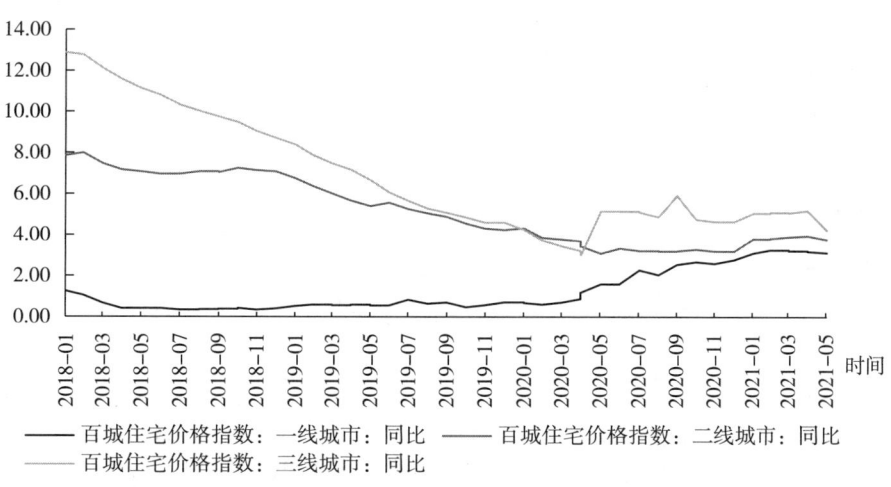

图 4-10　各级城市月度住宅价格指数（2018—2021 年）

三、"去库存"有一定效果，库存风险降低

图4-11 是我国房地产市场 2001—2018 年的库存消化周期走势。2015 年，在"去库存"的主旋律下，国家出台一系列政策，库存增速得以放缓；在降低首付比例、发放购房补贴、税收优惠等一系列政策的影响下，2016 年房地产去库存效果显著，库存消化周期从 0.56 下降至 0.44。2017 年，热点城市受政策力度十分严厉影响，销售下滑明显，但由于部分非调控的弱二线和三四线城市则仍处于去库存过程中，商品住宅销售面积同比增长，房价涨势明显。2020 年，去库存进程有所减慢，一二三线城市商品住宅销售面积同比均有所下降，但库存消化周期相比较 2019 年下降到 0.28。

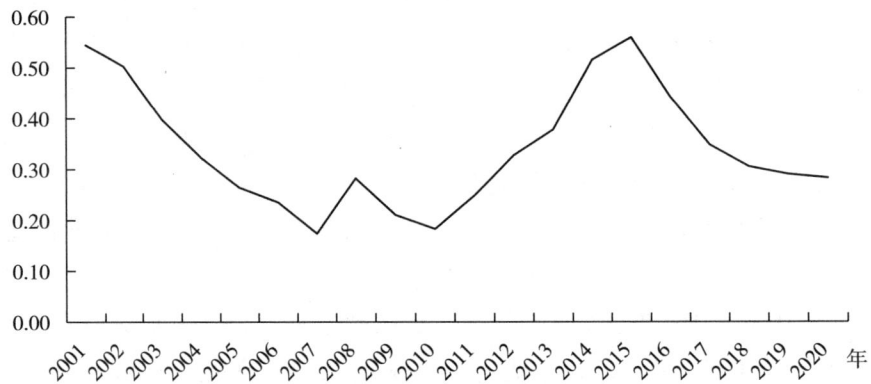

图4-11 库存消化周期（2001—2020 年）（商品房待售面积/销售面积）

从图 4-12 可以看出，2017 年，热点城市受严厉的政策力度影响，销售下滑明显，但由于部分非调控的弱二线和三四线城市仍处于去库存过程中，商品住宅销售面积同比增长，

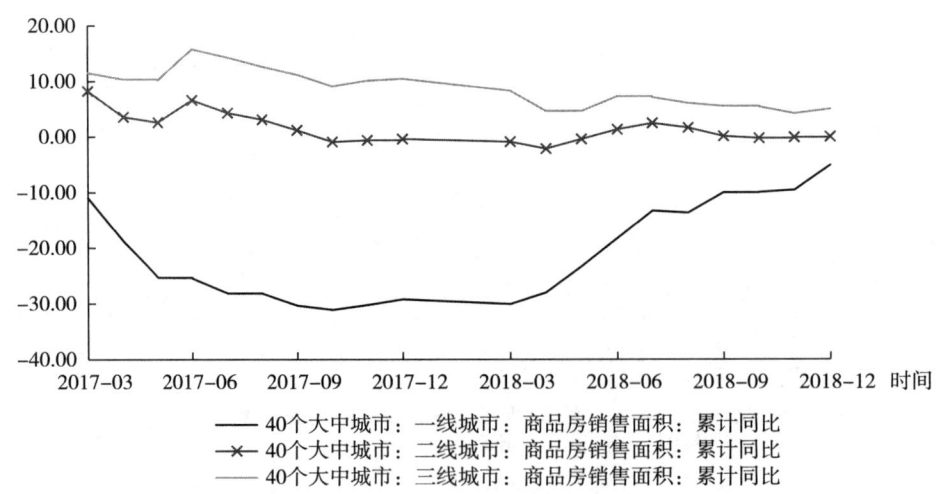

图4-12 各级城市商品房销售面积：累计同比（2017—2018 年）

房价涨势明显。2018年，去库存进程有所减慢，一二三线城市商品住宅销售面积同比均有所下降，但库存消化周期相比较2017年下降到0.31。

四、土地供销比小于1，未来房价可能持续上涨

图4-13反映了2001—2020年的土地供销比，这是一个供给类的指标，等于住宅类土地建筑面积供给量/住宅销售面积，如果该数值小于1，则消耗库存，未来供给不足，房价将上涨。这是一个前瞻性指标，当前房价同前2年的比值有关，也就是当前的供销比可以预测未来房地产供给的变化趋势。而2018年、2019年、2020年该指标数值均小于1，因此未来房价依然有上涨的风险。

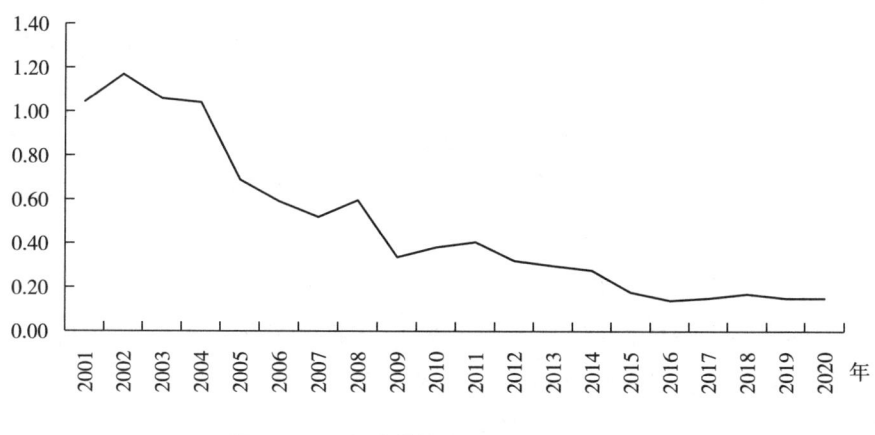

图4-13 土地供销比（2001—2020年）

五、15~64岁劳动人口占比减少，房屋需求减少

从图4-14可以看出，2012年以来，劳动人口占比逐年减少，对于住房的需求减少，从而会影响房价，这会使得房价上升幅度得到减慢，房地产市场安全指数降低。

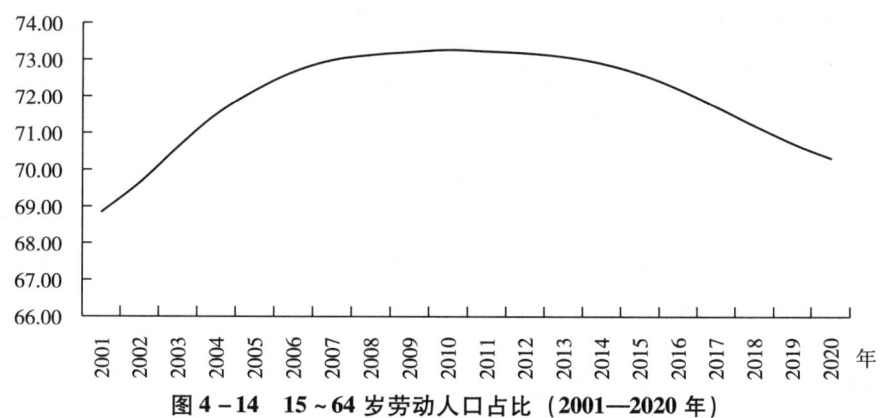

图4-14 15~64岁劳动人口占比（2001—2020年）

第四节　展望

2020 年我国房地产市场安全指数有轻微下降，主要是由于投资性购房需求上升。因此，未来我国应该做好以下三点：一是坚持"房住不炒"及"三道红线"，居民部门稳杠杆。二是坚持"限购限贷"政策，抑制投资性炒房现象扩散，限制房价过快增长。三是拓宽融资渠道，优化贷款结构。

一、坚持"房住不炒""三道红线"加强对房企债务的管控，居民部门稳杠杆

2020 年，房地产政策层面前松后紧，国家继续坚持"房住不炒、因城施策"的政策，实现稳地价、稳房价、稳预期长期调控目标。上半年房地产信贷政策较宽松，央行三度降准，释放长期资金约 1.75 万亿元，并两度下调 LPR 利率，5 年期以上 LPR 累计降幅达 15 个基点。但下半年央行设置"三道红线"分档设定房企有息负债增速规模，倒逼房企去杠杆、降负债。

房企融资和居民房贷层面，未来房地产行业将转向稳杠杆乃至去杠杆，牢牢守住不发生系统性金融风险的底线。具体而言，"三道红线"将持续发力，房企整体融资环境依旧偏紧，房企去杠杆、降负债已是大势所趋。居民部门仍需稳杠杆，确保居民杠杆率和负债率不再继续上升。

"十四五"规划定调：房地产事关民生消费和投资发展，助力经济内循环。因此，政策基本面依然"稳"字当头，热点城市一旦出现楼市和地市过热、房价和地价过快上涨的情况，紧缩调控措施必将尾随而至。

二、坚持"限购限贷"政策，抑制投资性炒房

2020 年继续落实"因地制宜、分类调控"的导向，限购限贷等政策依然从紧。从创新角度看，限售政策实施的城市数量有所增加，尤其是一些非核心、非热点的城市也开始推进限售政策，如东北部分城市和全国其他部分三四线城市。2021 年，我国应继续关注投资性炒房现象，继续抓紧限购限贷等政策，限制房价过快增长。

房地产的健康发展，离不开良好的市场秩序。我国应综合运用金融、土地、财税、投资、立法等手段，推动房地产供需市场的均衡发展，加快建立符合国情、适应市场规律的房地产平稳健康发展长效机制。

三、拓宽融资渠道，优化贷款结构

拓宽房地产企业融资渠道的关键在于发展市场化的直接融资，即投资者直接承担产业风

险的市场化融资，将过度集中在银行系统的风险分散给全社会共同承担。为此，应发展完善适合我国的房地产融资方式。将目前集中的银行贷款融资转化到银行贷款、房地产信托、住房资产证券化等多种融资渠道模式，并且建立起比较系统的房地产行业风险监控、评价、分析机制及报告制度，这是化解房地产金融风险的必由之路。其次，要定期或不定期地对房地产市场进行调查，及时了解与行业相关的信息。如果发现了可能影响房地产经营的政策变化、土地政策调整、市场动向、市政建设、城市发展战略动向，应该及时地加以分析，适时调整自己的发展战略。

中国房地产金融的发展尚在初级阶段，出现一些风险和隐患是必然的，要客观看待这一情况，积极寻求解决方法。当前，防范和控制中国房地产金融风险，关键在于建立适应中国当前社会经济发展和房地产业现状的新型房地产金融体系，使房地产金融的发展跟得上房地产业发展的步伐。因此，要加强相关法律法规的建设，积极探索新的融资渠道，寻求一条适合中国的房地产发展之路。

第五章　金融风险传染安全评估

进入 20 世纪 90 年代以来，国际上金融机构和金融市场发生各类危机的频率越来越高，出现了一系列因一家或多家金融机构倒闭以及局部金融市场动荡而在整个金融市场引发系统性风险的事件。随着我国市场化改革和经济全球化的不断深入，金融系统面临各种危机的可能性也在逐渐增大。我国金融体系依然存在很多不足，许多金融体系的建设健全问题亟待解决：首先，中国的金融机构同质性较高，容易受到多米诺骨牌效应的影响（马君潞，2007）；其次，目前的金融市场仍然缺乏适当的风险控制工具和交易机制，使得系统性风险很容易传播，并在短时间内放大。当前我国政府高度重视金融风险的问题，十八大报告提出要进一步深化金融机构改革。在国际经济金融形势复杂多变，国内部分地区经济发展困难的背景下，金融行业各部门在运行中的各种潜在风险因素不容忽视，这种由于单部门或局部风险事件而使整个金融系统甚至经济体系面临冲击的系统性风险事件不同于一般的个别金融风险事件，呈现出独特的内在机理，并容易形成极大的外部溢出效应和巨大的社会成本。当前，金融系统性风险的评估、预警和监管问题已引起各国政府和国际金融组织的高度重视。

系统性风险的产生途径一般可以概括为两类，即内生途径和外生途径。前者主要来自金融机构风险累积、金融市场动荡和金融基础设施的不完善，而后者主要源于宏观经济的不稳定和突发事件的冲击。但不管是什么途径，系统性风险主要都是通过金融机构间和金融市场间的相互传染产生的。从 2008 年国际金融危机来看，系统性风险不仅表现在跨部门方面，也表现在跨时间方面。后者指的是金融体系的顺周期性导致金融风险在时序上被放大，从而加剧经济的周期性波动和自身的不稳健性。本章将重点从风险集中程度、金融机构关联程度、金融市场联动程度以及国内市场对国际冲击的反应程度四个层面出发，尝试从金融领域系统性风险的传染性视角，对中国金融体系的安全性进行评估。需要指出的是，风险传染性只是说明在发生内生或外生冲击时，通过风险传染发生系统性风险的可能性，至于内生或外生冲击本身发生的可能性及其影响程度则是本报告其余章节所要研究的内容。

第一节　评估体系和指数构建

一、指标说明

对于金融风险传染的刻画，学界与业界通常关心以下问题：第一，外生性的风险冲击是否会在金融系统内部传染；第二，风险传染的途径是什么；第三，风险传染的强度与效率如何。因此，本章在刻画我国的风险传染情况时，从四个角度构建风险传染指标：国际金融市场的外部冲击对我国金融市场的影响、国内各金融子市场之间的联动性、金融机构间的业务关联程度以及金融风险的集中程度。其中，第一个指标衡量外部风险对我国金融系统的冲击，第二、三个指标基于金融风险的传播途径提出，第四个指标衡量金融风险的传播强度与效率（见表5-1）。

表5-1　　　　　　　　　　金融风险传染安全指数的构成

指数	分类指数	计算方法
金融风险传染安全指数	外部冲击传染安全指数	海外金融市场与国内金融市场间收益率尾部相关系数
	内部市场联动性安全指数	国内各金融子市场间收益率尾部相关系数
	机构关联度安全指数	$\dfrac{\text{同业资产} + \text{同业负债}}{\text{总资产} + \text{总负债}}$
	风险集中度安全指数	构建复杂网络模型，计算网络结构指数

从机构关联度的角度来看，金融机构间业务往来程度越紧密，对小规模风险冲击的分担程度就越强，对金融体系整体的影响就会越小，但大规模风险冲击发生时，业务往来越紧密的体系，风险传播的范围和程度就越严重，系统性风险发生的可能性就越高；从风险集中度的角度看，中心化程度越高的结构，风险冲击影响低连通节点的概率就高，风险在系统内大面积传染的可能性就会比较低，而一旦冲击影响了一个或几个高关联节点，整个网络就会遭到严重破坏，所以高集中度的结构表现为"既稳健又脆弱"的特征。

而金融市场联动性则是指金融市场之间存在长期的、稳定的关系，一般包括收益率之间、收益率波动率之间和资产流动性之间三个层面。本章主要从收益率之间的联动性来衡量国内金融子市场（货币市场、债券市场、股票市场、期货市场、外汇市场）之间的联动效应以及国内金融市场对海外冲击的响应程度。内部市场联动性越强，则风险越容易跨市场传播，产生系统性风险；外部冲击传染性越强，则国际金融风险越容易对我国的金融市场产生冲击。

二、指标计算

机构关联度安全指数考虑的是金融机构同业业务的情况。本章以机构同业资产和同业负债占总资产和总负债的比重来衡量金融机构间的相互依赖程度。当金融机构间同业拆借的相对比重比较大时，各金融机构间的相互关联性也较大，金融风险在机构间相互传染的可能性也就越大。

银行间同业市场的相关研究表明，信用借贷的同业资产和负债规模服从幂律分布，即 $P(L) \sim c \cdot L^{-\gamma}$，其中 c 是幂律系数，γ 为幂律指数。我们假设金融机构间的同业资产和负债头寸 l_{ij} 服从幂律分布，同业资产和负债的头寸矩阵为 M，则通过各机构同业占款数据，可以拆分出同业占款头寸矩阵：

$$M = \begin{pmatrix} l_{11} & \cdots & l_{1N} \\ \vdots & \ddots & \vdots \\ l_{N1} & \cdots & l_{NN} \end{pmatrix}$$

其中，l_{ij} 表示金融机构 i 对机构 j 的同业负债量，l_{ji} 表示机构 i 对机构 j 的同业资产量。假设机构 i 的同业资产总量为 A_i，同业负债总量为 L_i，则有 $A_i = \sum_j l_{ji}$，$L_i = \sum_j l_{ij}$。

通过以上过程，可以得到由 N 家金融机构所构成的同业业务复杂网络，我们用中心度来度量网络中每个节点的重要程度。节点 i 的中心度指的是直接连接到该节点的边的数量。在有向网络中，节点的中心度被划分为出度中心性和入度中心性。节点的出（入）度中心性是指从该节点到其他节点（从其他节点到该节点）的边的数量。直接连接到节点的边越多，节点在网络中越重要，同时系统重要性也越高。程度中心性可以表示为 $d(v_i) = \sum_{v_i} d^+(v_i) + \sum_{v_i} d^-(v_i)$。风险集中度指数为 $\tau = \dfrac{\sigma_{d(v_i)}}{d(v_i)}$，即整个网络所有节点的中心度的标准差除以所有节点中心度的平均值。风险集中度指数 τ 越大，则网络越依赖于少数重要节点，集中度越高。

对于国内各金融交易市场之间、国内同海外金融市场之间的联动性的计算，我们选择国内外货币市场、股票市场、期货市场、外汇市场以及债券市场作为研究对象，获取其代表性交易品种的收益率数据。利用这些收益率数据对国内各子市场及国内市场同国外市场两两之间分别做 20%、80% 分位的分位数回归得到尾部相关系数，最后基于两个尾部相关系数绝对值的最大值，通过平均化和标准化后得到外部冲击传染安全指数与内部市场联动性安全指数。

需要指出的是，由于本章是对金融安全状况进行评估，因此利用功效系数法对相关指数的方向做了调整。经过调整后得到的指数值越高，代表安全性越好。

三、数据来源

由于我国金融资产 90% 以上由银行业持有，潜在的金融系统性风险主要与银行业有关（王晓枫等，2015），且不同类型的金融机构资产负债表存在统计方式上的差异，因此用于计算风险集中度安全指数与机构关联度安全指数的数据样本只包括同业市场上的银行机构。

我们选择 2019 年境内所有上市银行的总资产、总负债、同业资产、同业负债日数据进行研究，数据均来自 Resset 金融研究数据库。

为了计算外部冲击传染安全指数与内部市场联动性安全指数，笔者从中国及海外股票市场、债券市场、货币市场、外汇市场、商品期货市场选取了 17 个相关指数或交易品种价格作为分析对象。这 17 个价格（指数）对应的子市场和编号参见表 5 - 2。

表 5 - 2　　　　内部市场联动性安全指数与外部冲击传染指数数据及来源

子市场		市场指数/价格	起止时间	来源
国内市场	股票市场	上证指数	2001—2005 年	Wind
		沪深 300 指数	2006—2020 年	Resset
	债券市场	上证国债指数	2003—2020 年	Bloomberg
	货币市场	7 天期 CHIBOR（中国银行间同业拆借利率）	2001—2006 年	Wind
		7 天期 SHIBOR（上海银行间同业拆放利率）	2007—2020 年	csmar
	外汇市场	人民币兑美元中间价	2001—2020 年	Resset
	商品期货市场	沪铜指数	2001—2004 年	Wind
		橡胶指数	2001—2004 年	Wind
		南华期货金属指数	2005—2017 年	南华期货
		南华期货能化指数	2005—2017 年	南华期货
		商品期货——铜	2018—2020 年	csmar
		商品期货——橡胶	2018—2020 年	csmar
海外市场	股票市场	恒生指数	2001—2020 年	Bloomberg
		标普 500 指数	2001—2020 年	Bloomberg
		MSCI 发展中国家指数	2011—2020 年	Bloomberg
	货币市场	美国联邦基金利率	2001—2020 年	csmar
	外汇市场	美元指数	2001—2020 年	Bloomberg

对于各个分类子市场，尽量选取最具代表性的交易品种，但为了保证数据的连续性，部分指标在早期选择了相近的同类数据：例如中国股票市场数据主要选取更有代表性的沪深 300 指数，在 2001—2005 年选取上证综合指数作为补充；中国货币市场数据在 2001—2006 年选取 CHIBOR，之后则选择更有代表性的 7 天期 SHIBOR 数据；在商品期货市场，早期选取沪铜指数和橡胶指数分别作为金属指数和能化指数的替代，2018—2020 年由于南华期货指数数据无法获得，则用商品期货铜和橡胶的价格作为金属指数和能化指数的替代。

第二节　基于风险传染性的中国金融安全评估结果与分析

一、基于风险传染性的金融安全指数及其时变特征

本章利用金融体系的国内外数据，从风险传染性出发，分别对中国金融机构和金融市场

的金融安全状况进行评估，并基于得到的指数，按照一定权重加权得到了从风险传染性出发、反映中国金融安全状况的综合指数，即基于风险传染性的中国金融安全指数（见表5-3）。

表5-3　　　　　　　　　　　金融风险传染安全指数汇总

年份	机构关联度安全指数	风险集中度安全指数	内部市场联动性安全指数	外部冲击传染安全指数	金融风险传染安全指数
2001	90.2158	99.3738	99.8145	100.0000	97.3510
2002	93.1547	99.8870	100.0000	97.2493	97.5728
2003	90.2740	100.0000	98.4158	99.7312	97.1053
2004	90.2541	99.6934	96.1405	98.9456	96.2584
2005	86.3963	98.0894	95.5155	98.8589	94.7150
2006	81.6082	97.1916	86.8055	92.8156	89.6052
2007	66.7310	97.2732	86.2809	92.4634	85.6871
2008	60.0000	96.0906	76.2639	82.5072	78.7154
2009	61.2581	96.6999	61.6664	80.1521	74.9441
2010	79.4857	94.3586	61.2679	70.3981	76.3776
2011	71.3522	94.8368	60.0000	77.6036	75.9481
2012	64.4723	92.9152	65.2315	60.0000	70.6547
2013	69.1104	95.6239	68.1248	75.5459	77.1013
2014	64.5568	96.1545	83.7415	91.2746	83.9318
2015	62.4895	93.8708	78.5501	89.2021	81.0281
2016	83.0685	79.7292	71.2021	80.5190	78.6297
2017	71.5750	93.7672	82.9516	78.0450	81.5847
2018	99.4044	88.1398	95.0708	92.3549	93.7425
2019	100.0000	60.0000	90.1052	79.9661	82.5178
2020	99.6689	77.8500	83.9426	60.9208	80.5956

如图5-1所示，我国金融风险传染安全指数在2001—2012年期间呈明显的下降趋势，这主要是由于2012年之前，我国金融体系正处于规范发展和市场化改革阶段，各金融机构之间的联系越发紧密，市场间的相互传染影响也不断增强，再加上2008年国际金融危机的影响，使得这段时期内风险传染安全指数不断下滑；其中，风险传染安全指数在2010—2011年期间较为平稳，这得益于2009年开始执行的大规模经济刺激计划。自2012年起，我国金融市场拉开了创新的序幕，各项措施稳步推进，新的金融产品不断推出，再加上监管的逐渐规范化，市场平稳健康发展，风险传染安全指数也不断上升。但在2014—2016年期间，随着期货及衍生品市场的蓬勃发展，金融市场呈现高杠杆状态，市场繁荣带来的潜在风险也不断累积，金融体系表现出明显的高关联、高集中度特征，风险传染安全指数有所回落。2017年后，经济发展进入新常态，在"控风险""严监管""去杠杆"等关键词不断落实之

下，金融体系的联动性降低，风险传染性下降。受 2019 年年底新冠肺炎疫情的影响，金融体系受到极大的冲击，风险传染性也逐渐扩大，表现为 2019—2020 年期间风险传染安全指数显著下滑。

图 5-1 基于风险传染性的中国金融安全指数（2001—2020 年）

2020 年，我国的金融风险传染情况整体表现为：风险集中度下降，金融机构关联程度保持较高水平，内部市场联动性和外部冲击对国内金融市场的影响都有明显增加，整体金融风险传染安全指数较 2019 年有所下降。由于全球新冠肺炎疫情的全面暴发、美股熔断等重大事件的发生，全球金融市场波动明显，对国内市场造成了较大冲击，导致内部市场联动性和外部冲击传染安全指数都大幅下降，对国内金融市场稳定性带来了较大的挑战。但受益于上升的国内金融机构风险集中度安全指数以及持续较高水平的机构关联度安全指数，整体金融风险传染指数下降幅度不大。由于金融风险传染安全指数由机构关联度安全指数、风险集中度安全指数、内部市场联动性安全指数以及外部冲击传染安全指数加权得到，本章接下来将通过呈现这四个分类指数的时变特征来分析造成金融风险传染安全指数产生上述变化的影响机制。

二、分类指数及其时变特征

通过计算得到的风险集中度安全指数与机构关联度安全指数结果如图 5-2 所示。

从整体上看，在 2008 年以前机构关联度安全指数呈现持续下行的趋势，这与一般直觉是一致的。在 2001—2004 年，该指数数值波动较小且保持在较高水平，这主要是由于银行间市场发展尚不成熟，利率市场化改革起步不久，同业市场交易量不高，利率水平较平稳，导致金融机构间的业务关联规模相对较小。随着中国金融体系市场化改革的不断深入，金融机构日益重视自身的风险管理、流动性管理和盈利管理，这导致金融机构之间的业务关联、市场关联和信息管理程度不断提高，从而导致全国甚至全球金融企业更为紧密地相互联系起来成为一个整体，这一紧密关联也就使得各类冲击更容易通过各种机制在金融机构之间相互

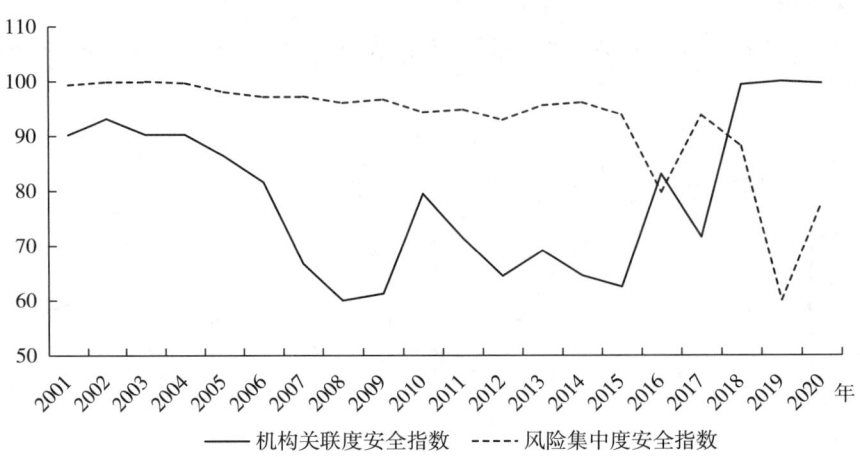

图 5 - 2　机构关联度安全指数与风险集中度安全指数（2001—2020 年）

传染。而在 2008 年国际金融危机之后的危机恢复期，随着全球以及我国各项应急措施的推出，金融机构的发展处于一个"异常期"，金融机构资产规模的快速扩张使得同业交易的相对规模有所下降，这降低了金融机构间的相互关联程度，机构关联度安全指数由此上升。随后，伴随我国金融创新的发展，金融杠杆的运用越来越广泛，金融机构的流动性需求不断增加，同业市场规模再度扩大；除此之外，金融应急措施的后遗症也初步显现，金融市场的信用风险和流动性风险不断集聚，各金融机构开始采取各种措施补充资本金和加强流动性管理，金融机构间的关联性再度加强。2015 年以后，经济进入新常态，在"严监管"和"控风险"的监管思路下，机构关联度安全指数重新开始走高。2018 年"资管新规"发布以来，人民银行会同相关部门不断完善资管业务标准规制，资管乱象得到初步整治，业务升级实现了良好开端，金融机构的多层嵌套和通道业务收缩，杠杆率降低，机构关联度安全指数程度逐渐下降。2020 年以来，国家继续将防范化解金融风险攻坚战向纵深推进。建立金融机构主体依法自主退出机制和多层次退出路径，完善金融机构资产、负债、业务的概括转移制度，建立金融机构风险预警及处置机制，尤其是明确风险处置的触发条件，制定退出风险处置预案，丰富风险处置工具箱，对非现场监管推进"互联网 + 监管"模式，构建信息化监管系统。在金融机构市场化退出中，国家发展改革委等 13 个部门联合印发《加快完善市场主体退出制度改革方案》，促进市场及时出清，避免债务累积，及时有效发挥存款保险制度和相关行业保障基金的作用。在一系列措施之下，机构关联度安全指数达到 10 年来最高水平。

风险集中度安全指数在 2007 年以前保持相对平稳的状态，金融机构改革使得金融机构数量在 2007 年大幅减少，市场集中化程度上升，从而导致金融机构网络结构的显著变化和网络稳定性的下降。2015 年以来，由于以金融自由化、影子银行、资管繁荣为特征的金融扩张周期逐渐过去，高杠杆导致的风险隐患逐渐体现，再加上强监管的影响，资本实力相对薄弱的中小型金融机构受到了较大的影响，大银行在金融系统中的重要程度进一步加强，因此风险集中度安全指数在 2015—2016 年期间出现了显著的下滑。之后，在 2016 年开始的金融去杠杆进程中，监管侧重点放到了控制杠杆、控制集中度和治理同业与表外金融乱象上来，有效降低了金融机构的杠杆率，遏制了大型机构肆意膨胀的趋势，风险集中度安全指数在 2017 年有一定的回升。但受限于历史遗留问题严重，金融系统的稳定性依赖于个别少数重要性机构的现象比较明显，金融体系风险过度集中的问题依旧存在，2018—2019 年风险集中度安全指数又开始下降。尽管 2020 年以来，随着去杠杆的基本落地以及市场监管改革的顺利推进，风险集中度安全指数有所回升，但仍处于长期以来的低点，近年来风险越来越集中的趋势并未得到有效遏制，金融系统的稳定性越来越依赖于系统重要性金融机构，需要引起足够的重视。

通过计算得到的内部市场联动性安全指数、外部冲击传染指数如图 5–3 所示。内部市场联动性安全指数与外部冲击传染指数表现出很强的同步性，即国内各金融子市场之间以及国内同国外各子市场之间的相互关联强度大多数时候是同向变化的。两个指数在 2007 年之前都比较高，而从国际金融危机爆发的 2008 年开始快速下降，内部市场联动性安全指数和外部冲击传染安全指数分别在 2011 年和 2012 年达到最低点后均出现了快速上升。但受新冠肺炎疫情的影响，近两年该指数有明显的下降趋势。

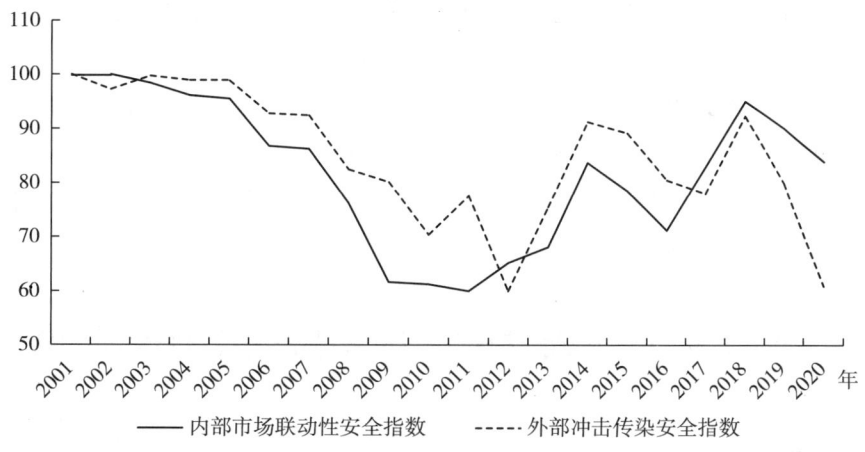

图 5–3　内部市场联动性安全指数与外部冲击传染安全指数（2001—2020 年）

2001—2005 年，中国各金融子市场之间均处于相对割裂的状态，而中国金融市场作为一个整体与海外金融市场之间也是相互分割的，各子市场之间的相关性都很低。2006 年，两个分类指数有了第一次显著下降，其中随着中国股票市场股权分置改革的启动和证券市场的快速活跃，股票市场开始处于中国金融子市场相互关联的核心位置，与货币市场、金属期货市场都有较强的相互关联；同时，2005 年开始的人民币汇率形成机制改革和不断推进的利率市场化，提高了外汇市场和债券市场的市场化水平，使相关价格更能反映市场供求，从而两者之间的相互关联在此期间也得以提高，但外汇市场在市场体系中与国内其他子市场之间的关联还较低。同时，中国与海外市场的关联性也开始增强，但主要还是表现在各子市场与香港证券市场之间的关联上，与其他海外市场之间还未显现出较强的关联性。

2008 年至 2012 年，由于国际金融危机对包括国内市场在内的全球金融市场的冲击以及中国金融市场对内市场化改革和对外开放力度的增强，各金融子市场之间（包括国内子市场间及国内同海外市场间）的相互关联从 2008 年开始均明显加强，几乎每个子市场都与其他若干子市场之间存在显著的相互关联，并且不存在市场间的相互分割，这与 2006 年之前的状况形成了鲜明的对比。另一个显著特征是，国内股票市场与货币市场之间的强关联成为国内市场关联的核心，其次是货币市场和外汇市场，这充分表现出市场流动性在此期间的重要性。这种增长势头持续到 2013 年左右，各子市场之间的相互关联性基本达到了区间的最大值，相应的安全指数降至区间最低点。

资本杠杆是市场之间产生联动的影响因素之一。2013 年之后，受"去杠杆"的影响，金融市场之间的联动性减弱，内部市场联动性指数与外部冲击传染指数呈现震荡上升的趋势，且在 2018 年达到近年来的最高值。这体现出我国"控风险""严监管"的监管理念初见成效。但进入 2019 年以来，全球范围单边主义和贸易保护主义加剧，金融市场对贸易市场更为敏感，不确定性增加。IMF 发布的 2019 年的《全球金融稳定报告》也指出全球面临着企业负债加剧、机构投资者倾向于持有风险更高流动性更差的资产以及新兴市场和前沿市场经济体对于外部债务的依赖性增强等问题，使得金融市场的尾部关联性增加。2019 年中美贸易摩擦愈演愈烈，全球金融面临着非传统性因素，导致中美乃至全球股市在短时间内往复同涨同跌，引起了对全球股市和国内市场的传染效应，也对中美双方带来负面影响。贸易摩擦对出口企业的打击，导致国内部分企业生产萎缩，偿债能力下降，引发了一系列连锁反应。在这一系列影响下，2019 年宏观杠杆呈上升趋势，金融不良资产不断增加，整体表现为金融市场风险传染性增加。

第三节　基于风险传染性的中国金融安全评估结论与展望

一、风险隐患分析

本节首先基于金融机构的同业业务数据，计算得到金融机构关联度安全指数；随后，通过构建复杂网络模型，考察其集中度特征，得到风险集中度安全指数；接着，通过各金融子市场的收益率数据，基于尾部相关系数得到各子市场之间的联动性特征，并对此分类得出内部市场联动性安全指数与外部冲击传染安全指数。最后，通过对四个分指数标准化与平均化，汇总得到金融安全指数。总结各项结果可得当前主要存在以下几点风险传染隐患。

第一，风险过度集中，金融结构不合理。尽管 2020 年风险集中度安全指数相较于 2019 年有所上升，由 60 回升至 77.85，但相较于 2015 年之前稳定在 90 以上的水平来说，仍处于长期以来的低点，金融系统的稳定性依赖于个别少数重要性机构的现象比较明显，特别是系统重要性银行在银行网络中的加权中心度远超其他金融机构，居于主导地位。这使得我国金融机构的网络结构稳定度缺失，具有"稳健而脆弱（robust but fragile）"的倾向。也就是说，由于大部分小型金融机构连通性较低，金融冲击影响低连通机构的概率较高，由于这些机构在系统中不具有举足轻重的地位，风险大面积传染的可能性就会较低，此时金融系统是比较稳健的；但是，一旦冲击影响了一个或几个高关联机构，整个金融体系就会遭到严重破坏，此时系统是脆弱的。随着近几年银行信贷业务的不断扩大，信用风险在银行体系过度累积的概率增大，大型银行自身安全性下降的同时却在金融体系中承担着越来越重要的角色，成为金融体系的潜在风险因素。

第二，风险传染效率提高，风险交叉传染依旧。随着金融结构调整与金融市场之间的频繁互动，我国金融市场各子市场之间的联系越来越紧密，这一方面提高了金融效率，使得各个市场在各自为战的同时又能携手互助、齐头并进；但另一方面，市场之间的紧密联系也导致金融风险传染的路径增加，风险跨市场传染的可能性更大，使得我国金融内部市场联动性安全指数连续两年大幅下滑，由 2018 年的 95.17 降低至 2019 年的 90.10，然后进一步降至 2020 年的 83.94，这表明我国金融市场抵御金融风险传染的能力不断降低，风险传染效率提高。同时，近年来金融与房地产行业和实体经济等方面的联系也进一步加深，金融风险跨部门交叉传染的问题依旧存在，需要引起足够的重视。

第三，外部市场波动剧烈，对国内市场造成极大冲击。自新冠肺炎疫情在世界范围内超预期蔓延以来，各国相继宣布进入紧急状态，全球避险情绪快速升温，全球股市、大宗商品市场持续暴涨暴跌，风险资产收益大幅下挫，导致财富大幅缩水；全球金融市场步入流动性紧张局面，导致美元指数急剧上扬，资金回流美国，人民币汇率和外汇储备稳定承压，由汇率引发的外债风险上升。境外金融市场的巨幅波动和资本加速外流，将对我国资本市场造成极大的冲击，破坏正常的市场秩序，影响经济宏观层面的稳定，由此对经济形成负反馈，将进一步加剧恐慌情绪的蔓延，促使金融危机与经济危机相互传导强化。长期来看，无限度量化宽松和超低利率的刺激政策将导致资产价格泡沫、债务杠杆上升，全球债务负担持续增加，金融脆弱性不断提高。特别是在我国金融风险外部冲击传染安全指数连续两年大幅下滑（由 2018 年的 92.35 降低至 2019 年的 79.97，然后进一步降至 2020 年的 60.92）、金融全球化进程不断推进的时候，国与国之间的金融风险传染将在很大程度上被放大，这对我国金融市场乃至整个金融体系都是一项极大的挑战。

二、结论与展望

基于上述分析，我们可以得到两个重要的结论。

第一，在决定中国金融风险传染性的众多因素中，制度因素始终是最为重要的。过去十多年，正是中国金融体制改革最为关键的时期。无论是金融监管体系改革、金融机构改革，还是证券市场改革与利率和汇率形成机制改革,抑或是金融创新的不断发展,其始终坚持的市场化方向和不断扩大的对外开放,以及金融全球化的大背景,都使得金融机构之间和金融子市场之间的各种相互关联关系在整体上呈现出了越来越强的趋势,这导致局部的内生性或外生性风险冲击越来越容易在金融体系内造成大面积传染,从而提高了系统性风险形成的可能性。2008 年国际金融危机的冲击和后续一系列经济金融政策的调整对上述趋势是有显著影响的,尽管这一影响不会改变中国金融体制改革的总体方向,但会导致一定时期的波动。

第二,金融风险传染具有多层次、多通道和交互式的复杂特征。从历史发展来看,流动性问题使金融机构之间和金融子市场之间越来越紧密地关联在一起。一方面,由于金融本身所固有的高杠杆性,市场流动性极易快速放大和萎缩,流动性风险可以在短时期内急剧放大;另一方面,市场流动性很容易通过金融市场在不同金融机构之间、不同金融子市场之间快速周转,不仅影响各金融机构的业务经营和风险管理,也影响到市场价格和交易量。市场流动性的这种易变性和扩散性,不仅在 2008 年国际金融危机中,而且在过去几年中国金融市场出现的"钱荒"现象、2015 年与 2016 年证券市场和外汇市场的大幅波动中都有显著体现。各金融机构和金融子市场通过市场流动性越来越紧密地联系起来,而这种紧密联系又使得流动性冲击更易在整个系统内快速传播,一方面这种紧密联系能使系统更容易分担流动性冲击的影响,但另一方面一旦这种冲击达到一定程度,就更容易导致系统的全面失能甚至崩溃,这种"稳健而脆弱"的特征将会是一个常态。

基于这两点结论,上述趋势及其特点以及趋势背后的政治经济因素将在长期内影响基于风险传染性的中国金融安全的整体态势,即使这一趋势受到一些突发事件的影响,也不会改变。尤其是随着中国证券市场、利率市场和外汇市场市场化改革的加速推进,这一趋势可能在未来几年内进一步加速,这必然给中国的金融监管带来新的挑战。有鉴于此,提出如下相关政策建议。

第一,坚持市场化和对内对外开放的改革方向,提高金融体系活力。虽然这会通过提高金融体系的内在关联而加大金融风险的传染性,但不能因噎废食,因为只有提高金融体系活力才能增强金融体系在面对金融风险冲击的系统弹性,提高金融机构的抗风险能力和金融市场的自我恢复能力。

第二,强化宏观审慎监管,加强跨市场和跨机构监管能力。在当前金融自由化的趋势下,应该进一步健全宏观审慎政策框架,推动形成科学有效的宏观审慎政策传导机制,提高宏观审慎政策执行的效率和有效性,建立跨市场、全覆盖的金融风险监测预警体系,重点加强对加杠杆行为、债务及金融周期的监测,有针对性地创设政策工具,做好重点领域的宏观审慎管理,逐步将主要的、重要的、有系统性影响的金融活动、金融机构、金融市场和金融基础设施纳入宏观审慎管理体系中去,强化审慎监管和行为监管,落实功能监管和目标监管的要求。

第三,加强金融机构的分类监管。首先,在考虑金融机构规模、业务种类等基本面特征的前提下，综合分析金融机构间的关联性和相互影响，确定金融机构在整个系统中的重要性，制定合理的分类指标，并在此基础上制定可执行的监管指标体系，进而提高对不同金融机构监管的准确性；其次，在合理分类的基础上，加强对系统重要性金融机构的监管。由于我国金融网络具有"小世界"和"无标度"特征，考虑到金融体系的"大而不倒"问题和"联系太紧密而不能倒"等问题，监管机构应加强对系统重要性金融机构的监管。这可以有效降低金融机构个体风险在网络中传播扩散的可能性和影响范围，从而大大减小了监管的成本，最终实现金融系统的稳定与安全。

第四，完善风险救助与保护机制。前三点建议主要是对风险的预警与防范，而在风险发生后对金融机构进行救助与保护，对于防范风险进一步扩散，维护金融市场稳定同样重要。首先，尽快完善金融风险处置的成本分担机制。金融危机的经验表明，加强部门协调是有效处理系统性风险的关键。其次，加强救助措施的设定，综合考虑各种因素。2008 年国际金融危机后关于风险救助问题依然存在较大的争议，这就要求加强对救助措施的评估和细化，尽可能考虑到救助成本、救助资金来源、救助对象、救助规模、救助时点、救助难度以及救助效果等问题，减少救助措施实施的不确定性。

第六章   经济运行安全评估

前面我们侧重从金融机构及金融市场的角度对金融系统的稳定性及安全状态进行了评估，这是我们金融安全状况评估中最为核心的部分。同时，金融系统是国民经济的重要组成部分，我们需将金融系统植根于经济系统中，通过对经济系统的隐患进行评估，找出我国金融安全存在的隐患，并通过各部门的资产负债关联来研究金融安全和我国宏观经济的相互影响及其中的风险传染路径。

第一节   评估体系和指数构建

一、评估体系

国内外关于金融风险度量模型的文献可以分为三类，分别使用会计资产负债数据、股票和债券等单个金融市场时间序列数据、多市场数据开展实证研究（朱元倩等，2012）。基于会计资产负债数据，衍生出综合指标评估法和早期预警系统（Early－Warning－System，EWS）两种分析模式。综合指标评估法主要是通过选择影响金融风险的指标，然后通过一定的统计方法进行权重加总得到最终指数。而早期预警系统的核心思想是选择金融风险因变量，通过构建线性或非线性模型，研究影响该因变量的多个自变量与因变量之间的关系，并由此预测危机发生的概率，包括 FR 概率模型（Frankel 和 Rose，1996）、STV 模型（Sachs、Tornell 和 Velasco，1996）、人工神经网络模型（Nag 和 Mitra，1999）等。基于单个金融市场数据的研究，以构建 VaR 和 Garch 时间序列模型为主。基于多市场数据的研究，则更多使用 Copula 函数、未定权益分析（Contingent Claims Analysis，CCA）等模型。

本节将使用综合指标评估法分析我国宏观经济子系统安全运行状况，主要原因有以下两点：一是综合指标评估法从 2008 年国际金融危机爆发以前就开始被广泛沿用，已形成相当成熟的体系框架，具有权威性。相比之下，人工神经网络、网络模型等新兴的模型构建方法尚不成熟，仍有争议。二是综合指标评估法使用的数据具有易得性和可执行性，以宏观经济和微观主体数据信息为主。相比之下，测度单一金融市场风险的传统 Garch 时间序列模型和 VaR 模型无法刻画总体经济运行风险，而 Sharply Value 法（Tarashev 等，2010）依赖于海量数据和复杂算法，可能面临维数灾难。

二、指标选择

在使用综合指标评估法构建宏观经济运行风险预警指标时，应当同时满足三个条件，即符合经济逻辑、重要性优先和具有较高的灵敏性（李红权等，2021）。本节将综合考虑指标选取的理论和现实意义，利用资产负债数据进行分析，将国民经济部门分为住户、金融企业、非金融企业、公共部门四大部门，将金融部门置于国民经济体系中，对整体经济运行安全进行评估。依托金融安全评估的定义与本部分的分析框架，我们将指标体系分为两大类：一类是经济运行中的金融风险评估；另一类是经济运行发展状况评估（见表6-1和表6-2）。

表 6-1   经济运行中的金融风险评估指标体系

一级指标	二级指标	三级指标	衡量风险	数据来源
宏观经济金融指标	经济增速	实际 GDP 增速	经济波动风险	Wind
	物价指标	CPI、PPI	通货膨胀及通货紧缩风险	Wind
	金融环境	社会融资规模同比增长、M2/GDP、M2同比增速、私营部门信贷同比增长	金融周期波动风险	Wind、世界银行数据库
	人民币运行	中国出口美国指数、热钱、外汇占款、经常项目收支失衡风险、资本流动风险	人民币风险	Wind
	总杠杆率	除金融部门外社会各部门负债/GDP	杠杆率风险[①]	李扬（2013）（2015）[②]
非金融企业部门	杠杆率	总负债占股本比率	非金融企业部门风险评估	CEIC、Wind
	收益与偿债能力	工业企业主营业务收入同比增长、工业企业盈利数量占比、工业企业利润总额		国务院发展研究中心（DRC）行业景气监测平台、CEIC
住户部门	杠杆率	（私营企业及个体贷款＋个人短期消费贷款和个人中长期贷款）/GDP	住户部门风险评估	李扬（2013）（2015）
	偿债能力	住户部门可支配收入/住户部门贷款余额		Wind
公共部门	杠杆率	显性债务余额/GDP	公共部门稳定性评估	李扬（2013）、Wind、CEIC
	偿债能力	赤字率		Wind、BVD
	中央银行资产负债结构	中央银行对其他存款性公司债权/GDP、中央银行资产总额/GDP		Wind

注：①居民部门杠杆率债务数据为贷款，不包含债券，为住户部门消费性贷款加上经营性贷款。非金融企业部门杠杆率为信贷资金加债务类金融工具加其他金融工具获得的资金。政府部门杠杆率为中央政府债务加地方政府债务。金融机构杠杆率剔除了通货与存款，仅含金融部门发行的债务余额。此处杠杆率为实体经济部门总杠杆率，即不含金融部门的其他各部门杠杆率加总。

②李扬（2013）（2015）中缺失 2011 年和 2013 年的数据，本报告进行了插值处理。

表6－2　　　　　　　　　经济运行发展状况评估指标体系

指标	经济含义	数据来源
国民总储蓄率	一国总体储蓄能力	Wind
劳动人口（15~64岁）占比	人口结构变化	Wind
全要素生产率	生产率变化	BVD
实际贷款加权平均利率[①]	实体经济资金价格	Wind
城镇登记失业率	国民就业情况	Wind
消费者信心指数	消费者对当前经济形势评价	Wind
宏观经济景气指数：一致指数	经济运行状况	Wind
新基建50指数收益率	经济转型新动能	Wind

注：①由于人民银行从2008年才开始公布贷款加权平均利率，因此2007年以前的数据为一年期名义贷款利率。

第二节　评估结果与分析

我们首先按照上述指标评估体系，对相应数据进行同向化处理后，运用功效系数法对同向化处理后的数据进行标准化和加权，分别计算出各风险指数（经济波动风险指数、通货膨胀及通货紧缩风险指数、金融周期波动风险指数、人民币运行风险指数、总杠杆率风险指数、非金融企业部门风险指数、住户部门总体风险指数、公共部门风险指数、经济运行发展指数）。然后将各风险指数按照一定的权重加权得到经济运行风险指数，最后将经济运行风险指数和经济运行发展指数以7:3的权重计算出反映经济运行安全程度的经济运行安全指数，分值越高代表我国经济安全程度越高、风险水平越低（见表6－3）。

表6－3　　　　　　　　　经济运行安全指数（2001—2020年）

年份	经济波动风险指数	通货膨胀及通货紧缩风险指数	金融周期波动风险指数	人民币运行风险指数	总杠杆率风险指数	非金融企业部门风险指数	住户部门总体风险指数	公共部门风险指数	经济运行发展指数	经济运行风险指数	经济运行安全指数
2001	60.01	87.84	81.82	84.66	100.00	80.42	100.00	79.14	73.59	84.24	81.04
2002	65.73	74.57	93.37	88.55	95.21	83.09	94.69	80.74	71.62	84.49	80.63
2003	72.00	95.68	87.48	90.11	89.46	87.47	89.81	81.74	73.63	86.72	82.79
2004	74.01	79.63	86.12	97.41	88.80	86.05	86.41	85.86	78.12	85.54	83.31
2005	82.21	90.81	86.87	93.08	91.46	89.31	87.13	89.94	78.47	88.85	85.74
2006	90.63	95.54	87.24	91.67	92.31	90.53	85.77	93.54	82.68	90.90	88.43
2007	100.00	84.74	85.00	78.03	91.46	94.12	83.11	95.04	89.73	88.94	89.18
2008	78.15	63.50	82.45	86.57	93.29	91.22	84.79	95.71	82.26	84.46	83.80
2009	78.48	63.30	77.50	76.53	80.46	84.00	76.41	91.42	74.93	78.51	77.44
2010	86.45	85.56	88.73	89.18	78.01	92.58	72.45	91.53	83.37	85.56	84.90

续表

年份	经济波动风险指数	通货膨胀及通货紧缩风险指数	金融周期波动风险指数	人民币运行风险指数	总杠杆率风险指数	非金融企业部门风险指数	住户部门总体风险指数	公共部门风险指数	经济运行发展指数	经济运行风险指数	经济运行安全指数
2011	82.52	69.94	85.30	84.22	78.96	91.44	72.07	91.07	81.54	81.94	81.82
2012	75.50	93.54	90.04	82.72	75.21	83.79	70.64	88.11	77.09	82.44	80.84
2013	76.63	92.88	90.24	81.44	71.49	83.64	68.44	86.67	76.26	81.43	79.88
2014	76.51	92.92	85.84	82.87	68.86	80.45	67.17	83.55	77.48	79.77	79.08
2015	76.17	78.18	91.13	78.57	66.87	76.08	65.89	79.81	73.51	76.59	75.66
2016	76.81	94.83	90.83	74.96	64.78	77.70	63.93	72.68	76.42	77.06	76.87
2017	78.94	84.22	83.63	80.76	64.37	75.54	62.70	71.35	81.68	75.19	77.14
2018	79.56	95.87	79.69	80.55	64.69	69.70	61.86	69.71	81.23	75.20	77.01
2019	77.34	98.40	83.23	73.85	63.49	73.72	61.06	65.91	82.47	74.63	76.98
2020	60.00	93.25	87.45	77.58	60.00	69.20	60.00	60.25	72.63	70.97	71.47

由表6-3可知,受新冠肺炎疫情的影响,2020年我国经济安全运行指数进一步下降,刷新了21世纪以来的最低纪录。观察具体指数变化,可以发现经济运行发展指数和经济运行风险指数下降共同阻碍了我国宏观经济的安全运行。经济运行风险指数中除金融周期波动风险指数、人民币运行风险指数有所上升之外,其他指标与2019年相比存在着不同程度的下降,其中经济波动风险指数、通货膨胀及通货紧缩风险指数、公共部门风险指数下降较为明显。

2020年经济运行发展指数与经济运行安全指数同时下降,其原因主要来源于两方面:一方面是新冠肺炎疫情作为"黑天鹅"事件严重冲击了中国乃至全球经济活动秩序,另一方面是中国本就处在新旧格局转换过程中,经济发展结构性问题突出。此外,我们注意到经济运行风险指数构成中的金融周期波动风险和人民币运行风险指数不降反升,主要归结于以下原因:我国应对新冠肺炎疫情实施的宏观经济政策"组合拳",通过精准施策的财政政策帮助家庭和企业部门纾困,同时配合实施总量适度宽松的货币政策确保流动性充裕。为支持实体经济恢复发展,我国加大对实体企业的信贷支持,不断扩大融资规模,加强逆周期调节,使得我国金融周期波动风险有所下降。2020年人民币汇率呈现先升值后贬值再升值的"N"字走势,随着我国率先控制住疫情,经济基本面持续向好,下半年人民币对美元汇率持续震荡走高。2020年10月以来央行外汇管理部门逐渐淡出使用"逆周期因子",有助于人民币汇率在合理均衡水平上双向波动,人民币运行风险降低。

图6-1显示了2001—2020年我国经济运行安全指数、经济运行发展指数以及经济运行风险指数的变化趋势。从图中我们可以发现,上述三项指标整体发展趋势大体相同。21世纪以来我国经济运行安全评估状况大致可以分为三个阶段:一是2001—2007年,我国加入世贸组织至2008年国际金融危机爆发前夕,经济活力与发展动力进一步释放,长短期发展

趋势逐年向好，经济运行安全指数从 2001 年 81.04 上升至 2007 年的 89.18。二是 2008 年国际金融危机爆发期和恢复期 2008—2010 年，危机后我国经济运行安全指数从 2007 年峰值 89.18 迅速下降到 2009 年的 77.44。面临国内外经济的萧条压力，政府出台大规模刺激经济的政策，随后我国经济迅速好转，经济运行安全指数从 2009 年最低点 77.44 上升至 2010 年的 84.90。三是后危机时代，2010 年以后中国经济逐渐走出危机，过渡到一个相对平稳的时期。这一阶段中国经济增速明显放缓，原本藏匿于经济高速增长下的各种结构性问题和矛盾开始显现。经济运行安全指数从 2010 年的 84.90 逐年下降到 2019 年的 76.98，受新冠肺炎疫情进一步冲击的影响，2020 年达到最低值 71.47。虽然 2016—2019 年我国经济运行发展水平在结构性调整政策的作用下取得新的发展动力，具体表现为 2016—2019 年经济运行发展指数由 76.42 上升至 82.47，这一发展趋势有助于遏制中国经济运行安全指数的下滑势头，但是 2020 年三项指数均出现大幅下滑，说明短期内我国经济下行压力较大，外部经济冲击和内部经济结构转型带来的冲击依然不容小觑。

图 6-1　我国经济运行中的金融安全评估图及其两个维度（2001—2020 年）

为进一步具体比较我国金融安全状态的演变过程，我们拟详细比较分析 2008 年国际金融危机至 2010 年、2011—2019 年后金融危机时代以及 2020 年新冠肺炎疫情三个阶段经济运行安全隐患的差异。

一、2008 年国际金融危机至 2010 年我国经济运行安全状态评估

将 2006—2010 年我国经济安全状况进行对比分析，如图 6-2 所示。结合表 6-3，从中我们可以发现，2008 年国际金融危机对我国经济运行安全的影响主要作用于以下几个方面：第一，实际 GDP 增速大幅下降，经济波动风险加大，具体指数从 2007 年峰值 100 迅速降低到 2008 年 78.15；第二，物价水平显著降低，经济迅速转向通货紧缩状态，具体数值从 2006 年峰值 95.54 降低到 2008 年 63.50；第三，金融周期波动风险和人民币运行风险加剧，相应指数分别从 2006 年 87.24 和 91.67 下降到 2009 年的 77.50 和 76.53；第四，总杠杆率风险、住户部门

总体风险以及非金融企业部门风险呈现形式具有相对滞后的特点，相应指数分别于 2010 年、2010 年和 2009 年跌落到最低值。此外，以上大多数风险指标在国际金融危机发生的整个过程中表现出先降后升的趋势，少数相对滞后的风险指标在后期呈现转差的态势。

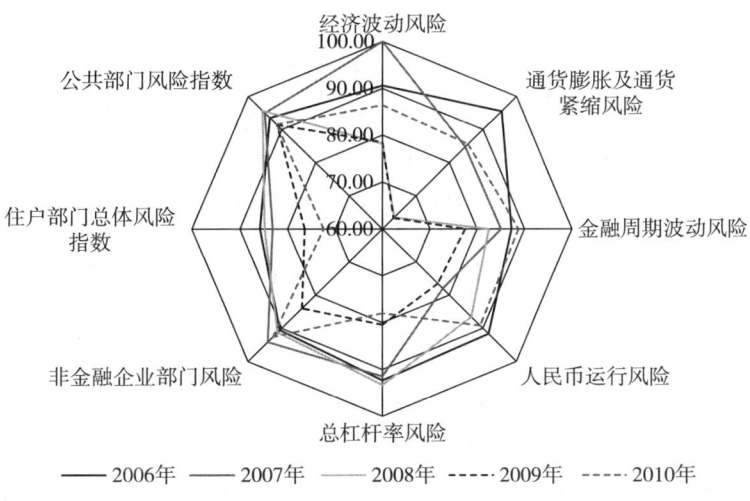

图 6 – 2　经济运行安全状况（2006—2010 年）

二、2011—2019 年后金融危机时代我国经济安全状态评估

对比 2011 年、2013 年、2015 年、2017 年与 2019 年我国经济安全状况（见图 6 – 3），结合表6 – 3与图6 – 3，我们可以发现后危机时期我国经济运行的安全状况与 2008 年国际金融危机爆发期与恢复期相比，有以下几个显著区别：第一，经济波动风险加剧。第二，我国总体杠杆率不断攀升，杠杆率风险逐渐增加。第三，公共部门、住户部门、非金融企业部门运行风险呈现逐年恶化的趋势，各经济部门的资产负债表脆弱性进一步增大。

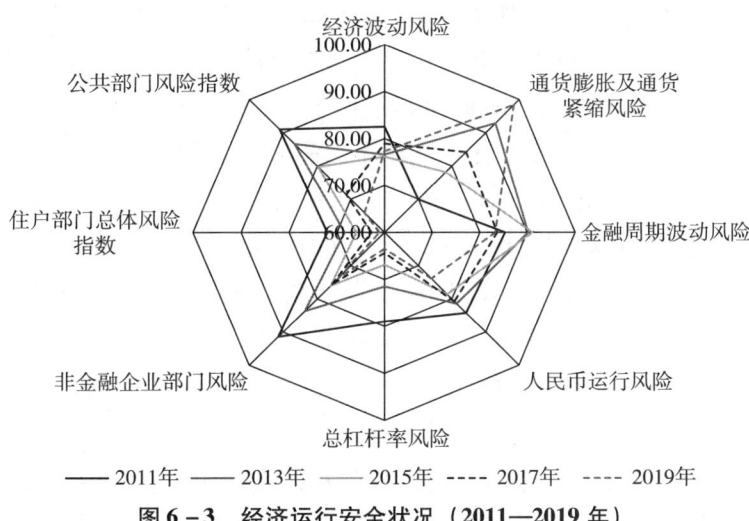

图 6 – 3　经济运行安全状况（2011—2019 年）

2010 年以后，中国经济虽然很快走出危机，但是增速明显放缓，经济运行过程中存在着许多不稳定的因素。从外部来看，2008 年国际金融危机以来，美国乃至全球经济增长率呈现出长期放缓态势，中美贸易摩擦、英国脱欧、欧债危机等事件进一步加剧了中国经济增长的不确定性。从内部来看，我国经济社会运行的结构性矛盾逐渐凸显，如"企业去杠杆"和"经济保增长"的矛盾、地方政府对于土地财政的高度依赖、高企的房价加速实体经济的金融化等问题。随着供给侧结构性改革和创新驱动发展战略的深入实施，"三去一降一补"五大任务稳步推进，我国经济发展质量效益不断提高。具体表现为 2016—2019 年经济运行发展指数呈现稳步上升的趋势，为我国宏观经济安全运行提供了有力的保障。

三、2020 年新冠肺炎疫情新形势下我国经济安全状态评估

（一）受新冠肺炎疫情的影响，2020 年我国经济运行安全指数创新低

2020 年我国经济运行安全指数的两个构成因素——经济运行发展指数和经济运行风险指数同时下降，阻碍了我国宏观经济的安全运行。从经济运行发展情况来看，受新冠肺炎疫情的影响，2020 年第一季度 GDP 出现负增长，同比下降 6.8%。后续随着疫情形势逐渐稳定，GDP 增速开始逐季转正，全年 GDP 增速收于 2.3%。经济运行发展指数由 2018 年的 81.23 降至 2020 年的 72.63。从经济运行风险指数方面来看，相较于 2018 年和 2019 年，2020 年我国经济波动风险增大，通货膨胀及通货紧缩风险、总杠杆率风险、住户部门总体风险指数、非金融企业部门风险、公共部门风险略有增加，但同时金融周期风险、人民币运行风险有所缓和。

如图 6-4 和表 6-3 所示，相比于 2018 年、2019 年，2020 年我国总杠杆率风险、非金融企业部门风险、公共部门以及住户部门总体风险持续增大，相应指数呈下降趋势。2020 年我国宏观杠杆率依然偏高，且存在结构性矛盾。根据国家资产负债表研究中心（CNBS）测算数据，截至 2020 年末，我国宏观杠杆率达到 285% 左右，M2/GDP 比例上升到 215.23%。从各部门的杠杆率来看，在新冠肺炎疫情冲击下，工业经济发展受阻，经济循环不畅，非金融企业部门杠杆率整体偏高。2020 年我国非金融部门杠杆率高达 164%，相较于 2019 年末上涨了 10.4 个百分点，10 月以来相继发生永煤、紫光等大型国企债券超预期集中违约事件，企业债券违约风险有所加大。另外，疫情的发生强化了 2018 年以来信用债发行短期化的趋势，根据 Wind 数据统计，2022 年信用债到期规模达到 6.5 万亿元。与此同时，新冠肺炎疫情的暴发增加了公共部门以及住户部门的风险。近年来经济下行叠加减税降费，财政收支矛盾日益突出，新冠肺炎疫情的暴发加重了这一问题。2020 年我国财政收入增速为 -3.9%，为改革开放以来的最低增速。相比中央财政，地方财政更为困难，23 个省、自治区、直辖市的财政自给率不足 50%，14 个省、自治区、直辖市的财政收入负增长，较前年增加 8 个。在中央转移支付、税收返还不足的情况下，地方政府更多选择发行债券缓解财政赤字问题。自 2018 年以来，国内城投企业处于较为宽松的政策环境中，与此同时大量县

（市、区）级平台进入债券市场融资，这一时期新增的隐性债务增加了地方政府债务风险。住户部门风险呈逐年上升趋势，归因于居民杠杆率逐年增加。根据人民银行公布的数据，2020 年末，我国个人贷款共 63.19 万亿元，其中 49.57 万亿元为消费贷款，占 78.4%，13.62 万亿元为经营性贷款，占 21.6%。个人住房贷款余额为 34.44 万亿元，占个人贷款的 54.5%。在新冠肺炎疫情的影响下，居民可支配收入的增长低于其贷款增长速度，居民偿债能力变弱。

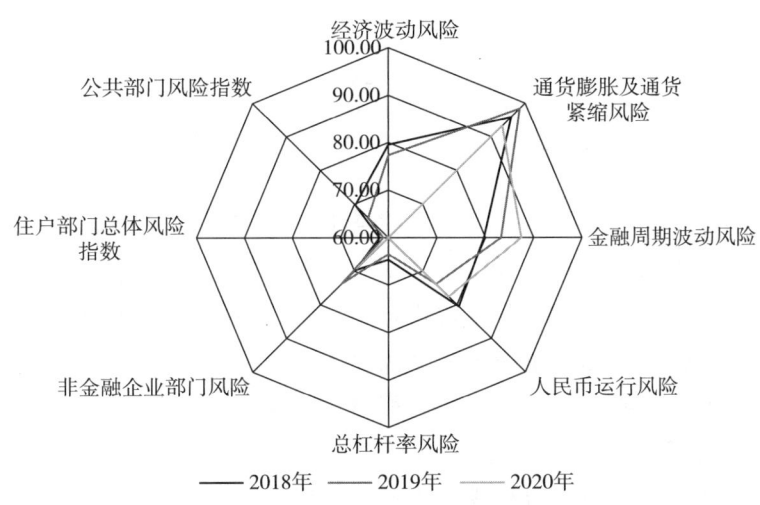

图 6-4 经济运行安全状况（2018—2020 年）

（二）经济运行虽然面临着巨大的下行压力，但仍存在向好方面

金融周期波动风险持续缓和。2016—2018 年我国金融周期波动风险指数有较大下降，从 2016 年的 90.83 下降至 2018 年的 79.69。但是从 2019 年开始金融周期波动风险指数开始回升，2020 年上升至 87.45（见图 6-5）。2016—2018 年金融周期波动风险大幅增加的原因，短期来看去杠杆、强监管的政策环境，这使得 M2 在低位运行，且当时我国货币结构不断发生变化，企业居民选择货币基金等存款以外形式的储蓄，银行存款来源不足，负债压力加大，派生贷款的能力下降，导致融资环境收紧，金融周期波动风险不断攀升。2019 年以来，尤其是 2020 年受新冠肺炎疫情的影响，为了有力支持实体经济恢复发展，我国加大对实体经济的信贷支持。2019 年我国社会融资规模增量与 2018 年相比增加了 3.08 万亿元。2020 年末，我国社会融资规模增量 34.86 万亿元，比 2019 年同期多 9.19 万亿元。通过金融市场对实体经济提供更多的直接融资，不断扩大社会融资规模，金融逆周期调控力度大幅增强，信贷投放速度明显加快。

2020 年下半年，受经济基本面逐渐恢复和货币政策边际收紧两方面的叠加影响，人民币运行风险有所缓和。2016—2018 年人民币运行风险指数保持在一定水平，但是 2019 年下降至 73.85，人民币运行风险有较大幅度增加（见图 6-5）。这主要是由于受中美贸易摩擦

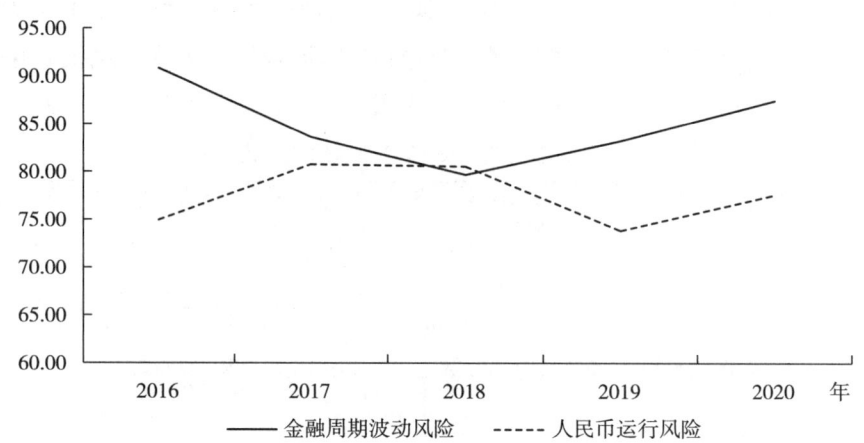

图6-5　金融周期波动风险和人民币运行风险有所缓和（2016—2020年）

影响，美国进口中国贸易额大幅减少，较2018年减少了16.2%，从而使人民币遭受冲击，增加了我国人民币运行风险。2020年人民币运行风险较2019年有所好转，对应指数上升至77.58。各国疫情发展形势是汇率的重要短期影响因素。以2020年4月、5月为分水岭，在此之前人民币对美元出现明显的贬值趋势，彼时国内处于疫情最严重的阶段。2020年第二季度起国内疫情形势好转，第三季度海外疫情反弹，全球经济持续遭受冲击，在美联储宽松的货币政策预期作用下，美元指数呈现下滑趋势。2020年下半年起，人民币快速走强，原因有以下三个方面：一是我国经济率先恢复，基本面相对占优；二是货物和服务贸易顺差持续回暖；三是货币政策边际收紧短期流动性，市场利率上行。

第三节　当前我国经济运行中的安全隐患

一、外部环境存在不确定性

（一）全球新冠肺炎疫情

受新冠肺炎疫情的影响，2020年我国经济安全运行指数刷新了21世纪以来的最低纪录，降低至72.63。此次疫情重塑了全球供应链，对世界经济产生了巨大冲击。虽然全球多个国家开始推广疫苗注射，但是疫情蔓延扩散态势尚未得到有效遏制，甚至出现了一些变异毒株，疫情防控压力较大。如果再次发生大规模聚集性感染，部分国家再度实施封锁，这将对世界经济发展造成巨大的不利影响，进一步拖累中国经济的发展。如果疫情扩散形势得到有效遏制，全球供给修复将快于需求修复，前期我国因率先控制住疫情取得的优势将会弱化，出口势必减少。

（二）中美贸易谈判

在拜登出任美国总统后，短期内美国政府将更关注于国内议题，中美贸易摩擦在短期内存在边际缓和的可能。但是可以预见的是，中美关系的长期方向不会发生变化。源于长期战略遏制、短期转移国内矛盾等因素，遏制中国已经基本成为美国两党共识，中国和美国博弈大势不会改变，需要警惕未来随着美国国内疫情形势逐渐好转，对我国的遏制打压进一步升级的可能。

（三）国际金融风险传导

自党的十九大提出防范化解系统性金融风险以来，金融风险攻坚战取得阶段性成果，2019 年开始金融周期波动风险指数回升，2020 年保持增长势头，上升至 87.45。但是疫情之下，各国陆续出台了超大规模的宽松货币政策，国际金融环境区域宽松中动荡加剧。2020 年美联储实施超宽松的货币政策，将联邦基金利率和再贴现率下降至零后，又陆续推出商业票据融资机制（CPFF）、货币市场共同基金流动性工具（MMLF）等货币政策工具。此外，还通过扩大央行流动性互换额度，提高金融机构借款可得性等措施释放流动性。虽然宽松的货币政策有助于解决短期流动性危机，但是无法从根本上解决结构性失衡问题。不少国家央行资产负债表规模超过历史最高水平，透支了国家未来应对其他风险的能力，从另一方面加大了经济运行的长期脆弱性。根据各国统计数据，截至 2020 年末，世界主要发达经济体总债务规模已经达到 203 万亿美元，占 GDP 比重超过 400%，新兴经济体总债务较 2019 年提升 29%，占 GDP 的比重高达 250%。一旦面临新的危机或不确定性冲击，可能加速引发一系列债务违约，并通过全球金融市场传导到中国。

随着 2018 年以来我国金融市场对外开放程度不断提高，人民币资产对于国际投资者的吸引力持续上升。2020 年全年资本流入总额 9138 亿美元，资本流出总额 7645 亿美元，全年资本净流入 1493 亿美元，结束了 2015—2019 年连续 5 年的净流出格局。境外投资者持有境内人民币股票和债券余额合计已接近 6.8 万亿元，较 2017 年增长 184%。此外，与主要发达经济体普遍采取量化宽松政策不同，我国货币政策仍处于合理运行区间，这为人民币汇率和相关金融资产提供了重要支撑。但 2021 年以来受中长期美债收益率持续上升趋势的带动，一些发达国家中长期国债收益率均有不同程度上升，部分新兴市场国家实施加息措施，这些变化可能触发跨境资本的流动，从而对境内金融市场产生冲击。

二、中国经济复苏基础尚不牢固，存在结构性不平衡

（一）供给恢复好于需求，供需缺口持续扩大

新冠肺炎疫情蔓延形势下，供给面和需求面均遭受巨大冲击，我国经济波动风险指数下降至警戒值 60。新冠肺炎疫情后经济复苏的节奏不仅取决于疫情扩散期间政府实施的救助政策和产业保护政策，更取决于疫情后总需求管理政策能否及时跟进。2020 年第一季度中国疫情集中暴发，宏观经济出现断崖式负增长，GDP 同比下降 6.8%。随着中国疫情形势得到稳定控制，复工复产稳步推进，后三季度 GDP 同比增长率依次达到 3.2%、4.9% 和 6.5%，全年增速收于 2.3%。以上事实表明经济供给面得到迅速恢复，疫情后的初期阶段

以复工复产为主要目标的经济复苏过程已经完成，后期则更多取决于经济需求面的恢复节奏和力度。当前阶段国内消费复苏动力不足，企业投资积极性和活跃程度不高，出口结构性压力较大，加剧了有效需求不足的矛盾。2020 年社会消费品零售总额 391981 亿元，同比下降 3.9%。全国居民人均可支配收入 32189 元，比 2019 年名义增长 4.7%，但人均消费支出 21210 元，比 2019 年名义下降 1.6%。疫情冲击造成的社会心理变化和就业压力，使得居民消费行为趋于保守，消费增速大幅低于收入增速。2020 年全国固定资产投资同比增长 2.9%，就其构成来看，民间投资、制造业投资等还没有转正，表明企业投资信心恢复尚且不足，中期预期较为低迷。从出口层面来看，短期表现向好，但是中期压力较大。由于我国出口提升态势与疫情发展形势形成了不对称的联系，后续随着疫情不断好转，我国出口可能会面临较大压力（见图 6-6）。

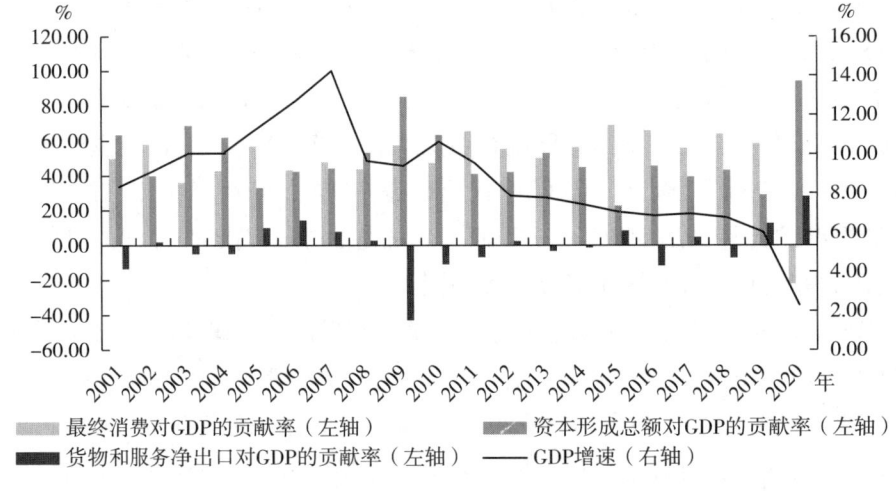

图 6-6　GDP 同比增速以及各构成部分对 GDP 的贡献率（2001—2020 年）

（二）房地产投资增速远超制造业和基建投资

面对新冠肺炎疫情冲击，投资成为逆周期宏观经济政策的重要着力点，对 GDP 拉动作用同比上升 0.43%，改变了 2016 年以来总体下滑态势，总贡献超 94%。观察总投资构成的三个部分：一是制造业投资，2020 年累计同比增速 -2.2%，呈现负增长状态，但同时其降幅逐月收窄，表明单月增速实现显著正增长。二是基建投资，受地方政府专项债发行增加，2020 年基建投资（不含电力）同比提高 0.9%，实现温和增长，同时以数字经济、数字社会治理为代表的新基建投资效能提升。三是房地产开发投资，2020 年持续领跑，受挤压需求释放、房贷利率下调的利好因素，叠加信贷、债券等带动房地产企业现金流加速流转的影响，其增速远超制造业和基建投资。

（三）大企业景气程度远好于中小微企业

我国非金融企业部门风险指数由 2019 年的 73.72 下降至 2020 年的 69.20，疫情防控管制措施对企业经营造成巨大冲击。相对于大企业，中小微企业遭受的冲击更大。根据清华大学金融科技研究院阳光互联网金融创新研究中心发布的最新研究报告，在 2018 年第四季度和 2019 年 1 月仍在经营的 54876 家小微企业中，随后半年（2019 年 2—7 月）仍然存活的企业约占 93.35%。但受到新冠肺炎疫情冲击以后，存活率降低了 11.81%。当前小微企业的复产达产程度也显著落后于大企业。小微企业中，58.7% 产能恢复程度低于 50%，28.5% 产能恢复程度低于 10%，仅有 15.3% 产能恢复程度超过 90%。而大中型企业中，产能恢复程度低于 50% 的占比仅有 18.9%，产能恢复程度超过 75%、90% 的占比分别达到 62.7% 和 39.8%。2020 年疫情对中国经济社会造成前所未有的冲击，为了给企业纾困解难，我国出台 2.5 万亿元减税降费政策，金融部门向实体经济合理让利 1.5 万亿元。近期聚集性新冠肺炎疫情时有发生，中小微企业仍需政策帮扶。

（四）居民贫富差距或将进一步扩大

长期以来，收入分配不合理问题始终困扰着我国经济发展。一是我国收入分配差距位居世界高位，基尼系数连续 19 年高于 0.4（国际公认的贫富差距警戒线）。二是我国中等收入群体规模最大，但比重相对较低，收入分配格局整体呈现金字塔型而非橄榄型。2020 年新冠肺炎疫情加大了这一差距，并且这种影响可能延续一段时间。2020 年，我国居民人均可支配收入中位数为 27540 元，同比增长 3.8%，比全国居民人均可支配收入的增速低 0.9%。在我国居民收入结构中，人均工资收入增长 4.3%，人均经营净收入增长 1.1%，而人均财产净收入增长 6.6%，人均转移净收入增长 8.7%。以上变化表明，中产阶级受影响最大，收入受损程度相较于两端的低收入群体和高收入群体来说更为严重，居民贫富差距受疫情影响或将进一步扩大。

表 6-4 　　　　　　　　　　　　2016 年以来我国不同阶层收入情况　　　　　　　　　　　　单位：元

年份	2016	2017		2018		2019		2020	
		数值	增速	数值	增速	数值	增速	数值	增速
全国居民人均可支配收入	23821	25974	9.04%	28228	8.68%	30733	8.15%	32189	4.70%
全国居民人均可支配收入中位数	20883	22408	7.30%	24336	8.60%	26523	9.00%	27540	3.80%
低收入组人均可支配收入	5529	5958	7.76%	6440	8.09%	7380	12.74%	7869	6.21%
中等收入组人均可支配收入	20924	22495	7.51%	23189	3.09%	25035	7.37%	26249	4.62%
高收入组人均可支配收入	59259	64934	9.58%	70640	8.79%	76401	7.54%	79747	4.38%

数据来源：国家统计局。

三、宏观经济杠杆率攀升，债务问题陷入结构性矛盾

（一）2020 年我国宏观杠杆率提高，结构性矛盾仍旧严峻

2015 年以来面对企业产能过剩、债务负担沉重等问题，政府推行"三去一降一补"政

策，降低企业杠杆率。根据国家资产负债表研究中心的测算，2020年中国宏观杠杆率迅猛攀升到270.1%。具体来看，政府部门杠杆率为45.6%，比上年上升了7.1%；居民部门杠杆率为62.2%，比上年上升了6.1%；非金融企业杠杆率为162.3%，比上年上升了10.4%（见图6-7）。值得注意的是，目前金融部门杠杆率已经止住了下降趋势，趋于稳定，金融部门去杠杆或将告一段落。总体来说，我国全社会居高不下的债务水平，仍是我国经济运行中的又一重大安全隐患。

从规模总量来看，中国实体经济部门的债务杠杆率并不高，据国家资产负债表研究中心测算，2020年我国宏观杠杆率增幅为23.6%，不但低于2009年31.8%的增幅，也低于发达经济体2020年前三个季度30.7%的增幅。这充分显示：面对百年不遇的疫情冲击，政策当局的扶持政策有所克制，不搞超预期宽松的政策，给未来政策调控留有足够的空间。在债务结构上，2008年国际金融危机后，全球需求疲弱，增长乏力，在"出口导向、投资拉动"型经济增长模式下，大量企业陷入了通过大量举债维持产能和库存的恶性循环。从国际比较来看，中国债务问题的结构性矛盾较为突出。2020年企业部门加杠杆的贡献最大，在全年宏观杠杆率的增幅中贡献了四成，居民部门和政府部门各自贡献了三成，但是企业部门的全部贡献主要体现在第一季度，下半年呈现出去杠杆的态势。

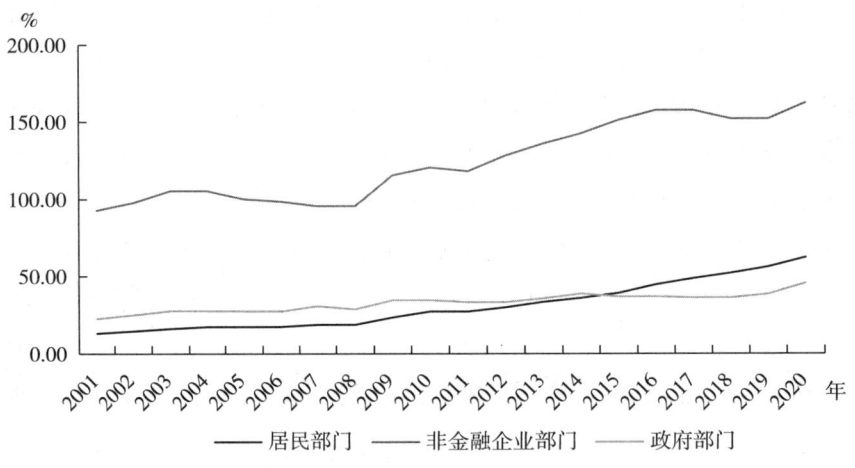

图6-7　我国实体经济各部门杠杆率变化趋势（2001—2020年）

（二）公共部门债务率持续增长，地方政府隐性债务风险加剧

国际公认的赤字率的警戒标准为3%，改革开放以来，中国赤字率始终保持在3%以下，只在2016年和2017年预算赤字率达到3%的水平。根据财政部数据，受新冠肺炎疫情的影响，2020年我国一般公共预算赤字3.76万亿元，财政赤字率为3.6%。从全球范围看，中国赤字率并不高（IMF，2020）。

2020年，政府部门杠杆率上升较快，从2019年末的38.5%增长至45.6%，增幅达7.1%，高于2009年国际金融危机期间5.8%的增幅（见图6-8）。截至2020年末，地方政府债务余额 25.66 万亿元，控制在全国人大批准的限额 28.81 万亿元之内，加上纳入预算管理的中央政府债务余额 20.89 万亿元，全国政府债务余额 46.55 万亿元，按照国家统计局公布的 2020 年 GDP 初步核算数 101.6 万亿元计算，政府债务余额与 GDP 之比（负债率）为 45.8%，低于国际通行的 60% 警戒线，风险总体可控。2010 年以来，地方政府杠杆率始终高于中央政府。与中央相比，地方财政更加困难，部分省份重回"吃饭财政"的状态。近两年来随着经济下行压力不断加大，与地方政府隐性债务相关的融资平台非标违约风险也在持续暴露。尽管近年来，国家层面出台了一系列的政策，如严禁政府实施隐性担保，但是就本报告测算地方政府债务规模的结果来看，依然没有起到实质性的控制作用，地方债务累积扩大了结构性矛盾，整体上降低了社会投资效率和经济增长质量。除此之外，居高不下的地方债务积累了庞大的金融风险，地方政府通过对控股或全资的地方金融机构的行政干预，借款垫付地方债务是转轨时期各地普遍存在的现象，地方债务向金融机构转移导致地方金融机构财务状况恶化，金融风险累积。未来各级财政部门需要积极有效防范控制地方政府隐性债务风险，消化存量、遏制增量将成为政策调控的主基调。

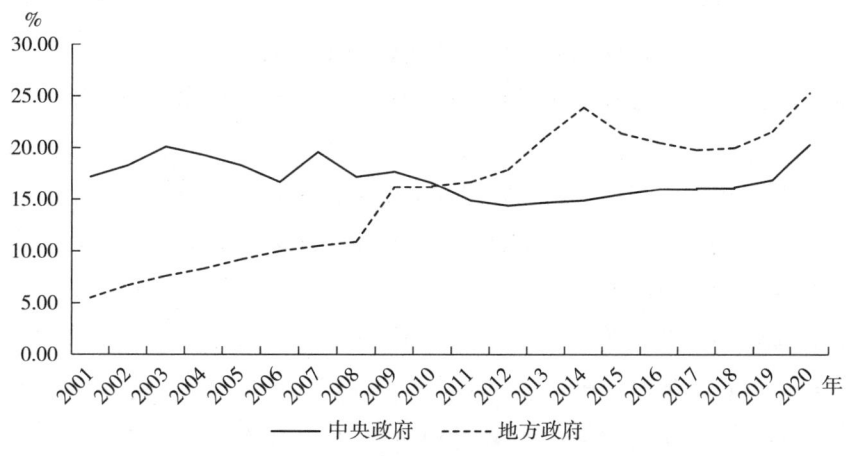

图 6-8 中央政府与地方政府杠杆率（2001—2020 年）

（三）居民部门杠杆率增幅较大，主要受房地产市场影响

2020 年我国居民部门杠杆率较 2019 年末上升 6.1 个百分点，增长至 62.2%。与其他国家比较，我国居民部门杠杆率尚且不高，仍低于美国和英国的水平，但最突出的隐患就是近 20 年来攀升速度较快（见图 6-9），而英国和美国自 2008 年国际金融危机后都有一个显著的去杠杆过程，随后基本稳定。在全部居民债务中，中长期消费贷款（主要是住房按揭贷款）占到全部居民贷款的 65%，成为居民部门杠杆率长期增长的主要驱动力，与 GDP 之比达到 40.1%。居民短期消费贷款占 GDP 之比从 2010 年的 2.3% 增长到 2020 年末的 8.6%，居民经营性贷款与 GDP 之比增长至 2020 年末的 13.4%。2020 年第一季度受疫情影响，房地产成交量较低，但随后逐渐恢复，下半年成交量达到 2016 年末以来的峰值，十大城市商

品房全年成交套数达到 79.2 万套，同比增长 7.8%。此外，信用环境相对宽松和利率下行也成了我国房地产市场活跃和主要一线城市房价上涨的重要影响因素。虽然疫情冲击或使得因城施策下的房地产政策会出现局部放松，但基于政策当局"不以房地产作为刺激经济的手段"以及市场对房地产价格企稳的预期，预计居民债务水平的增速会持平或趋缓。

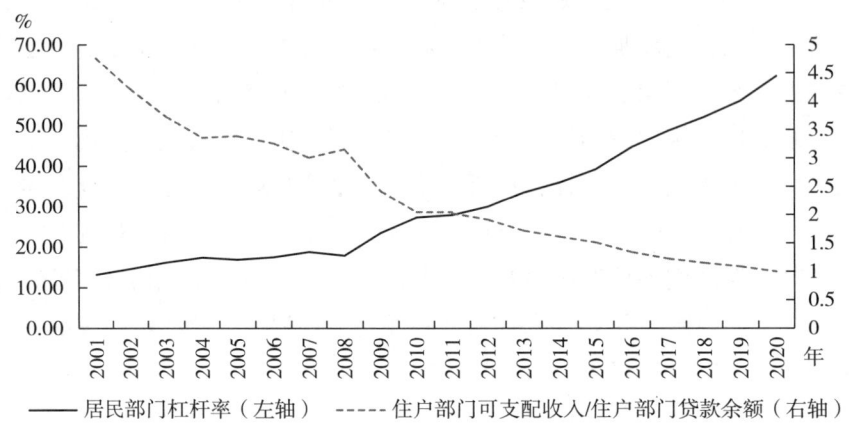

图 6 - 9　居民部门负债情况（2001—2020 年）

（四）非金融企业部门杠杆率攀升，信用债违约趋于常态化

2008 年国际金融危机爆发之后，为抵抗危机传染，稳定经济增速，我国采取了大规模的投资刺激政策，由此进入了以高负债为主要特征的加杠杆周期。其中我国非金融企业负债水平的提升甚为明显，近几年来非金融企业部门杠杆率的攀升速度相当惊人。非金融企业的过度高杠杆，不仅导致企业深陷债务泥潭，容易引发系统性风险，同时也抑制了企业的盈利能力与发展潜力。

通过提高杠杆率发展经济的基本条件是借债的成本小于资金投入的产出，然而如图 6 - 7 所示，自 2001 年起，非金融企业部门杠杆率保持平稳，2008 年甚至跌破 100，进入"危险区域"，这给我国经济转型和产业结构调整带来巨大的麻烦。同时可以看到从 2011 年以来杠杆率一路攀升，到 2016 年达到 157.6%，随后两年有所下降，2019 年基本与 2018 年持平，整体债务水平依然较高，总体继续保持去杠杆路径。2020 年非金融企业部门杠杆率增长至 162.3%，四个季度增幅依次为 9.9%、3.4%、- 0.6% 和 - 2.3%。在上半年，为了对冲疫情冲击、恢复经济增长，央行出台了若干项临时的货币政策工具，迅速发挥了效果，使得我国经济扭转衰退势头，率先实现增长。下半年信用环境逐渐走向常态化，非金融企业表外融资继续下降，大量表外融资回归表内。此外，随着偿债高峰期的到来，在各种超常规的疫情救助和纾困政策、宽松信贷政策陆续退出的过程中，信用债违约或许成为常态（见图 6 - 10）。2020 年公司信用债违约事件数量和规模持续扩大，其中企和高评级公司债券违约事件最为突出，从而进一步引发市场动荡和风险定价重估，加大了企业债券融资难度和成本，但与此同时也将有利于打破"国企信仰"，推动信用债市场的健康发展。

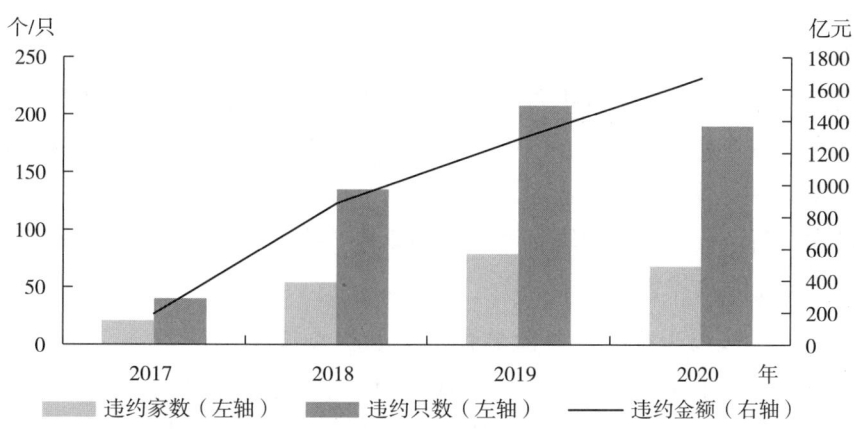

图 6-10　我国信用债违约情况（2017—2020 年）

第四节　结论与展望

一、主要结论

（一）经济增长态势不容乐观，下行压力依旧存在

从总量层面来看，2020 年 GDP 全年增速 2.3%，尤其是下半年第三、四第季度 GDP 同比增长率依次达到 4.9% 和 6.5%。前期受新冠肺炎疫情停工停产政策影响较大的经济供给面得到迅速恢复，但当前阶段国内有效需求尚且不足，居民消费增速远低于收入增速，企业投资积极性不高，国外疫情持续影响我国外贸出口量。从结构层面来看，推动经济增长的总投资各构成部分中，房地产开发投资 2020 年持续领跑，基建投资（不含电力）呈温和增长态势，但制造业投资受冲击较大，2020 年累计同比减少 2.2%。大型企业与中小微企业之间、高收入群体与低收入群体之间存在结构性差异。疫情防控管制措施对中小微企业经营活动造成的冲击远强于大型企业，中小微企业的存活率足足降低 11.81%，接近六成的中小微企业产能恢复程度低于 50%。我国收入分配格局总体呈现金字塔型，2020 年我国居民人均可支配收入中位数同比增长 3.8%，比全国居民人均可支配收入的增速低 0.9%，新冠肺炎疫情或将进一步扩大"金字塔"顶部和底部群体的收入差距。

（二）疫情引发全球经济不确定性，但总体风险仍旧可控

新冠肺炎疫情重塑了全球供应链，对世界经济产生了巨大冲击。根据国际货币基金组织发布的《世界经济展望（2020）》显示，2020 年全球经济整体萎缩 3.5%，经济复苏之路举步维艰。目前疫情蔓延扩散态势尚未得到完全遏制，全球疫情防控形势依然严峻，这将在中长期内对世界经济发展造成巨大的不利影响，进而拖累中国经济的发展。此外，在疫情后政治"民粹化"、中美"软脱钩"的新形势下，可以预见中美关系的长期方向不会发生变化，

中美博弈大势不会改变，需要时刻警惕美国对我国进一步遏制打压。新冠肺炎疫情造成外部环境的高度不确定性，加速了传统国内国际循环模式的终结。2020 年 4 月 10 日，习近平总书记在中央财经委员会第七次会议中首次提出"双循环"的理念。"双循环"是以国内大循环为主体，把发展的立足点更多放在国内，扩大内需，同时摆脱过度依赖于传统国际大循环的模式，通过发挥内需潜力，更好连通国内国际两个市场。在双循环相互促进下，消费需求升级必将促进大批新产业、新业态脱颖而出，持续提升我国在全球产业分工体系中的地位和作用，为经济高质量发展提供新动能。

（三）改革和政策存在时滞，非金融企业发展压力较大

近年来，供需矛盾不断深化，需求端表现乏力，投资、消费和出口"三驾马车"增速都出现了不同程度的下滑，加大了供给端的压力，进而对非金融企业带来了一定程度的不利影响。目前减税降费虽然正在推行，但中小企业融资难的问题并未得到完全的解决，大型商业银行仍旧是企业贷款的主要来源，由于银行对坏账率存在着要求，故而相对而言违约风险更高的中小企业更难获得贷款，与此同时中央加强了对影子银行的管制，中小企业通过第三方进行贷款也更为困难，发展压力不断加大。供给侧结构性改革从长远来看会提高非金融企业的活力，但短期内存在着一定的阵痛期。转型阶段势必会对部分产能过剩行业和劳动密集型产业带来一定的损失，短期来看这部分行业发展可能会出现一定的下滑，加大了企业的运营风险。

（四）地方政府债务压力沉重，潜在金融风险加大

受新冠肺炎疫情影响，2020 年我国一般公共预算赤字 3.76 万亿元，财政赤字率为3.6%，政府部门杠杆率从 2019 年末的 38.5% 增长至 45.6%，高于 2009 年国际金融危机期间 5.8% 的增幅。随着经济下行压力不断加大，地方政府债务逐渐上升，成为我国系统性金融风险的重要来源。地方政府通过对控股或全资的地方金融机构的行政干预，地方债务向金融机构转移导致地方金融机构财务状况恶化，潜在金融风险累积。在预算软约束下，地方政府为地方融资平台提供隐性担保，造成了地方融资平台的无序扩张，进一步加大了地方政府隐性债务风险。

二、未来展望

我国制定"十四五"规划和 2035 年基本实现社会主义现代化远景目标，将逐渐拉开未来 5～15 年高质量发展的时代序幕。2021 年是"十四五"规划的开局之年，无疑将释放明显的政策红利，改革也将深入展开。此外，新冠肺炎疫情发展形势以及世界格局的重大调整对中国宏观调控政策提出新的要求，以解决发展过程中的结构性、长期性问题为目标的跨周期调控成为新时期的施政框架。

多重因素支持中国经济稳步复苏。2021 年是实施"十四五"规划，落实新发展理念，促进高质量发展的开局之年，政策重点将转向科技创新、产业升级以及要素市场改革三大领

域。一是科技创新，坚持创新在我国现代化建设全局中的核心地位，把科技自立自强作为国家发展的战略支撑；二是要素市场改革，推进土地、劳动力、资本、技术、数据等要素市场化改革；三是产业升级，加快发展现代产业体系，坚定不移建设制造强国、质量强国、网络强国。随着疫情持续有效地得到控制，经济持续复苏和构建以国内大循环为主体、国内国际双循环相互促进的新发展格局，内外需将共推经济走上趋势性运行轨道。随着全球疫情步入拐点，各国政府将会逐步放松防控措施，各地复工复产将陆续展开，美国拜登政府执政后，恢复经济成为其首要任务，各项刺激政策将陆续出台。美国经济复苏将带动世界经济逐步回归疫情暴发前水平，中国进出口整体环境可能得到边际改善。2020 年下半年以来，中国居民人均可支配收入较快修复，就业形势同步改善，这些利好因素将有利于推动居民消费信心重回上升通道。我国社会总投资结构加速转变，投资增长引擎可能转向新方向。从三大投资领域来看，2020 年房地产投资恢复快于基建投资和制造业投资，未来制造业投资有希望成为新的发力点。2020 年中央经济工作会议将"强化国家战略科技力量""增强产业链供应链自主可控能力"分别排在 2021 年重点任务的前两位，表明政策红利将进一步支撑制造业投资资金需求。

宏观政策保持连续性和稳定性。2020 年中央经济工作会议强调要继续实施积极的财政政策，保持对经济恢复的必要支持力度；不急转弯，把握好政策时效性。展望 2021 年，积极财政政策将保持连续性和稳定性。在财政支出端，将增强国家重大战略任务财力保障，促进科技创新、加快经济结构调整将成为重中之重。稳健的货币政策更加灵活精准、合理适度，保持货币供应量和社会融资规模与反映潜在产出的名义国内生产总值增速基本匹配。

健全金融风险防控体系，防范化解重大金融风险。近年来我国防范化解重大金融风险攻坚战取得显著成果，未来需要继续提高风险应对能力，加强防范重点领域高风险机构的风险化解工作。要关注资金流向，避免部分资金过度流向股市、房地产等领域。另外需要积极化解中小银行资本金瓶颈，在支持地方政府专项债有序发行的同时，也要谋划部分专项债的市场化退出安排。精准有效处置重点领域风险，既要着力化解重点领域的"灰犀牛"风险，也要着力防范金融市场异常波动风险，守住不发生系统性金融风险的底线。

第七章　全球主要经济体对中国金融安全的溢出效应评估

经济全球化是当今社会的共识。国际货币基金组织认为，经济全球化是指跨国商品与服务贸易及资本流动规模和形式的增加，以及技术的广泛迅速传播导致的世界各国经济相互依赖性的增强。各国经济通过不断增长的各类商品和货物的广泛输送，通过国际资金流动、技术的广泛传播，形成相互依赖的关系。全球经济、金融和贸易的紧密联系，在给全球经济发展带来机遇的同时，也使世界各国面临严峻的挑战。世界一部分国家的经济发展状况会对其余国家产生溢出效应。近年来，习近平总书记多次强调"当今世界正经历百年未有之大变局"。尤其是2020年新冠肺炎疫情的全球暴发，给全球经济和国际秩序带来巨大冲击。在此背景下，研究世界主要经济体对我国金融安全的溢出效应，一方面有利于科学评估我国当前金融安全状况，另一方面还有助于把握未来前进方向。

本章将对国际经济形势及主要经济体发展状况对我国金融安全的溢出效应进行研究，并在此基础上分析主要经济体未来可能面临的风险。

第一节　评估体系和指数构建

美国、日本和欧元区等发达经济体一方面在国际金融市场、国际大宗商品市场、国际贸易中占据重要地位，对全球经济发展影响较大；另一方面其与我国政治往来频繁、经济联系紧密，对我国经济发展影响较大。因此，本章以美国、日本和欧元区三大经济体为代表，研究全球经济对我国金融安全的溢出效应。

一、评估体系概述

为了评估全球各经济体的溢出效应，本章从经济基本面指数和金融市场指数两方面构建总体指数。其中，经济基本面指数用于评价该经济体经济基本面发展状况，是决定一国（或经济体）中长期经济走势的基础。本章使用的经济基本面指数基于OECD领先指标增速、GDP增速、就业率增速、对华进口增速、投资增速、10年期国债利率安全程度增速6项指标构建，基本涵盖了一国经济发展的主要方面。其中，10年期国债利率安全程度为本章自行构建的指标，该指标定义为100与10年期国债利率的差值。一般来说，国债利率上涨，国债的风险就会增加，因此国债利率安全程度的数值高低可以反映国债安全情况。金融市场指数由货币市场指标和资本市场指标两部分构成。其中货币市场指标以中国与其他经济体基准利率的利差绝对值衡量。具体而言，以美国联邦基金利率（FFR）、东京同业拆借利率（TIBOR）、欧元银行同业拆借利率（EURIBOR）与上海银行间同业拆放利率（SHIBOR）之间的利差绝对值衡量，用于反映该经济体的银行资金状况。资本市场指标以全球五大主要股票市场指数，即美国道琼斯指数、日本日经225指数、德国DAX指数、英国FTSE100指数和法国CAC40指数的增速衡量。由于股市是一国经济晴雨表，资本市场指标可作为一国经济状况的先行指标。

　　经济基本面指数与金融市场指数综合为总体指数。总体指数反映了特定年份全球主要经济体对我国金融安全的溢出效应。总体指数越大，安全性越高。

　　各级指标详情及数据说明见表7-1。

表7-1　　　　　　　　　　　　　　　指标说明

二级指标	三级指标	指标说明	数据来源
经济基本面指数	OECD领先指标增速	指标越大，金融安全程度越高	Wind数据库
	GDP增速	指标越大，金融安全程度越高	Wind数据库
	就业率增速	指标越大，金融安全程度越高	Wind数据库
	对华进口增速	指标越高，金融安全程度越高	Wind数据库
	投资增速	指标越大，金融安全程度越高	Wind数据库
	10年期国债利率安全程度增速	指标越大，金融安全程度越高	Wind数据库
金融市场指数	中美基准利差绝对值增速	指标越大，金融安全程度越高	Wind数据库
	中日基准利差绝对值增速	指标越大，金融安全程度越高	Wind数据库
	中欧基准利差绝对值增速	指标越大，金融安全程度越高	Wind数据库
	道琼斯指数增速	指标越大，金融安全程度越高	Wind数据库
	日经225指数增速	指标越大，金融安全程度越高	Wind数据库
	德国DAX指数增速	指标越大，金融安全程度越高	Wind数据库
	英国FTSE100指数增速	指标越大，金融安全程度越高	Wind数据库
	法国CAC40指数增速	指标越大，金融安全程度越高	Wind数据库

二、金融安全总体指数构建

（一）总体指数构建

国际溢出效应由基本面溢出效应和金融市场溢出效应两部分构成。在完成两个部分的指数化构建后，假设两类指数对于金融安全本身同等重要，因此在总体指数构建中，对两类指数赋予一致的权重。此外，根据前文对样本指标设计的介绍，相关指标越大，则代表中国金融市场的安全性越高。

（二）指标计算方法

1. 经济基本面指数设计

使用三大经济体的 OECD 领先指标、GDP、就业率、对华进口、投资、10 年期国债利率安全程度等六类宏观经济指标的增速作为经济基本面的评估指标，并对每类指标赋予同等的权重。同时，对美国、日本和欧元区三个经济体在各个指数内的权重设置，本章使用标准差权重法予以分配，即在计算获得六类指标增速的标准差后，以三个经济体在每个指数标准差之和中的贡献度，作为其在指数中的权重。本章以年为单位进行评估，对于所有日频、月频数据，借鉴顾夏铭（2018）的方法计算年度算术平均值，进而转化成年度数据。

2. 金融市场指数设计

金融市场指数由货币市场指标和资本市场指标构成。其中货币市场指标由美国联邦基金利率、东京同业拆借利率、欧元银行同业拆借利率与上海银行间同业拆放利率之间的利差绝对值构成；资本市场指标由道琼斯指数、日经 225 指数、德国 DAX 指数、英国 FTSE100 指数、法国 CAC40 指数的增速构成。每个经济体在指标中的权重同样采用标准差权重法确定，且对货币市场和资本市场赋予同等权重。对于日频、月频数据，同样采用算术加权转化为年度数据。

3. 指标的无量纲化处理

为了便于指标的加总、比较和评价，本文利用功效系数法对每类指标进行无量纲化处理。即在确定第 j 类样本数据中的满意值 M_j 和不容许值 m_j 后，利用公式 $60 + \dfrac{x_{ij} - m_j}{M_j - m_j} \times 40$ 进行计算，其中 x_{ij} 为第 j 类数据中第 i 年的值。此类处理方法可以将评价系数固定在 60～100 分，方便后期进行直观判断。对于满意值 M_j 和不容许值 m_j，本章以相应数据中的最大值和最小值作为代替。其中，由于货币市场的三个利差绝对值增速指标越小意味着越安全，故对其进行无量纲化处理时，先用 100 减去按上述方法计算出来的数值再加上 60。

4. 总体指数构建

国际溢出效应总体指数由基本面溢出效应和金融市场溢出效应两部分构成。在完成两个部分的指数化构建后，假设两类指数对于金融安全本身同等重要。因此在总体指数构建中，对两类指数赋予同等的权重。国际溢出效应总体指数越大，代表我国金融市场的安全性越高。

第二节　评估结果分析

一、主要经济体对我国金融安全的溢出效应

基于以上介绍，本部分对相关指数进行了计算，计算结果如表 7－2 所示。

表 7 - 2　　　　　主要经济体对我国金融安全的溢出效应（2001—2020 年）

年份	国际经济基本面溢出效应指数	国际金融市场溢出效应指数	总体指数
2001	85.11	71.78	78.45
2002	82.02	66.05	74.04
2003	88.80	96.69	92.74
2004	89.92	86.51	88.21
2005	90.35	96.24	93.29
2006	88.31	91.16	89.73
2007	87.30	80.40	83.85
2008	80.48	74.33	77.41
2009	64.41	97.47	80.94
2010	93.50	72.92	83.21
2011	86.96	76.13	81.55
2012	86.41	94.22	90.31
2013	83.16	94.97	89.07
2014	87.91	89.25	88.58
2015	89.44	91.24	90.34
2016	84.71	91.56	88.13
2017	86.23	89.15	87.69
2018	85.31	86.45	85.88
2019	85.97	96.89	91.43
2020	72.14	83.81	77.97

图 7 - 1 展示了三大指数的走势变动。总体上看，一级指标与两个二级指标变化趋势大体相同。但 2008 年后，受国际金融危机影响，国际金融市场溢出效应指数与其余两个指数出现了分化。由于与实体经济相比，金融市场恢复较为迅速，2008—2017 年国际金融市场溢出效应指数往往作为经济的先行指标。

整体上看，总体指数的走势可分为两个阶段。第一阶段为 2001 年以后至 2008 年以前。这一时期，在经历了前期的经济大繁荣之后，2008 年国际金融危机爆发，总体指数由 2005年最高位 93.29 下跌至 2008 年的 77.41，给我国金融安全带来巨大冲击。第二阶段为 2008年后。随着各国强刺激政策的出台及监管政策的放松，各国经济缓慢复苏，经济基本面不断改善，投资者信心增强，金融市场表现良好。尽管局部风险事件频发，总体指数依然缓慢上升，2019 年达到 91.43，几乎恢复到金融危机之前的水平。但 2020 年，受新冠肺炎疫情冲击，总体指数跌落至 77.97。

我们重点关注 2018—2020 年世界经济对我国金融安全的溢出效应。在 2017 年制造业和贸易回暖的支撑下，全球经济在乐观的气氛中开启了 2018 年。总体上看，2018 年世界经济继续温和增长，但动能有所放缓。以美国、欧元区为代表的主要经济体维持相对强劲的增长，失业率均处于历史低位；以印度、俄罗斯、巴西为代表的主要新兴经济体经济也实现不同程度的复苏。然而，一方面，在新一轮科技革命和产业变革尚未实现重大突破的情形下，主要发达经济体经济增速已经达到甚至超过其潜在增长率，相对强劲增长伴随通胀率的明显上升，增长难以长期维持；另一方面，受贸易保护主义抬头等因素影响，国际贸易和跨境投资在 2018 年表现不佳。尤其是 2018 年中美贸易摩擦进一步加强了世界经济的不确定性。在经济温和增长和不确定性加强的作用下，2018 年的三类指数均出现了小幅度下降。全球主要经济体对我国金融安全的隐患问题较为明显。

2019 年，关税壁垒冲突上升、贸易和地缘政治风险的不确定性以及发达经济体的结构性因素导致了全球经济贸易增速显著放缓，外国直接投资大幅下降，主要发达经济体增速持续下行，新兴经济体下行压力加大。2019 年，欧元区的经济表现为 2013 年以来的最差水平，制造业 PMI 初值连续 11 个月低于象征景气荣枯线的 50。日本出口低迷，11 月核心 CPI 实际同比涨幅为两年多以来的最低值，为避免通货紧缩风险，日本出台了一项超 2000 亿美元的刺激计划。值得一提的是，在全球经济放缓的大背景下，2019 年全球金融市场表现亮眼，全球股市集体走强。根据德意志银行统计，2019 年全球股市价值从年初不到 70 万亿美元，一路飞涨至 85 万亿美元。与此同时，国际黄金价格不断攀升，同期上涨 20.3%，出现了风险资产与避险资产双双上涨的局面。其原因既包括全球主要风险资产在 2018 年下跌严重后在 2019 年有所反弹，也受益于全球流动性持续宽松的影响。全球主要经济体强有力的应对政策使 2019 年三类指数均出现了上升，尤其是总体指数和国际金融市场溢出效应指数大幅度上升。然而，决定经济中长期走势的国际经济基本面溢出效应指数仍然处于 85.97 的低位，尚未恢复到 2008 年国际金融危机之前的水平，说明 2019 年全球主要经济体对我国金融安全依然具有较大负面影响。

2020 年，在新冠肺炎疫情全球蔓延的背景下，世界经济遭受史无前例的冲击。疫情期间，多国加码实施封锁抗击疫情，部分国家和地区保护主义升温，各国生产、消费、投资等

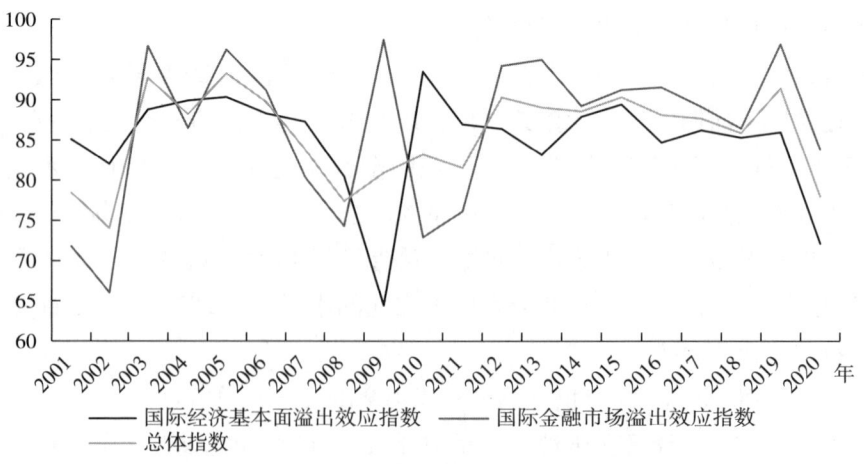

图 7-1 三类指数走势变动图（2001—2020 年）

经济活动均处于低位。2020 年全球经济负增长，中国为全球唯一实现正增长的主要经济体。2020 年三类指数均出现大规模下降，总体指数跌至 77.97。我国金融安全面临巨大的外部风险。

二、国际基本面溢出效应

表 7 – 3 展示了国际经济基本面溢出效应对我国金融安全的影响。与 2019 年相比，2020 年各项指标中除了对华进口增速、10 年期国债利率安全程度增速两个指标小幅度增加外，其余指标均大幅度下降，其中 GDP 增速、就业率增速下降幅度超过 30%。受新冠肺炎疫情冲击，2020 年世界经济出现深度衰退。为防控新冠肺炎疫情，各国纷纷采取"封城"措施，加大对人口流动的限制，使服务业遭受重创，特别是零售、休闲、酒店、娱乐以及交通运输等需要实体互动的行业。由于发达经济体经济总量中第三产业占比较大，多国经济出现明显下滑。全球产业链断裂、大量工厂停工倒闭，多国失业率由疫情前的历史低位迅速上升。秋冬季疫情反弹后，全球失业状况进一步恶化。新冠肺炎疫情不仅使投资机会减少，而且使已有的国际投资项目不得不推迟甚至取消。2020 年上半年，全球 FDI（外国直接投资）流入额比上年同期下降 49%。联合国贸易和发展会议估计，2020 年全球外国直接投资流量比 2019 年大幅下降 40%。受中美两国经贸摩擦、美国与其他国家的贸易冲突以及 2020 年新冠肺炎疫情影响，国际贸易在 2020 年延续了 2019 年的萎缩态势，且萎缩幅度显著扩大。2020 年下半年，由于中国疫情防控较好而海外疫情防控不力，多国向中国大量购买防疫物资及生活用品，海外订单的增加，对我国相关公司业绩具有明显的提振作用，但同时也对企业在加强产业链的协调、精准对接国内外的需求方面提出了更高要求。为应对疫情冲击，全球 60% 的经济体的央行将利率降至不到 1%，许多经济体甚至采取负利率，这种情况为历史首次出现。仅 2020 年 3 月美联储就两次降息，欧洲、日本、英国和澳大利亚的央行也将利率降至创纪录低点。全球流动性宽松，短期内有效缓解了市场恐慌情绪和流动性紧张状况，对包括中国在内的新兴市场金融稳定也产生了正外部性，但中长期看，将对中国经济形成杠杆率上升、竞争性贬值、资产泡沫化、物价上涨、资本流动冲击等诸多挑战。

表 7 – 3　　国际经济基本面溢出效应对我国金融安全的影响（2001—2020 年）

年份	OECD 领先指标增速	GDP 增速	就业率增速	对华进口增速	投资增速	10 年期国债利率安全程度增速
2001	62.74	96.74	86.90	79.82	87.22	97.23
2002	76.43	89.32	82.17	77.28	85.45	81.49
2003	77.84	92.63	87.50	94.53	92.56	87.72
2004	87.16	99.97	93.13	97.85	99.26	62.16
2005	75.88	98.12	93.87	95.16	99.78	79.28
2006	83.76	100.00	95.94	90.15	100.00	60.00

续表

年份	OECD 领先指标增速	GDP 增速	就业率增速	对华进口增速	投资增速	10 年期国债利率安全程度增速
2007	79.28	99.27	93.80	86.75	93.88	70.81
2008	61.77	84.20	82.71	81.14	84.07	89.01
2009	60.00	61.54	60.00	60.00	60.00	84.92
2010	100.00	94.56	86.33	100.00	97.73	82.38
2011	77.38	88.62	95.07	83.78	96.71	80.22
2012	71.56	88.18	91.69	75.71	91.29	100.00
2013	81.72	90.08	92.85	72.00	93.92	68.41
2014	79.51	94.95	100.00	78.19	97.68	77.12
2015	74.70	99.47	99.05	76.65	97.85	88.91
2016	73.50	91.43	96.32	71.48	90.81	84.69
2017	82.69	96.21	97.55	80.83	97.40	62.71
2018	77.84	95.76	96.88	79.44	98.44	63.50
2019	70.95	93.35	93.99	69.10	95.21	93.23
2020	64.48	60.00	61.75	73.21	78.76	94.64

图 7-2 展示了不同经济体 OECD 领先指标增速。OECD 领先指标一般用于经济预测，指标增速的变动可以反映相关经济体经济扩张和收缩的情况。自 2017 年开始，美国、日本和欧元区三大经济体的 OECD 领先指标增速开始下滑，2019 年和 2020 年增速均为负数。2020 年，美国的 OECD 领先指标增速下降最快，为 -1.84%，欧元区次之，为 -1.74%，日本为 -1.09%。2020 年三大经济体的指标增速都未跌至 2008 年国际金融危机的最低值。尽管全球经济处于缓慢复苏进程，但仍存在进一步恶化的可能。

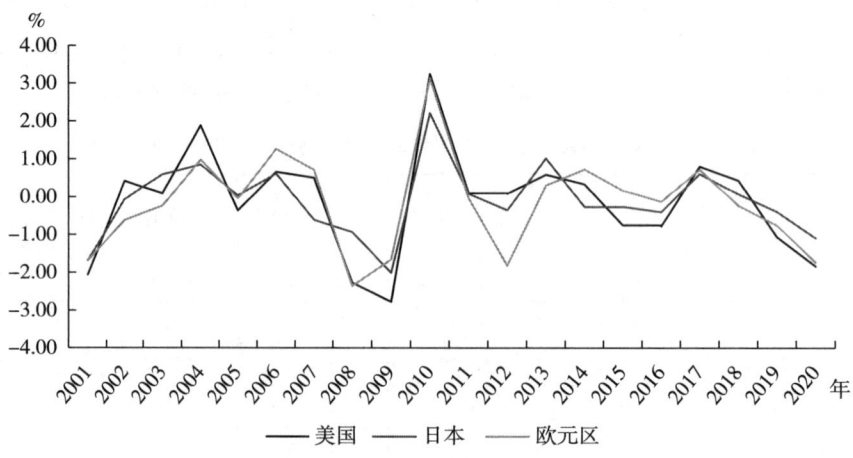

图 7-2 不同经济体 OECD 领先指标增速 （2001—2020 年）

图 7 - 3 展示了不同经济体 GDP 增速。进入 21 世纪后，美国的 GDP 增速一直保持较强劲的势头；欧元区在 2008 年国际金融危机后经历了希腊债务危机、德国经济增长动力转换、英国脱欧等事件，经济发展不稳定；日本经济增长一直较弱，但在 2013 年至 2017 年间出现较好的增长势头。2020 年，美国、日本、欧元区的 GDP 增速均为负，分别是 -2.32%、-3.95% 和 -5.10%。2020 年欧元区 GDP 增速较美国和日本出现如此大幅度下降的一个重要原因是，尽管欧洲出台了规模庞大的宽松货币和财政刺激政策，但受限于欧盟和欧元区的成员集体决策机制，政策力度不足，出手速度较慢。

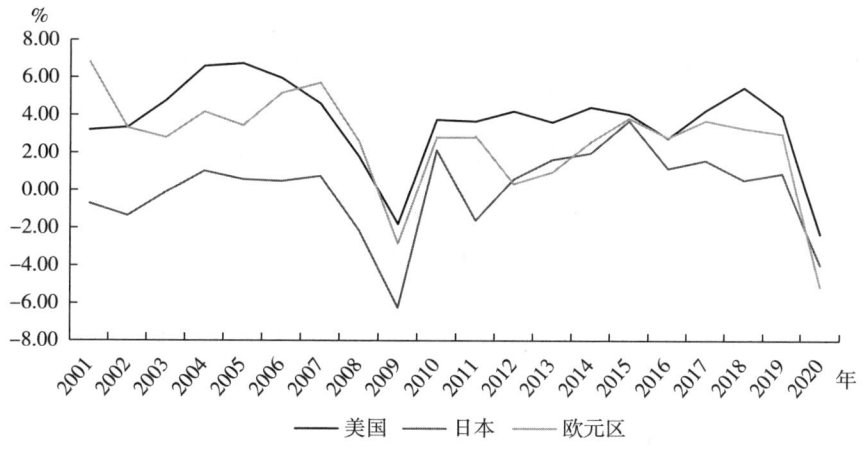

图 7 - 3 不同经济体 GDP 增速（2001—2020 年）

图 7 - 4 展示了不同经济体就业率增速。不难发现，与日本相比，美国、欧元区的就业率增速波动较大。2020 年，美国、日本和欧元区的就业率增速均为负，分别为 -4.59%、-0.36%、-0.44%。美国就业率增速急剧下降的原因在于，汽车制造业为美国提供了大量就业，但疫情期间大量汽车工厂的关门倒闭导致大量工人失业。餐饮、住宿等服务业的停滞加剧了失业率的上升。两者共同作用导致美国失业人数激增。根据投资银行高盛 2020 年 5 月 12 日公布的报告，受新冠肺炎疫情影响，美国失业率峰值或将达到 25%，这一数据相当于 20 世纪 30 年代美国经济大萧条时的最高失业率。而 2020 年日本和欧元区的就业率增速却没有显著的下降：日本就业率增速没有显著下降的原因是其因老龄化导致的劳动力市场长期的供应不足；而欧元区就业率增速下降不显著的原因是其失业率长期处于高位，降无可降，并且其失业率的统计也存在遗漏的问题，欧盟统计局就指出其发布的失业率指数不包含疫情期间放弃寻找工作的人群。

图 7 - 5 展示了不同经济体投资增速。2020 年，美国、日本、欧元区的投资增速分别为 -2.33%、-4.01%、-9.02%。美国投资增速下降幅度较小主要得益于美国上半年推出的一系列补贴、复工等经济复苏政策释放了积极信号并开始发力，企业对未来一年的经营预期在 6 月开始触底反弹。疫情期间，日本也实行了一系列经济刺激政策。据 2020 年 4 月 2 日

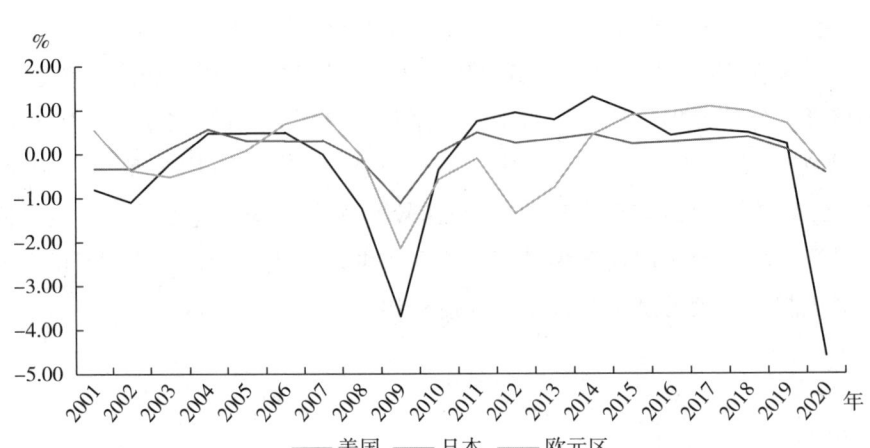

图 7 - 4　不同经济体就业率增速（2001—2020 年）

日本共同社报道，日本考虑对受疫情影响严重的企业投资 1000 亿日元。欧元区 2020 年投资数据大幅度下滑则主要受英国脱欧和新冠肺炎疫情双重影响。在此影响下，欧元区未来的不确定性增强，抑制了企业投资。

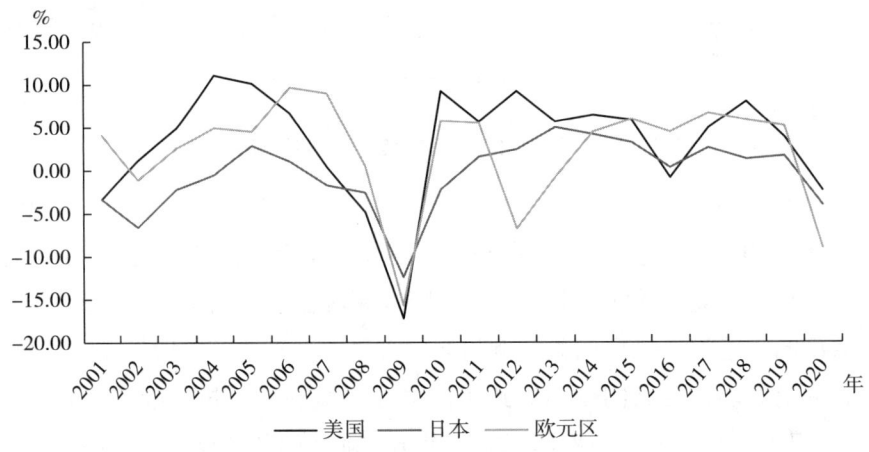

图 7 - 5　不同经济体投资增速（2001—2020 年）

图 7 - 6 展示了不同经济体 10 年期国债利率安全程度增速。2008 年国际金融危机爆发后，欧美各国政府对金融机构进行流动性救助，三大经济体的 10 年期国债利率安全程度增速在大多数年份都为正。2020 年，受新冠肺炎疫情影响各国央行纷纷通过下调利率（许多国家的利率已降至历史最低水平）来支持经济，为市场大规模注入流动性。特别是美联储为避免美元紧张，通过大量非常规货币工具来释放流动性。在此背景下，2020 年美国 10 年期国债利率安全程度增速高达 1.28%，为历史最高位。日本和欧元区的 10 年期国债利率安全程度增速均出现下降，分别为 -0.11%、0.26%。

图 7 - 7 展示了不同经济体对中国进口增速。对中国进口是最直接的显示其他经济体对

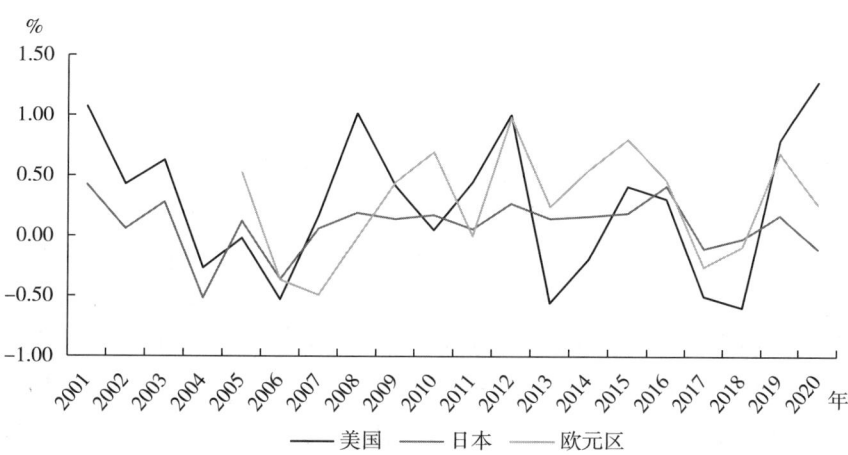

图 7 - 6　不同经济体 10 年期国债利率安全程度增速（2001—2020 年）

我国国际贸易的溢出效应的指标。2008 年国际金融危机前，美国、日本和欧元区都保持着对我国进口数额的正增长。尽管在 2009 年为负增长，但其后美国、日本和欧元区对中国进口都迅速恢复了增长的局面，但是增速都难以回到危机前的水平，日本甚至连续几年出现对中国进口负增长。2018 年中美贸易摩擦发生后，除了欧元区的对中国进口增速仍为正外，美国和日本的对中国进口增速均为负。2020 年，美国、日本和欧元区的对中国进口增速分别为 - 3.55%、 - 3.29%、5.66%。欧元区对中国进口增速为正的主要原因在于中欧关系的改善以及欧盟从中国进口大批量的防疫物资。据统计，2020 年前 8 个月，欧盟有 92% 的口罩和 62% 的呼吸机都是从中国进口的。如果贸易保护政策持续升级，将为全球经济带来不可逆转的损害，我国金融安全将面临更严峻的国际环境。在此背景下，我国提出的"双循环"发展格局有利于增强我国高质量发展的内生动力。

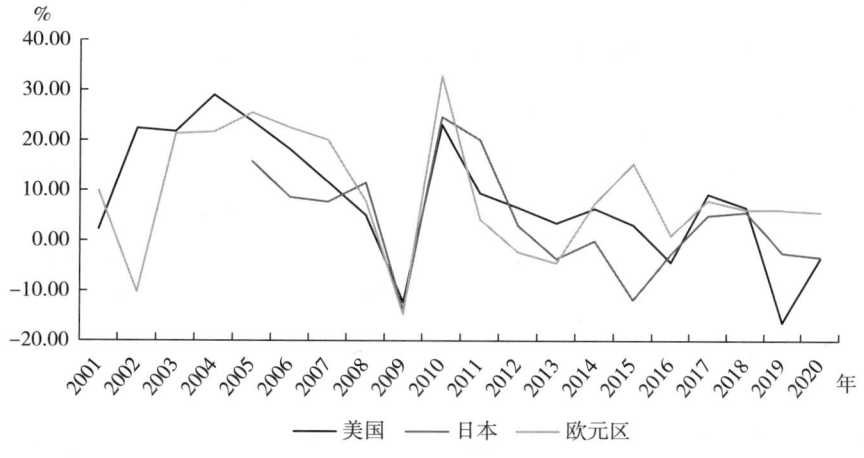

图 7 - 7　不同经济体对中国进口增速（2001—2020 年）

三、金融市场溢出效应

（一）货币市场

图 7-8 展示了国际主要货币市场与中国的利差绝对值的变动情况。在 2008 年国际金融危机后的两年里，三大经济体与我国的银行间同业拆借利率差额处于统计时间段的低水平阶段，这一时期的资本外流风险相对较低。但 2010 年之后，三大经济体与我国的利差逐步扩大，这是由于国际金融危机后三大经济体先后实行量化宽松政策，进入全面降息进程，同时日本和欧元区也实行负利率的货币政策，而我国的 Shibor 一直保持在大体稳定的水平。2014 年后，利差有小幅缩小的趋势，这得益于美国逐步结束量化宽松政策、进入加息通道并于 2017 年大幅上调联邦基金利率。2020 年，受新冠肺炎疫情影响，美国多次下调联邦基准利率导致"人民币–美元"利差绝对值上升，为 1.87%。"人民币–日元"和"人民币–欧元"的利差绝对值均出现下降，分别为 2.17%、2.74%。

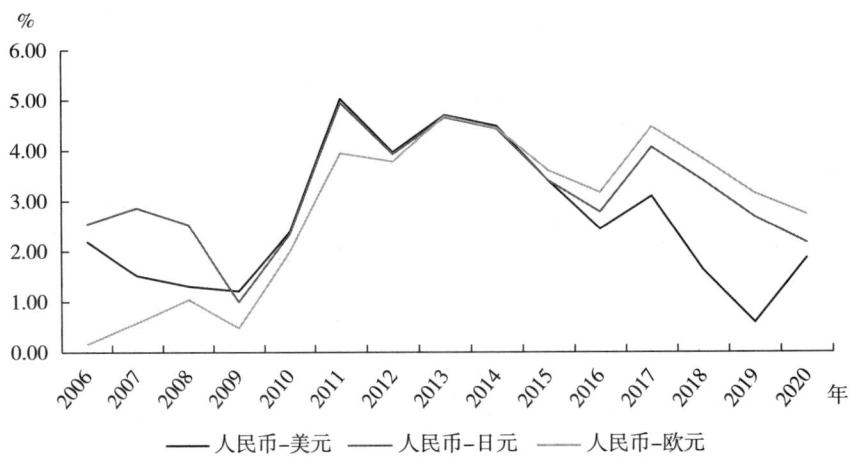

图 7-8 国际主要货币市场利差绝对值变动（2006—2020 年）

（二）资本市场

图 7-9 展示了国际主要资本市场指数增速。从 2001 年到 2020 年，道琼斯指数、日经 225 指数、德国 DAX 指数、英国 FTSE100 指数和法国 CAC40 指数涨幅的标准差分别为 15.1%、23.0%、23.0%、15.7%、19.1%，说明这些主要金融市场指数的波动性一直保持在一个较高的水平，这是国际金融市场溢出效应指数波动较高的原因之一。2020 年，道琼斯指数、日经 225 指数、德国 DAX 指数的增速均保持在正值，分别为 7.2%、16.0%、3.6%，英国 FTSE100 指数和法国 CAC40 指数增速均为负，分别为 –14.3%、–7.1%。英国 FTSE100 指数大幅下跌的原因有英国脱欧、英国配置比例相对较高的大宗商品市场表现不佳、国内缺乏推动股市走高的科技巨头等。虽然道琼斯指数、日经 225 指数、德国 DAX 指数等三大股指都以正增速收盘，但 2020 年全球股市频频震荡，年初以创纪录的速度不断

崩盘，总跌幅达 34%。但是得益于多国流动性宽松政策，全球股市快速反弹。2020 年 11 月，受新冠疫苗利好消息及美国大选尘埃落定的影响，全球股市创下有史以来最佳单月表现。

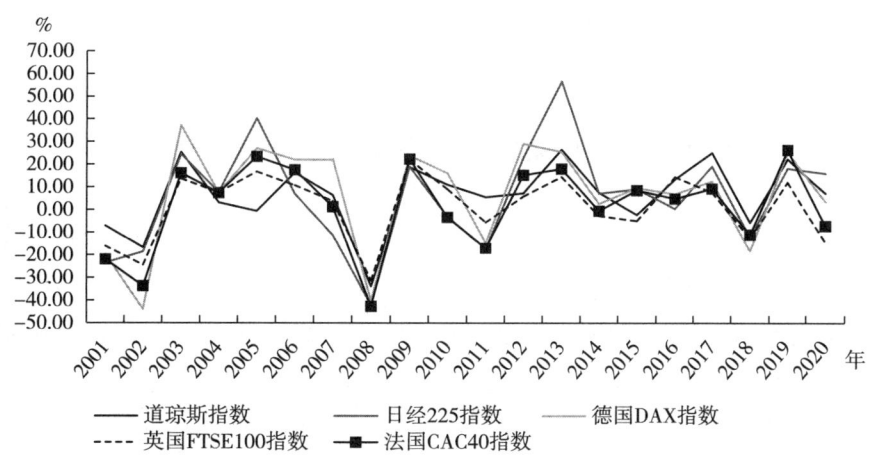

图 7-9　国际主要资本市场指数增速（2001—2020 年）

四、主要结论

（一）国际经济基本面遭受重创

2020 年，国际经济基本面溢出效应指数由 2019 年的 85.97 下降为 72.14，下降幅度为 16.1%。其中 OECD 领先指标增速、GDP 增速、就业率增速、对华进口增速、投资增速、10 年期国债利率安全程度增速的变化幅度分别为 -9.1%、-35.7%、-34.3%、5.9%、-17.3%、1.5%。2020 年新冠病毒的快速传播，迫使许多国家进入长达数月的封锁期，直接造成本国经济生产和国际贸易的巨额损失。全球经济活动明显放缓，国内生产总值 GDP 均跌至历史新低。尽管多国出台了大量经济刺激政策，全球经济也在缓慢复苏，但要想恢复到疫情前水平仍然需要很长一段时间。

疫情期间，国际秩序和国际关系受到重创。强权主义冲击国际稳定。肆意干涉别国内政，动辄实施单边制裁，成为全球和地区安全的最大不稳定因素。保护主义冲击国际贸易。逆全球化思潮不断抬头，贸易投资受到壁垒阻挡，全球产业链供应链濒临断裂。单边主义冲击国际合作。我行我素、毁约退群导致国际体系越来越碎片化、无力化，阻碍了各国应对全球性挑战的努力。在此背景下，全球经济复苏艰难，我国金融安全面临重大挑战。

（二）国际金融市场波动性加剧

国际金融市场溢出效应指数由 2019 年的 96.89 下降为 83.81，下降幅度为 13.5%。新冠肺炎疫情期间，各国出台大量政策措施。2020 年全球主要大类资产市场反映出全球疫情发展与应对措施的影响，总体而言，价格波动历史罕见，市场不确定性远超预期。股市方面，至 2020 年年底，全球五个主要发达国家、地区的市场中，英国、法国的指数尚未从疫情期间的暴跌中恢复出来，较年初仍有不同程度的下跌，美国、日本和德国的股指均恢复至 2020 年年初的水平。货币市场方面，美联储、欧洲央行、英国央行和日本央行都实行超宽松货币政策，特别是美联储开启史无前例的量化宽松，中国央行的流动性宽松政策则相对克制，中美利差开始扩大。

第三节　全球主要经济体风险隐患

《中国社会科学院国际形势报告（2021）》指出，新冠肺炎疫情大流行造成的供应链客观断裂，让某些国家的政府和市场主体的政策调整可能发生"超调"，即不仅考虑未来再次出现疫情等非人为因素造成的供应链客观断裂，还要考虑其他国家蓄意造成的供应链主观断裂，进而在产业链供应链重构过程中，过多加入地缘政治、大国博弈等非市场因素的考量，人为造成产业链供应链"壁垒化"的"自我实现"。在全球产业链客观断裂和主观断裂的共同作用下，各国形成两个乃至多个平行体系的景象正变得越发清晰，这将给世界经济带来新的风险。

在国际形势进一步错综复杂的情况下，我国金融安全面临更严峻的考验。国际主要经济体可能通过贸易往来、资本流动、通胀输入等多种途径影响我国金融安全。

同时，国家恐怖主义升级加剧中东紧张局势、变异病毒的全球传播、大宗商品供求异变引发能源矿产粮食危机、美国在亚太部署中程弹道导弹引发区域对抗等事件都是全球经济复苏的巨大阻碍，对我国金融系统的稳定性也造成不利影响。以下将分析美国、日本、欧元区的主要风险。

一、美国

目前，美国的风险主要在于全球化收益分配不平等所导致的内生性矛盾，新冠肺炎疫情的暴发加剧了产业空心化和经济金融化的恶果，同时其政治体制失能导致疫情防控不力，使得全球经济恢复遥遥无期，而使用超常规货币政策来拯救经济导致全球流动性泛滥，系统性风险加大。截至美国东部时间 2020 年 12 月 27 日，美国新型冠状病毒肺炎累计确诊病例 19016301 例，累计死亡病例 332251 例，是全球累计确诊病例数和累计死亡病例数最多的国家。美国作为全球第一大经济体，其疫情的大规模蔓延导致大量工厂停产，全球供应链断裂，全球经济复苏进程减缓。

为应对新冠肺炎疫情冲击，美联储在 2020 年 3 月两次降息至 0.25%，其后多次推出超常规宽松货币政策。以印钞为例，美联储 2020 年 3 月至 5 月的印钞量高达 3 万亿美元。美联储的超常规宽松货币政策必然通过利率和汇率的波动，影响国际资本流动和进出口贸易，从而将其货币政策效应溢出到与之有经济往来的国家，对世界经济造成影响。美联储超常规宽松货币政策引发了全球范围内"协同的"流动性宽松、引发了全球通胀风险。在全球流动性宽松的背景下，资产泡沫压力进一步加大，全球系统性风险增加。

面对新冠肺炎疫情在美国的蔓延和全球经济贸易遭受严重冲击的情况，美国政府贸易保护主义仍在继续，除了常规的反倾销、反补贴调查之外，美国还针对欧盟、英国、巴西、印度等 10 个经济体的数字服务税发起"301 调查"，针对稀有金属钒、变压器等使用的叠片和铁芯、移动式起重机等产品启动多起"232 调查"。2020 年 1 月 15 日，在经过 23 个月的 13 轮磋商和 20 多次越洋通话后，中美第一阶段经贸协议签署。中美两国作为世界第一、第二大经济体，其关系将对全球经济复苏进程产生重大影响。

二、日本

目前，日本的主要风险在于传统优势产业竞争力受挑战和政府财政问题严峻。20 世纪 90 年代以前，日本曾经创造过辉煌的经济。但近年来，日本的部分传统优势产业受到挑战，竞争力有所减弱，其中半导体产业和造船业受冲击明显。世界半导体贸易统计组织（WSTS）的数据显示，日本在全球半导体产业链中的份额由 20 世纪 80 年代的 50% 下降到 2019 年的 10%。然而，值得注意的是，尽管日本电子产品、半导体产品已经不复当年，但是其整体实力依然强大。造船业在中韩制船业的夹击下明显衰退，据日经中文网显示，日本在全球造船市场份额由 1970 年的 48% 下降到 2017 年的 19%，曾有"日本造船"象征的爱知造船厂甚至在 2018 年 8 月 10 日宣告倒闭，结束了它 45 年的历史。在传统行业受冲击的背景下，部分曾经知名的品牌甚至退出市场，如松下、日立、东芝等日本制造巨头均抛售家电产品线。为了巩固日本传统优势产业，早在 2010 年日本自民党（执政党）就提出"新成长战略"框架大纲。与以往聚焦刺激经济和重视振兴产业的战略不同，新战略计划明确指出，日本今后的经济增长、产业振兴和企业投资等，将与国防安全、军事保障及遏制能力等有机结合。"新成长战略"体现了日本希望通过推行提质升级，促进该国产业链整体向中上游更进一步。

国债方面，日本财政严峻问题突出。2019 年底，日本国债负担率大约在 200%，已连续多年居发达国家之首。因受到疫情冲击，日本政府和央行密切配合，大规模救市。据日本财务省的统计，按照国际货币基金组织（IMF）口径，截至 2020 年 12 月，日本国债余额达到 1246.5 万亿日元（1 日元约合 0.06 元人民币）；至 2020 财年结束（截至 2021 年 3 月），算上日本政府第三次补充预算，日本国债余额增加到 1326.5 万亿日元。比较 2020 年日本 539.3 万亿日元的名义 GDP，国债负担率大幅增加至 231%，预计 2020 财年将达到约 246%。日本国债负担率其实早已超越所有经济规则的安全标准，如今在高风险区再攀高峰，财政风险不断加大。

三、欧元区

目前，欧元区的主要风险在于全球经济下行压力增大和贸易保护主义升级背景下的出口下降、成员国政治分歧加大和部分国家政府债务高企。

在逆全球化周期下，全球贸易环境趋于紧张。然而，欧元区是一个高度依赖出口的经济体，其中出口占欧元区经济的比重高达 20%。2018 年后，中美两国经济增速放缓、全球贸易摩擦特别是中美及欧美贸易摩擦等抑制了对欧元区的需求，影响欧元区出口，拖累欧元区经济增长，进而使得欧洲经济在全球贸易环境无法得到修复的情况下，继续承受外需疲弱所带来的下行风险。2020 年受疫情影响，出口冲击进一步加大，前 11 个月欧元区对外货物出口 19413 亿欧元，同比下降 10.2%。在出口下行压力增大的情况下，投资也受到影响，增加了欧元区的金融不稳定风险。

随着少数派和多党派联合政府成为欧元区新常态，欧元区内部的政治分歧加大，正在严重影响欧元区的经济发展。政治分歧主要来源于欧元区不同成员国家的经济发展、政策观念差异过大以致难以协调共进。欧元区存在明显的"南北差异"，德国、荷兰等北部国家就业率较高，财政充盈；但包括希腊在内的南部国家就业率较低，财政亏缺。在此背景下，欧元区的利率政策、央行购债计划、抗疫措施等分歧明显。同时，移民危机应对措施、恐怖主义、俄罗斯问题等都进一步加大了这种分歧。2020 年 1 月 31 日英国正式脱欧，正是欧元区政治分歧加大的一种体现。2020 年 1 月 14 日，国际评级机构穆迪发布报告，将 2020 年欧元区主权信用评级展望从 2019 年的稳定下调为负面。穆迪指出，欧盟层面上的政治分歧越来越多，这不利于推行改革，并可能拖累政府对国内或外部冲击的反应速度。政治分歧加大导致欧元区不确定性加强，风险进一步上升。

欧元区内部分国家政府债务高企问题一直备受关注。欧盟统计局公布的数据显示，因各国政府大举借款以维持经济在防疫封锁期间持续运转，欧元区 2020 年债务激增，欧元区 19 国整体债务跳增 1.24 万亿欧元至 11.1 万亿欧元，相当于区内生产总值（GDP）的 98%，远高于 2019 年的 83.9%，赤字相当于 GDP 比例则从 0.6% 增至 7.2%。希腊、意大利等原本债台就已高筑的国家新增负债超过其他国家，债务压力进一步加剧。债务问题严重限制了这些国家将财政政策作为应对经济增速骤跌的缓冲器的能力，给经济发展带来隐患。

第四节　展望

当前大国博弈加剧，外部环境越发趋向复杂多变，全球主要国家或国家集团之间的竞合关系处于深度调整期，现有的世界经贸格局也面临不同程度的考验。后疫情时代，变异病毒传播不确定性、主要经济体宏观政策转型、全球供应链和价值链重构、地缘政治冲突、全球能源危机等加大了全球经济金融风险。在此背景下，我国在贸易投资体系、气候变化、能源转型、医疗卫生服务保障、技术进步等方面均面临重大挑战，这必然给中国的金融稳定监管提出更高要求。有鉴于此，提出以下相关政策建议。

一、坚持扩大开放,加快构建双循环新发展格局

新冠肺炎疫情严重冲击国际产业链供应链,外部需求萎缩叠加国际经贸摩擦,要求我国加快构建以国内大循环为主体、国内国际双循环相互促进的新发展格局。双循环的新发展格局从供求互动出发,同时又超出了简单的供求关系,贯穿、扩展到了生产、分配、流通、消费各个环节。在生产端环节,要加大知识产权保护力度,以科技创新催生新发展动能,提升产业链水平。在分配环节,要注重效率与公平相统一,推动完善三次分配,健全可持续的多层次社会保障体系,让改革发展成果更多更公平惠及全体人民。在流通环节,要建设全国统一大市场,实现要素、商品的自由流通。在消费环节,要扩大内需,充分把握消费升级基础上大众消费需求的变化趋势,把握和发挥消费在社会再生产过程中作为目的和终点的关键作用。

二、防控输入性风险

新冠肺炎疫情给全球经济及金融市场带来较大冲击,中国面临的输入性风险提升。首先,资本市场可能受境外资本市场影响出现震荡与反复。其次,受全球新冠肺炎疫情、流动性泛滥、供给瓶颈等因素影响,石油、天然气、煤炭、铁矿石等国际大宗商品价格大幅上涨,推高了全球通胀水平,给国内保供稳价工作带来新的挑战。对于境外资本市场可能出现的震荡与反复,我国不可放松警惕。应密切关注国际疫情与经济金融形势的变化,尽力降低输入性金融风险带来的负面影响。同时也要发挥好资本市场的枢纽作用,不断强化基础性制度建设,坚决打击各种造假和欺诈行为,放松和取消不适应发展需要的管制,提升市场活跃度。国内经济下行压力加大,经济转型升级处于关键阶段,美联储货币政策逐渐正常化,将给我国货币政策制定带来更多压力。为此,我国应做好粮食、能源、重要矿产品的保供稳价工作,防控输入性通胀对企业和居民部门带来的负面影响,同时也需要在刺激经济增长同时保证人民币汇率和跨境资本流动稳定。为改善输入性通胀背景下大宗商品涨价造成的产业链利润分配失调局面,一方面可以继续发挥结构性的财政政策的作用,另一方面依然要从总量层面扩大总需求以此促进经济发展。

第八章　金融自主权

据维基百科解释："自主权也称自治权、自决权，它指的是一个理性个人有能力作出成熟的、不被胁迫的决定。政治意义上，它也用来指人民的自主统治。"这个定义有一点值得注意，即它强调了决策和行动的自主性和独立性，不能受到外部力量的影响或支配。由此，我们认为从国家层面来谈金融自主权也应强调国家或政策制定者决策、行动的自主性和独立性。

货币主权作为一国金融主权的重要组成部分，在民族国家占主导地位时期曾被视为当然的权利，形成了"一个国家，一种货币"的国际货币格局。20 世纪后半期，经济金融全球化和一体化的大环境使货币与国家的历史联系表现出了新的特征，呈现出"一个市场，一种货币"的发展趋势，传统的货币主权被削弱。但这并未从根本上改变国家货币主权的性质，无论是国家货币还是市场货币，其出发点和归宿都是为国家的利益服务。

现有的国际货币体系建立在以美元作为主要储备货币的基础上，形成了以美元为核心的国际金融秩序。国际货币基金组织的数据显示，美元占全球外汇储备的比例从 2001 年以来基本维持在 60% 以上，大部分外汇交易和外币贷款以美元标价；国际贸易中的重要商品，如石油、重要的初级产品和原材料，甚至是黄金，基本都是以美元进行计价和结算；各国政府或者货币当局在稳定本国货币汇率时所使用的干预货币主要是美元。美元的强势地位决定了美国可以通过发行不兑现的纸币来剥夺其他国家获得国际铸币税的权利，可以通过美元持续贬值将金融危机和贸易逆差的成本转嫁给别国，可以通过维护自身利益的美元政策来损伤其他国家货币政策的独立性。美元霸权体现的是美国损害他国货币主权以强化自身利益的过程。

经济全球化提高了资源的全球配置效率，为一国经济的发展提供了更多契机。而随着金融市场和金融产品的不断创新和发展，货币主权之外还有更多体现金融自主权的方面，如大宗商品定价权、在国际金融组织中的投票权等。对于中国来说，要想成为经济强国，就必须在参与经济全球化的同时，打破金融强国的金融霸权，将我国金融自主权的维护放在重中之重。另外，随着我国经济对外开放的持续深入，在我国金融市场发展尚不完善的情况下，人民币国际化在提高我国国际金融话语权的同时，也增加了金融危机加速传染和资产价格异常波动等可能削弱我国货币信用的风险。

金融自主权的维护关系到国家的核心经济利益，国际政治经济的日趋复杂加大了其维护的难度。尤其是金融自主权本身具有一定的抽象性，本章试图提出量化的安全评价分析框架，识别金融全球化背景下我国金融自主权维护面临的潜在风险，建立及时反映我国金融自主权的动态评估机制，这对于维护我国的经济主权和金融安全具有重大意义。

第一节 评估体系和指标构建

一、全球背景下的金融自主权界定

目前学术上并未有规范的金融自主权定义，相对成熟的，也是最早出现的有关金融自主权的概念是货币主权，这也是源于货币是金融系统中有关主权的最早期的表现形式。随着金融市场和金融产品的不断创新，以及国际货币金融体系的不断变化，我们认为除了货币主权外，还至少要包含大宗商品定价权和一国在国际金融体系中的话语权。下面我们分别来进行阐述。

（一）货币自主权

货币主权在历史上曾被视为国家当然的权力。1929 年，常设国际法院在塞尔维亚和巴西贷款（Serbian and Brazilian Loans）案的判词中指出，国家有权对其货币进行规制是普遍承认的法则。常设国际法院的上述判词曾在有关货币主权的国际法研究中被广泛引用，并被普遍认为是对国家货币主权的内涵的界定。

齐默尔曼（Zimmermann，2013）认为国际法院的上述界定已经成为一种仅仅具有象征意义的宣言，货币主权在不同的时代背景下具有不同内涵，其概念本身是动态的。在金融全球化时代，传统货币主权的内容发生了一定的改变。比如《国际货币基金协定》对成员国的货币主权进行了约束和限制，要求成员国逐步放弃对经常项目的外汇管制。国家通过转移或者让渡一部分货币主权来参与到国际金融事务中，但这并未从根本上改变国家货币主权的性质。①

刘音（2006）认为货币主权对内包括确立本国的货币制度和名称、指定货币管理机构、颁布货币法律和法规、建立币制、保护货币价值和正常流通、禁止伪造和走私货币；对外包括建立外汇行市、维持币值稳定、进行正常的外汇交易、协调货币的国际流通、决定是否实施外汇管制和对外经济交往政策的权力。金融全球化削弱了货币主权对外的平等性。韩龙（2009）指出，一国的货币主权主要包含发行货币的权力、决定和改变币值的权力、调整一国货币或其他货币在其境内使用的权力。这三项权力在经济全球化的国际法下都受到了不同程度的限制。

---

① 张洪午．金融全球化时代的国家货币主权［J］．贵州大学学报（社会科学版），2009（1）．

总体来说，货币主权是一个随时代的变化而不断演进的概念。在经济全球化背景下，国家通过让渡一部分货币主权来获得其他经济利益，货币主权的核心始终是国家通过货币来实现的国家利益。金融全球化主要表现为外部冲击对本国货币发行和调控自主性的影响，更进一步的还有本国货币对外部的影响，因此本报告从人民币的发行权、使用权（不受外部干扰而调控本国经济波动的独立性）以及国际影响力来说明当前人民币主权的概况。

（二）大宗商品定价权

大宗商品（Bulk Stock）主要指用于工农业生产与消费的大批量买卖的物质商品，是一国经济发展所必备的物质基础，一般可以分为能源商品、基础原材料、大宗农产品及贵金属等四个类别。而所谓大宗商品定价权，就是指由谁来确定大宗商品国际贸易的交易价格，包括商品贸易中潜在的或普遍认可的定价规则和贸易双方所确定的或参考的基准价格（黄先明，2006）。

伴随着中国经济的快速发展与对外开放规模的不断扩大，中国大宗商品的消费规模已经跃居世界首位，进口对外依存度居高不下。目前中国已成为世界上最大的大宗商品消费国和进口国，在大宗商品交易市场占据重要地位。据汤珂（2014）报道，中国的铁矿石需求量占世界铁矿石需求量的66%，铜占46%，小麦占18%，大豆占一半左右。对于铅和锌的需求量，整个世界基本呈平稳的态势，但中国的需求量却上升很快。从2009年到2011年，随着中国城镇化建设和房地产开发建设步伐的加快，中国工业用的大宗商品使用量翻了一番。因此，掌握大宗商品定价权对于我国经济发展至关重要。但是目前在国际大宗商品的定价权上，我国发言权较弱，这与我国贸易大国地位极不相符。

（三）国际金融事务的话语权

随着国际性金融组织作用的显现，对外平等地参与国际金融事务是一国金融自主权的重要体现。在金融全球化背景下，各国的金融自主权，尤其是货币主权都受到了不同程度的限制和削弱。主要的经济强国通常也是金融强国，作为国际规则的制定者和优势竞争者，这些国家强化了它们在国际金融事务中的决策权。

国际货币基金组织的份额确定了各成员国在国际社会的地位和拥有的投票权。美国在2010年国际货币基金组织投票权改革后占有16.47%的投票权，对许多国际重大事项的决定具有一票否决权，金砖五国的投票权加起来只有14.13%，其中中国的投票权为6.068%（见表8-1），近年来部分国家投票份额有微小变化，整体与2010年变化不大。由国际货币基金组织投票权决定的话语权并不能充分体现世界经济的发展趋势和各国经济实力，尽管美国和日本在世界GDP中占有较高比重，但对世界经济的贡献在2007—2013年却呈下降趋势，金砖五国对世界经济增长贡献显著，特别是中国近年来GDP占世界经济总规模的比重上升明显。对中国来说，未来人民币国际化程度的加深将有助于提升中国的话语权。

表 8-1   **美国、日本和金砖五国在 IMF 的投票权**   单位：%

国家	2008 年改革生效前	2008 年改革生效后	2010 年改革生效后	2020 年
美国	16. 732	16. 727	16. 470	16.50
日本	6. 000	6. 225	6. 135	6.41
中国	3. 651	3. 806	6. 068	6.08
俄罗斯	2. 686	2. 386	2. 585	2.59
印度	1. 882	2. 337	2. 627	2.63
巴西	1. 377	1. 714	2. 217	2.22
南非	0. 852	0. 770	0. 634	0.63

资料来源：国际货币基金组织。

二、指标选择

通过对金融自主权概念的分析，兼顾数据的可获得性，我们主要从以下几个方面进行评估体系的构建：一是货币自主权，这包括三方面，其一是与人民币发行权相关的货币政策独立性问题；其二是中央银行能否基于我国宏观经济调控的需要独立自主对货币供给或利率进行调节；其三是人民币在全球的影响，体现在人民币国际化进程上。二是大宗商品定价权，这一点在国际大宗商品金融市场发展越来越深，中国经济对外依存度越来越高的情况下越发重要。三是中国在国际金融体系中处理金融事务的话语权。

（一）货币自主权

这里的货币自主权主要是指，人民币货币政策的制定和实施不受外国经济金融态势和他国货币政策"外溢效应"或"外部效应"的冲击和影响。结合我国当前经济金融现实，我们将货币自主权从货币发行、货币调控、货币的国际影响力三个角度进行阐述。

1. 货币发行自主权指标——货币替代

所谓货币替代是指在货币可自由兑换的条件下，当一国货币存在贬值预期时，由于国内公众对本币币值的稳定失去信心或者本币收益率较低，公众减持本币增持外币的现象（Chetty，1969）。国外的早期研究（Hilbert，1964；Bergsten，1975；Frankel，1991）基本证实和支持货币替代会对一国的货币政策造成影响。

在当前美元霸权和我国对外开放程度日益提高的背景下，刑天才（2011）、李成等（2011）证实了我国货币政策和美国货币政策存在较高的联动效应，美元输入造成的货币替代会影响中国货币政策的独立性和执行效果。姜波克和李丹心（1998）、范从来和卞志村（2002）等指出我国货币政策独立性会因本国居民持有外币而受到影响。货币替代指标通常使用国内金融体系中的外币存款/国内广义货币的存量来表示。

2. 货币调控自主权指标——货币政策独立性指标

通常认为一国货币政策是政府用来进行宏观调控、熨平经济波动的主要工具，这意味着货币政策主要依据国内经济形势来对货币供给或者利率进行调整。但现实中，很少有国家的中央银行能不考虑国际金融形势，尤其是不考虑发行国际储备货币的美联储行动而完全独立地执行本国货币政策。对于 2008 年国际金融危机爆发前广泛存在于欧洲和美国的房地产泡沫，泰勒（2009）就指出，美联储过低的利率，以及欧洲各大央行因为要兼顾美联储的影响，也不得不执行过低的利率，是造成这轮发达国家普遍出现房地产泡沫的主要原因。而 Edwards（2012）则发现美国非常规货币政策对 4 个拉丁美洲国家和 3 个亚洲国家确实存在利率渗透的效果，并且资本账户管制也不能有效地将新兴经济体从国际利率波动中隔离开来。

事实上，有关货币政策的独立性，克鲁格曼提出的著名的三元悖论（The Impossible Trinity）就指出，一国不可能同时实现货币政策独立性、汇率稳定以及资本自由流动三大金融目标，只能同时选择其中的两个。中国正在进入一个"三元悖论"的时期，同时控制汇率并实行独立的国内货币政策正在变得越来越难。由于 2007 年前我国实行强制结售汇制度，自 2000 年以来，我国迅速增长的贸易顺差导致的国内基础货币被动投放就被诸多学者（李斌，伍戈，2013；谭小波，张丹，2010；郝雁，2008）认为是我国货币供给内生性和通货膨胀的主要原因。随着近年来国际收支格局的改变，外汇顺差的减少，我国基础货币的被动投放在减弱。

考虑到我国自 1996 年以来，就开始不断走向利率自由化、汇率干预和资本管制不断减少的进程，而货币调控作用到实体经济最终还是要依靠利率的变化；兼顾与别国的可比较性，我们采用艾森曼、钦和伊滕（Aizenman，Chinn&Ito，2008）提出的货币独立性指标来衡量独立性。该指标使用母国与基准国货币市场利率的年度相关性的倒数来刻画货币独立性，该值越高，表示货币独立性越强。

$$MI = 1 - \frac{corr(i_i, i_j) - (-1)}{1 - (-1)} \tag{8.1}$$

式（8.1）中的 i_i 和 i_j 分别是本国和基准国的货币市场基准利率。本国选择的是上海银行间同业拆放利率，一般基准国利率选择美国的联邦基金有效利率。

3. 货币国际影响力指标——人民币国际化指数

人民币的国际化，反映的是人民币在国际货币体系中发挥国际货币职能的程度。当前国家间竞争的最高形式表现为货币的竞争，人民币国际影响力的上升，将有利于中国获得一定程度的世界货币发行权和调节权，改变在国际货币体系中被动的地位，减少汇价风险，促进国际贸易发展，并获得一定的铸币税收入。因此人民币在国际贸易和金融结算领域的使用程度，一定程度上反映了人民币使用权和我国对外金融事务话语权的状况。

根据中国人民银行发布的《2020 年人民币国际化报告》，贸易、投资、外汇储备以及国际债务是一国货币国际化广度和深度考察的主要方面。该报告中从跨境人民币收付、人民币对外直接投资、人民币外汇储备以及人民币国际债券等几个方面阐述人民币国际化的进程。

因此本章借鉴《人民币国际化报告》发布的人民币国际化指数以及人民币结算占全球支付的比重来描述人民币国际化的动态发展。本章分别以人民币结算占全球支付比重、人民币对外直接投资额占世界投资额比重、人民币外汇储备占全球外汇储备份额以及人民币发债量占全球发债量的份额描述人民币国际化的动态发展。

（二）大宗商品定价权

在国际贸易中，期货价格往往被认为是一个定价基准，这一点对于大宗商品来说尤其重要。期货市场或者其他市场规则的制定者拥有大宗商品的定价权。如果大宗商品价格能够反映合理的需求，我们就认为这一大宗商品价格是合理的，这样就不存在定价权问题。汤珂（2011，2012，2014）的研究都支持了大宗商品期货定价从 2004 年以后，并没有真正反映实体经济的供给和需求这一结论。所以，争夺大宗商品的定价权很有意义。

另外，目前欧美国家的期货市场价格发现功能是存在缺失的。在欧美期货市场之外，庞大的柜台交易市场（OTC 市场）占交易量的 80%，而 OTC 交易信息是不透明的。考虑到数据的可获得性，我们使用基于现货价格方面的数据来衡量我国的大宗商品定价权。

$$R = (PM_t / PM_{t-1}) / (PW_t / PW_{t-1}) \qquad (8.2)$$

式（8.2）指标释义，PM_t 和 PM_{t-1} 分别表示某一商品当年和上一年度的进口平均价格，PW_t 和 PW_{t-1} 分别表示该种商品当年和上一年度的国际权威价格。

白明（2006）从消费者剩余最大化的角度出发，把符合一国消费者剩余最大化目标的进口定价称为理想价格，高于理想价格的称为劣权定价，低于理想价格的称为优权定价。所谓国际定价权，是指一国究竟在多大程度上有能力可以使进口大宗商品的价格接近理想价格，这种理想价格用世界权威价格来表示。动态比价 R 大于 1 表明中国进口价格呈现劣权化趋势，R 越大劣权化越明显；动态比价 R 小于 1 表明中国的进口价格呈现优权化趋势，R 越小优权化越明显。且动态比价波动越大，越有可能说明中国的定价权微弱从而无法维持进口价格的稳定。

该指标从一国大宗商品的进口价格变化与世界市场价格变化的接近度出发，较为简单直观。但该指标只能反映一种对定价权的推测，而不一定是定价权本身。例如当国内进口价格被动接近世界平均价格时，动态比价 R 接近于 1，但其后的定价权含义并不明显。

（三）国际金融事务的话语权

1. 国际金融组织投票权

当前三大国际性金融组织——国际货币基金组织、世界银行和国际清算银行在国际金融秩序和货币金融框架中，包括危机救助、贫困救助、金融监管方面都发挥着重要的角色。虽然经历了数次改革，以便让新兴国家在国际组织中拥有更大发言权，但目前这些国际组织的投票权或决策权大抵体现的仍是成立初期的利益格局。如传统上由美国主导的国际货币基金组织和世界银行更多体现了发达国家，尤其是美国的利益诉求，而传统上由欧洲主导的国际清算银行在规则制定方面也往往更多考虑的是欧美银行体系的形势。

2. 本国持有美国国债占全部美国国债份额

美国国债是目前世界头号强国的国家债券，美国国债市场也是全球最大的国债市场。虽然众多新兴国家持有美国国债有部分迫不得已的原因，但因为美国政府的高负债，持有美国国债份额也在一定程度上间接地增强了本国对美国的话语权。

3. 国际议程设置能力

指国家行为体凭借自身的政治经济实力，将内部决策所形成的议题（包括问题和解决方案）通过国际议程设置的技巧和能力转化成国际议题，并由此影响其他行为体的观念或行动的过程，进而产生了一种国际权力。国际议程的设置可以大致分为三大环节，首先是寻找可以达成广泛共识的、具有极大负面影响且亟须解决的高紧迫性"低政治性"问题的议题，其次是国家内部达成共识性的解决方案，最后是将内部解决方案通过不同渠道传播至国际社会，并在国际层面形成竞争与博弈。

将上述指标总结如表 8-2 所示，即我们提出的金融自主权评估体系。

表 8-2　　　　　　　　　　　金融自主权指标体系

一级指标	二级指标	三级指标
金融自主权	货币自主权	货币替代率、货币政策独立性、人民币国际化
	大宗商品定价权	现货市场动态比价指标
	国际金融事务话语权	国际金融组织投票权、持有美国国债占比、国际议程设置能力

三、货币主权风险指数构建及说明

（一）数据来源和指标说明

我国金融自主权指数编制面临的较大难题为数据来源方面的限制。在指标的选取方面，舍弃了某些有重要经济含义但缺少数据的指标，如外资股权在我国金融机构中的占比、离岸人民币外汇市场交易规模占境内人民币外汇交易规模的比重、外资进入股市规模占股市规模比重等能揭示我国金融自主权风险的指标。其次，在指标时间长度的选择上，尽可能地选择了那些时间跨度相对长的指标。表 8-3 总结了相关指标对货币主权维护风险的影响方向、指标数据的来源、起始时间和可计算的最低频度以及相关处理说明。数据的计算起始时间都是以 2000 年为起点，最终指标可得数据的时间大多是在 2000 年之后。由于一部分指标只有年度值，因此最终指数的编制将基于年度数据，指数编制的时间区间为 2001—2020 年。

表 8-3　　　　　　　　　　　指标及数据说明

指标	影响方向	数据来源、指标起始时间、指标最低频度	指标说明
货币替代率	-	人民银行、CEIC 数据库，2000 年，月度	外币存款/M2
货币政策独立性	+	CEIC 数据库，2009 年，年度	$MI = 1 - \dfrac{corr(i_i, i_j) - (-1)}{1 - (-1)}$

指标	影响方向	数据来源、指标起始时间、指标最低频度	指标说明
人民币国际化	+	中国人民大学《人民币国际化指数报告》，2010 年，季度	对人民币在全球范围内贸易计价、金融交易和外汇储备三个方面人民币所占份额加权
现货市场动态比价	−	中国海关总署、国际货币基金组织，2004 年，年度	前文公式（8.2），R 大于 1 表明中国进口价格呈现劣权化趋势，R 越大劣权化越明显；R 小于 1 表明中国的进口价格呈现优权化趋势，R 越小优权化越明显
国际金融组织投票权	+	IMF、世界银行、BIS	我国在 IMF、世界银行和 BIS 三大金融组织的投票份额占比
我国持有美国国债份额	+	美国财政部，2000 年，月度	我国持有美国国债／全部美国国债
国际议程设置能力	+	美国宾夕法尼亚大学智库研究项目组（TTCSP）公布的《全球智库报告》，2008 年，年度	中国外交政策和国际事务智库排名

（二）指数构建方法

以上数据均先同向化处理后，再用功效系数法进行标准化。

第二节 评估结果与分析

表 8-4 是金融自主权指数及其他分项指标的具体数据情况。

表 8-4 金融自主权指数（2001—2020 年）

年份	货币自主权	大宗商品定价权	国际金融事务自主权	金融自主权
2001	69.87	50.00	51.27	57.05
2002	70.06	53.51	52.13	58.57
2003	71.18	51.35	52.50	58.34
2004	71.94	48.96	53.19	58.03
2005	73.05	53.79	54.57	60.47
2006	74.75	53.81	59.43	62.66
2007	77.03	48.20	60.04	61.76
2008	79.15	48.76	61.49	63.13
2009	80.29	57.30	61.90	66.50
2010	73.20	49.50	64.26	62.32
2011	80.49	50.76	65.43	65.56
2012	76.09	49.83	64.95	63.63

续表

年份	货币自主权	大宗商品定价权	国际金融事务自主权	金融自主权
2013	86.85	49.51	66.07	67.48
2014	83.61	48.45	65.50	65.85
2015	83.20	50.64	65.53	66.46
2016	70.31	54.43	64.65	63.13
2017	71.71	51.02	65.21	62.65
2018	76.90	50.38	63.83	63.70
2019	84.62	52.77	64.32	67.24
2020	88.22	56.17	63.22	69.20

自 2001 年以来，随着我国经济发展规模的逐步增加和国际地位的稳步提升，我国金融自主权总体呈现上升趋势。这主要从三个方面体现：第一，人民币国际化程度的不断深入，增强了世界各国对人民币的信心，2020 年人民币的货币自主权较 2001 年增加了 18.35 分。第二，我国大宗商品定价权一直以来波动剧烈，这主要源于国内期货市场不完善，但是从 2011 年至今，我国大宗商品定价权逐年增加，一方面进口价格与世界平均价格的偏离逐渐减小，另一方面大部分大宗商品的世界平均价格有所降低。第三，我国国际金融话语权也平缓上升，其中在三大国际组织中中国的投票权在增加，持有美国国债份额也从 2000 年的 5.9% 上涨到 2018 年的 17.9%。

金融自主权总指数在 2020 年较 2019 年增加 1.96 分。从货币自主权来看，在 2020 年新冠肺炎疫情暴发的背景下，世界主要国家央行均实行了宽松的货币政策，而我国央行坚持"以我为主"，不搞"大水漫灌"，货币政策独立性得以体现，货币自主权指数也较 2019 年提升 3.6 分；从大宗商品定价权来看，7 项大宗商品定价权有增有减，但定价权均值在 2020 年有所增长，总的来看，大宗商品定价权指标持续稳步上升；从国际金融事务自主权来看，与 2019 年相比，我国在国际货币基金组织以及世界银行中的投票权出现小幅下降，导致国际金融事务话语权指标较 2019 年出现小幅下降。

一、货币自主权评估与分析

（一）货币发行自主权

我们构建的货币替代指标（外币存款/M2）的走势如图 8-1 所示。

从图 8-1 中可以看出，我国境内外币存款占准货币的比例自 2001 年以来大抵呈现出下降的趋势，最高点出现在 2001 年，约为 11.34%，而最低点出现在 2011 年，为 3.08%。此后，外币存款占比小幅攀升，到 2017 年达到 4.50%，与 2016 年的 4.64% 基本持平，直到 2018 年出现小幅下降，下降到 3.91%，2019 年仍继续小幅下降为 3.75%，2020 年为 3.71%，与 2019 年基本持平。人们持有外币存款意愿与人民币汇率走向有较强关联，自

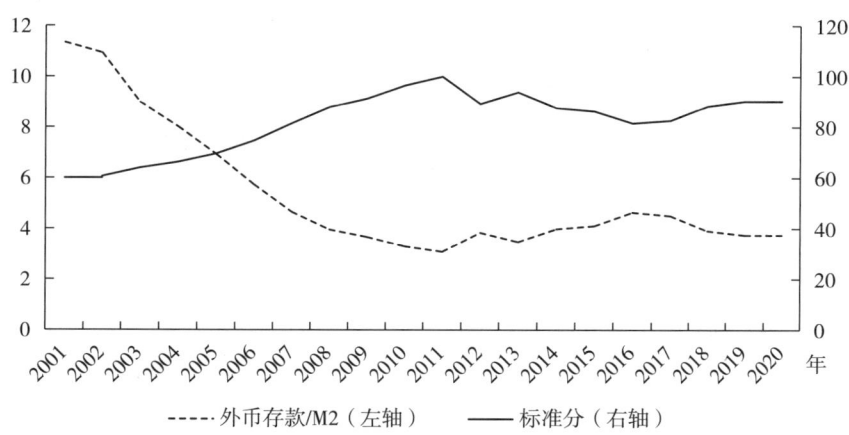

图 8－1 货币替代指标（2001—2020 年）

2001 年以来我国就存在着较高的人民币升值预期，人们持有外币意愿不强，因此 2001—2011 年，我国货币自主权指数一直呈稳步上升。直至 2008 年国际金融危机后，尤其是从 2011 年开始，我国人民币汇率由单边升值预期转为双向波动，再加上 2015 年以来美联储频繁加息导致美元持续走强，外币存款也稳步增加，其增长速度大于国内货币存量，导致 2011 年后货币自主权指数小幅下降。但就人民银行对于人民币发行的自主权来看，在拉美曾经出现的因高通胀而导致本国居民丧失持有本币的信心而改为持有美元的这一"货币替代"的风险在我国还不显著，相反自 2001 年以来，指数走势体现了境内居民和企业对人民币持有的信心。

（二）货币调控自主权——货币政策独立性指标

从图 8－2 中可以看到，我国货币独立性指标自 2009 年以来呈现震荡波动的格局，在 2013 年达到最高点，而在 2010 年和 2017 年最低，2018 年强势上升，这大抵体现了自 2004 年以来，两国货币当局都进入了紧缩周期。美国的货币政策自国际金融危机将名义利率降至零边界附近后，实行了量化宽松货币政策，一直到 2014 年才停止了大规模购买计划，并在 2015 年末开始加息。我国虽然在 2008 年也实行了宽松政策，但自 2009 年以来，因为四万亿元计划带来的市场过热，我国货币政策立场实质上进入了紧缩期，这表现为独立性指标在 2009 年至 2013 年的波动上升。直至美国于 2014 年实质上开始退出宽松立场，我国也逐渐步入宏观政策调整的敏感期，从盯住美元转变为盯住一篮子货币，力求从与美元涨幅挂钩的被动角色转化为货币独立性更高的立场。在货币国际化水平由低而高的变化中，首先面临的挑战就是汇率的波动。2015 年美联储接连几次大幅上调利率，美元逐渐走强，2016 年美联储加息一次，2017 年美联储加息三次，联邦基金利率从 2015 年首次加息前的 0.25%～0.5% 的水平快速上升至 2017 年底 1.25%～1.5% 的水平。包括人民币在内的各国货币受到美元上涨影响，在此期间的政策独立性指标大幅降低。2018 年以来，全球经济增长由同步复苏逐步走向分化，其中，美国经济复苏速度远高于欧元区和日本，而中国经济保持了全球主要经济体的最高增速。新冠肺炎疫情暴发以来，多国央行迅速放松货币政策，而中国货币政策更多强调"以我为主"，不搞"大水漫灌"。在汇率政策方面，人民银行坚持推进汇率市场化改革，完善以市场供求为基础、参考一篮子货币进行调节、有管理的浮动汇率制度，增强人民币汇率弹性，发挥汇率调节宏观经济和国际收支自动稳定器的作用，也为货币政策独立性提供缓冲区间。

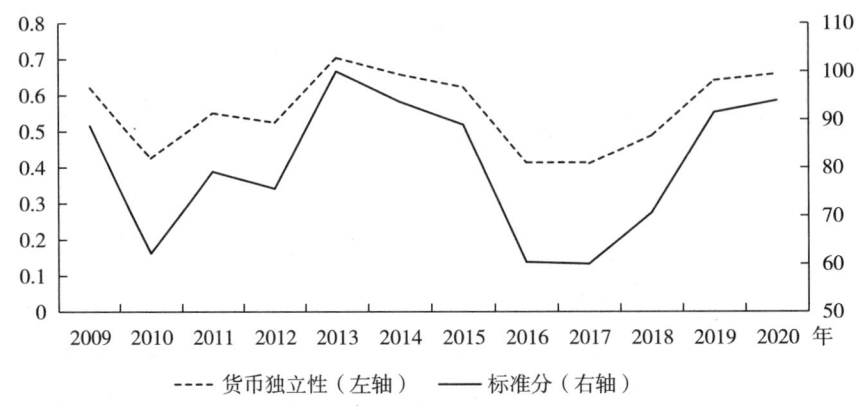

图 8-2 货币独立性指标（2009—2020 年）

（三）货币国际影响力指标——人民币国际化指数

2011—2015 年人民币国际化指数总体呈现上涨趋势，2016 年美元走强，人民币贬值，导致人民币国际化出现下滑趋势，至此，人民币国际化从高歌猛进阶段迈入 2017 年的调整巩固期（见图 8-3）。2011—2015 年，人民币在全球贸易结算货币中占比总体在提高，但从 2016 年开始受到美元持续走强的影响，人民币在全球贸易结算货币中的占比出现了下降。说明货币的国际化更体现为外汇市场交易的广度和深度，而人民币在这方面国际化的程度还较低。2019 年我国金融系统公布并实施了多个领域的扩大开放政策措施，2019 年人民币国际化指数为 3.03，较 2018 年回升了 2.71%，贸易计价结算份额巩固回升，金融交易功能和国际储备地位进一步加强，我国人民币国际化稳步推进。2020 年新冠肺炎疫情席卷全球，世界经济陷入深度衰退，国际金融市场剧烈震荡。在疫情冲击下，中国经济金融体系彰显韧性，人民币国际化逆势前行。截至 2020 年底，人民币国际化指数达到 5.02，同比大幅增长 54.20%，创下历史新高。

将以上 3 个指标进行加权平均后，得到我国货币自主权指标的标准分，如图 8-4 所示。可以看出，我国货币自主权自 2001 年以来，总体来说呈现出震荡上升的趋势，从 2001 年的 69.87 分先稳步上升至 2009 年的 80.23 分，然后震荡上升至 2013 年的 86.85 分。从 2014 年开始大幅下降，其中 2016 年下降最多，从 2015 年的 83.20 分快速下降至 2016 年的 70.31 分，2017 年开始稳步上升至 2020 年的 88.22 分，相对之前的大幅度变化表现出稳定的趋势。美联储自 2016 年连续两年上调基准利率致使美元持续走强是我国货币自主权相较 2015 年大

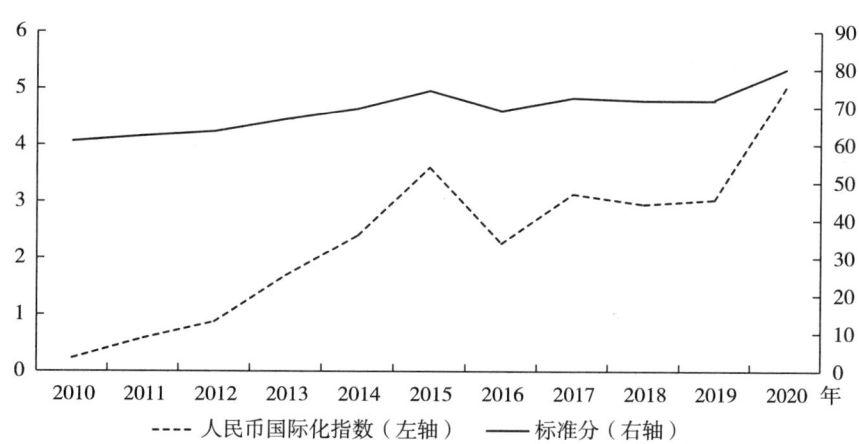

图 8 - 3　人民币国际化指数 (2010—2020 年)

幅下降的主要原因。2018 年开始,受到国际贸易环境影响,中美发生贸易摩擦,加之美元仍处加息周期,对我国货币政策独立性有一定影响。而经过测算,我国政策利率与联邦基金利率的相关性在本次加息周期中并不强烈,故我国货币政策的独立性评分在 2018 年又有大幅增长,充分说明我国的货币政策与美联储是否加息并不完全相关,而是结合我国经济发展现状而制定的。在 2020 年新冠肺炎疫情暴发以来,美国采取了降息政策,联邦基金利率触底,并开启大规模资产购入计划,以刺激经济。而中国的货币政策未受外部影响,走自主路线,坚持实施稳健的货币政策,不搞"大水漫灌",货币自主权指数也进一步上升至88.22 分。

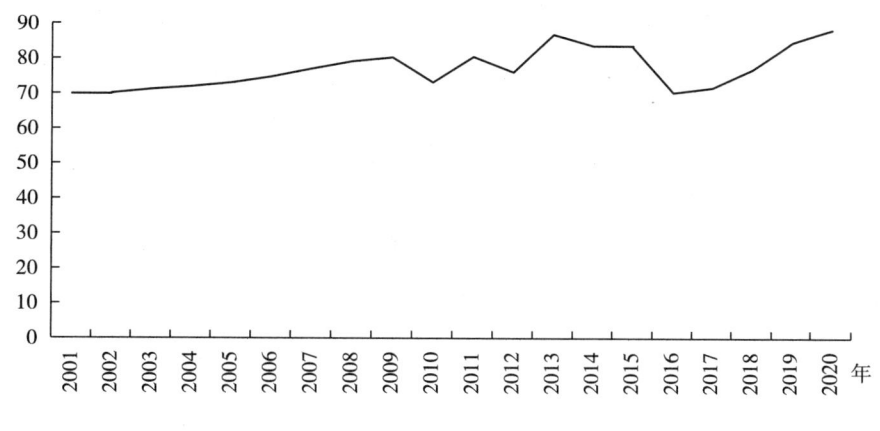

图 8 - 4　货币自主权指数 (2001—2020 年)

二、大宗商品定价权评估与分析

如图 8 - 5 (a) 所示,我国进口原油动态比价在 2002 年到 2020 年整体呈现一种围绕等权化水平线 (动态比价等于 1 的水平线) 周期性波动的趋势,最大偏离度仅为 9.40% 。这表明在 2002 年到 2020 年，我国进口原油价格变动一直趋近于世界价格变动趋势，没有长期偏离世界价格的情况发生。

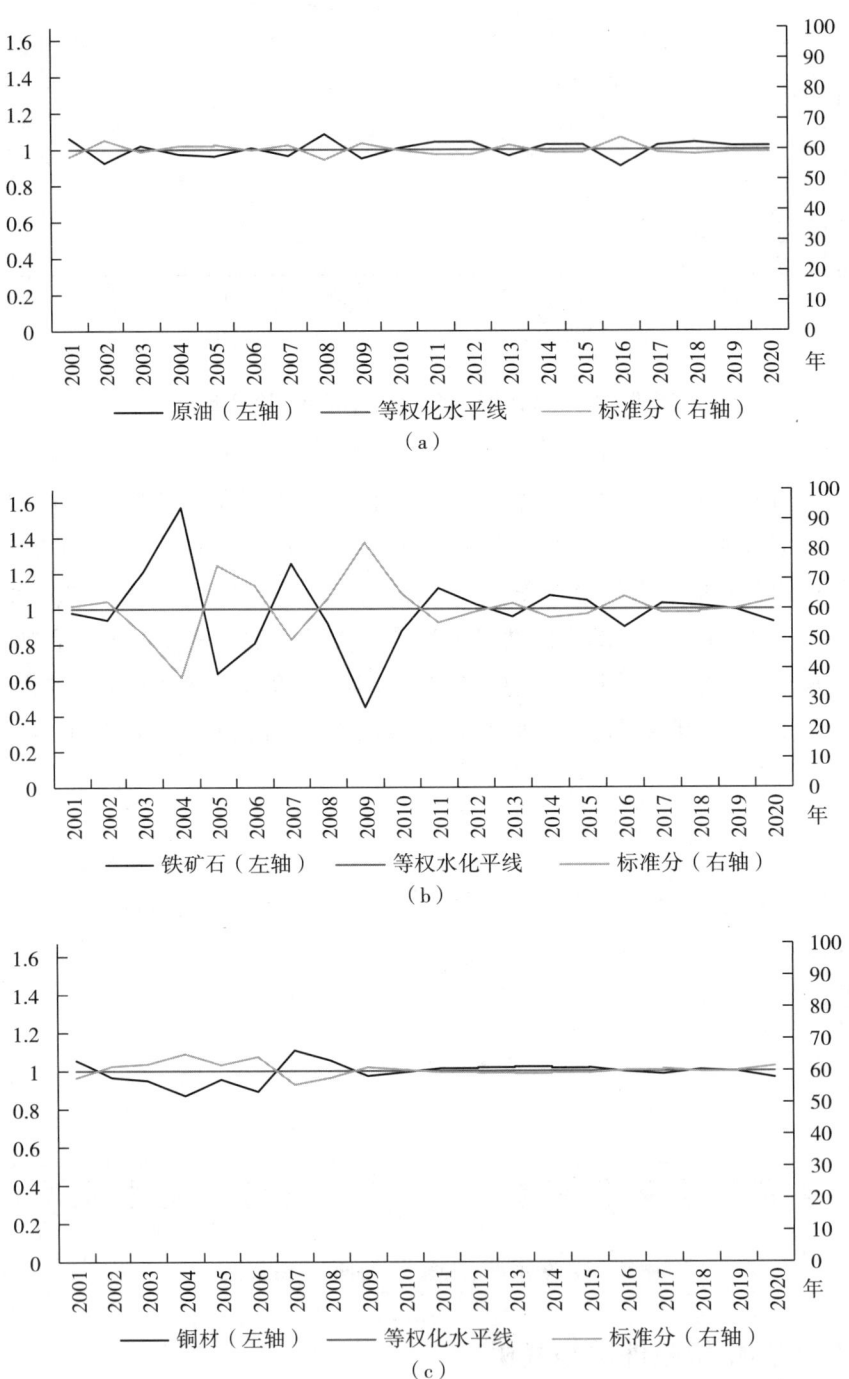

图 8－5　大宗商品动态比价指数（2001—2020 年）

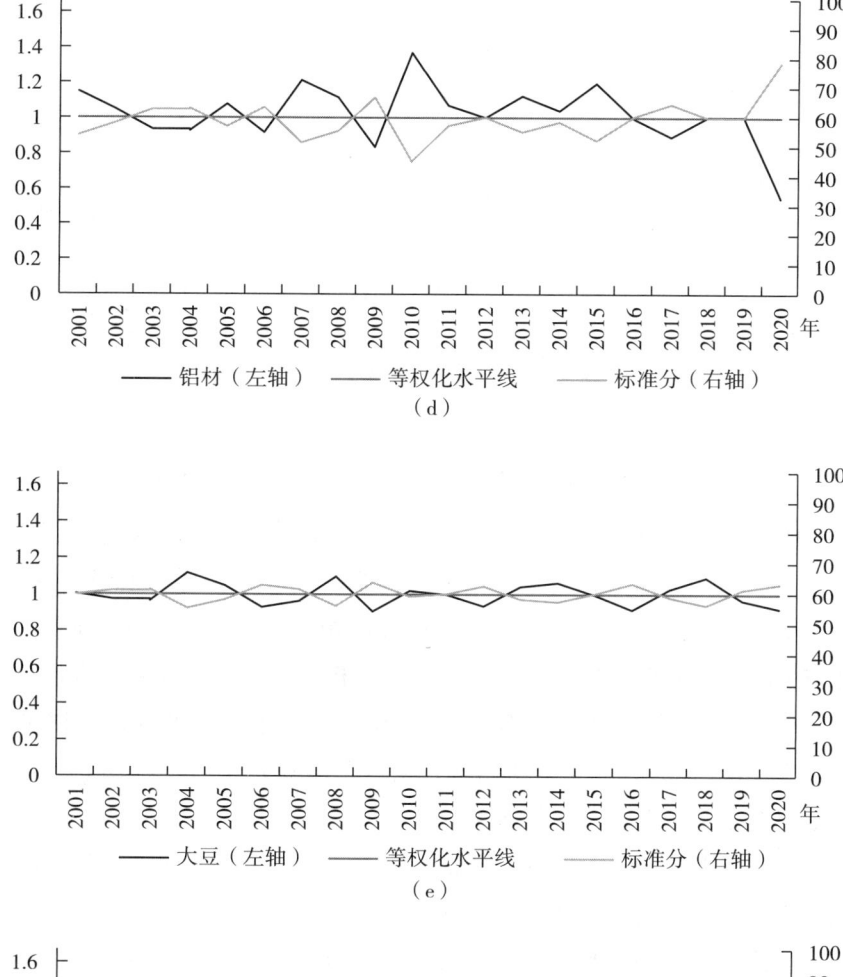

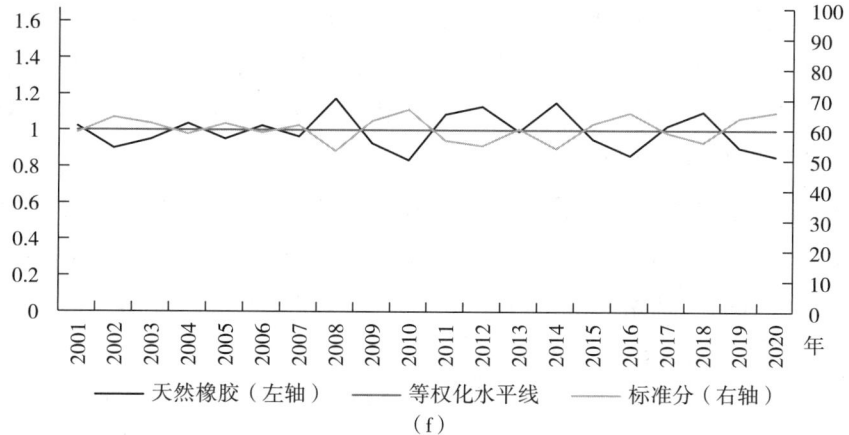

图 8-5 大宗商品动态比价指数（2001—2020 年）（续）

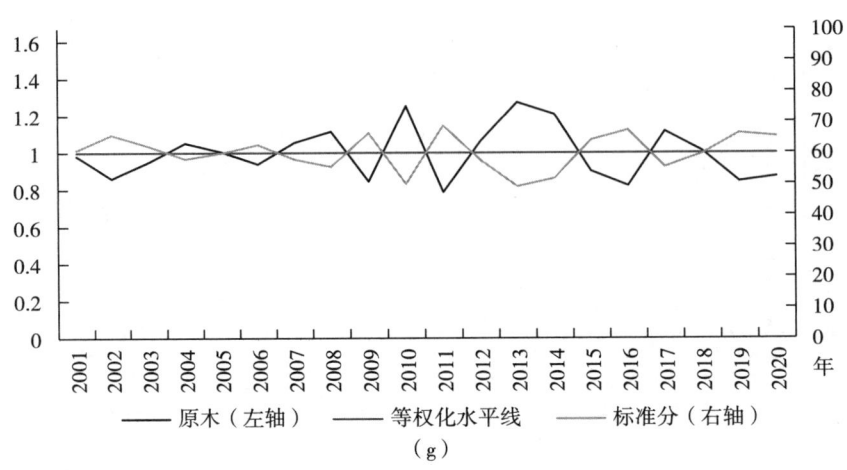

图 8 - 5　大宗商品动态比价指数（2001—2020 年）（续）

进口铁矿石的动态比价波动明显，整体呈现出先大幅波动后小幅波动的趋势。动态比价指标的最高点在 2004 年达到 1.57，然后在下一年骤降至 0.64。从 2011 年开始，铁矿石的动态比价逐渐趋于平稳。这说明我国进口铁矿石价格相较于世界平均价格而言在 2011 年之前呈现出一种较为剧烈的波动趋势，我国铁矿石定价权较弱，无法保障国内进口铁矿石价格的稳定，世界铁矿石价格被三大矿商牢牢掌握。2018 年开始，我国铁矿石比价开始稳步回升，2020 年相对 2018 年而言，比价有所回落，定价权得分上升了 3.71 分，这说明我国对铁矿石的定价话语权有了一定上升 [见图 8 - 5 （b）]。

进口铜的动态比价在 2006 年和 2007 年波动较为明显，但从 2010 年开始趋于平稳，波动幅度基本在等权化水平线 10% 的水平内 [见图 8 - 5 （c）]。

进口铝动态比价的波动特点是不停小幅波动。2007 年至 2013 年铝的比价不仅波动较其他年份剧烈，而且除 2010 年外均高于等权化水平线，2013 年以来指标趋于平稳但是数值持续高于 1，在 2017 年下降为 0.81，从以往的劣权化转变为优权化，之后又开始攀升至 2019 年的 1.17，定价权再次回到劣势 [见图 8 - 5 （d）]。

进口大豆动态比价的波动幅度较小，基本围绕等权化水平线做幅度小于 10% 的上下摆动，最大偏离度在 2004 年为 11.29%。相较于 2016 年 0.91 的优权化，2018 年指标持续上升至 1.04，2019 年比价又开始回落，2020 年回落至 0.92。进口大豆的动态比价不断波动，较难判断定价话语权 [见图 8 - 5 （e）]。

进口橡胶动态比价在 2008 年以前小幅波动，最低在 2009 年达到 0.87，此后在 2011 年达到 1.11，大部分年份都在等权化水平线附近，偏离较小。在 2011 年到 2016 年一直缓慢下降，2016 年达到近年来的最低点 0.89，2017 年攀升至 1.08，2018 年开始回落至 2020 年的 0.86。这说明我国对橡胶的话语权有所上升 [见图 8 - 5 （f）]。

进口原木动态比价总体呈现先平稳后剧烈波动的态势。最高点出现在 2013 年为 1.27，此后逐步下降至 2016 年的 0. 82，2017 年上升至 1. 12，2018 年开始回落至 2019 年的 0. 85，2020 年又回升至 0. 87。如此剧烈波动的动态比价说明我国对原木的定价话语权处于劣势地位，但近年的趋势说明我国正在调整这种劣势状态 ［见图 8 – 5（g）］。

将以上 7 个指标进行平均后，得到我国大宗商品自主权指标的标准分如图 8 – 6 所示。可以看出，自 2004 年以来，我国大宗商品定价权总体来说呈现震荡态势且波动幅度较大，自 2009 年以来表现出下行趋势，2013 年后稳步上升，但整体分数徘徊在 50 分左右，形势较为稳定。其中 2017 年相对 2016 年降低了 1. 78 分，是一个较为明显的劣势信号，除了铜材、铝材的定价权有小幅上升外，其他大宗商品的定价权都出现了下降。2020 年我国大宗商品定价权指数大幅回升，升至 56. 17 分，除原木定价权有所回落之外，其余大宗商品定价权均有不同程度回升。由于未来全球经济复苏面临新的不确定性，特别是新兴经济体复苏较为乏力，未来大宗商品价格缺乏持续上涨的基本面支撑，我国对大宗商品的定价权还都很弱。近几年来，全球大宗商品价格的波动幅度已难以仅用商品供求关系的变化加以解释，而表现出明显的金融化特征。在日渐"金融化"的全球大宗商品市场中，国际大宗商品定价权不仅存在于实体买卖者之间，还掌握在期货交易者手中，在此背景下，健全和扩大我国大宗商品期货交易体系对提升大宗商品定价权也十分重要。

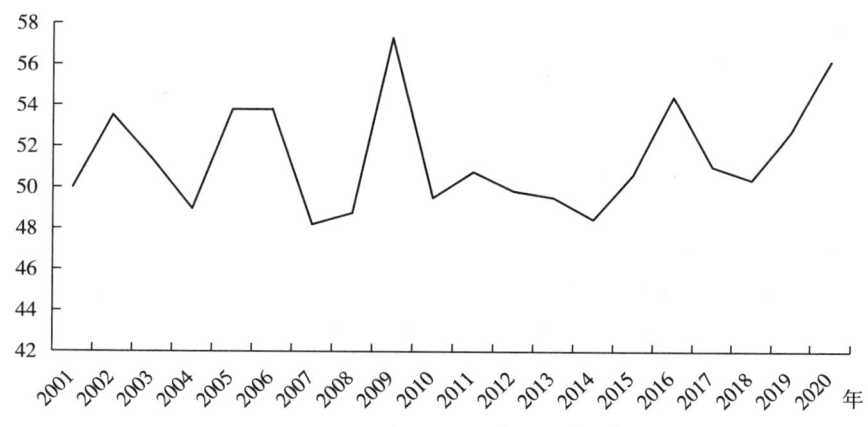

图 8 – 6 大宗商品定价权指数（2001—2020 年）

三、国际金融事务话语权评估与分析

（一）国际金融组织投票权

在三大国际金融组织中，国际货币基金组织和世界银行有明确的投票份额（voting share）。我们认为合理的份额应与一国经济在世界经济中所占份额相当，如美国在国际货币基金组织和世界银行的投票份额在 2014 年分别为 16. 50% 和 15. 85%，这与美国的经济份额占全球约 16. 00% 是相符的。因此在用功效系数法打分时，我们选择中国自 2000 年以来 GDP 占全球份额最低值（2000 年为 7. 35%）作为最差值，而最高值作为最优值。可以看到，即使两大国际组织在过去的几次改革中，均提高了中国的份额，但标准分均不及格。这表明相对我国的经济实力而言，我国在国际货币基金组织和世界银行的投票权过低，两大国际组织仍然是以美国为主导的机构［见图8-7（a）、（c）］。国际清算银行则在其官方文件中说明，其决策和投票权不依据成员国的出资份额，而是由委员会决定。国际清算银行的委员会由1名主席（chairmen），6名核心董事（ex-officio directors），以及其他最多不超过13个人的董事组成。我国于2006年首次成为董事会成员。6名核心董事由比利时、法国、德国、意大利、英国和美国的央行进行任命。由于没有明确的投票份额，我们将投票权划分为四个等级，若进入国际清算银行，赋级为1，若进入董事，赋级为2，若成为核心董事，赋级为3，若主席由本国任命，赋级为4。在用功效系数法打分时，将1作为最差值，4作为最优值，最后得分如图8-7（b）所示。三大组织中中国的投票额总体来说都呈现稳步上升走势，但是近几年来，增幅不明显，甚至2018年我国在国际货币基金组织和世界银行的投票权均有小幅下滑，与我国的经济体量和国际影响力并不相符。2019年，我国在国际货币基金组织和世界银行的投票权又有所回升，分别提高至6.41%和5.71%，2020年又有小幅下降，国际清算银行仍没有变动。总体来看，我国未来国际金融话语权有待提升。

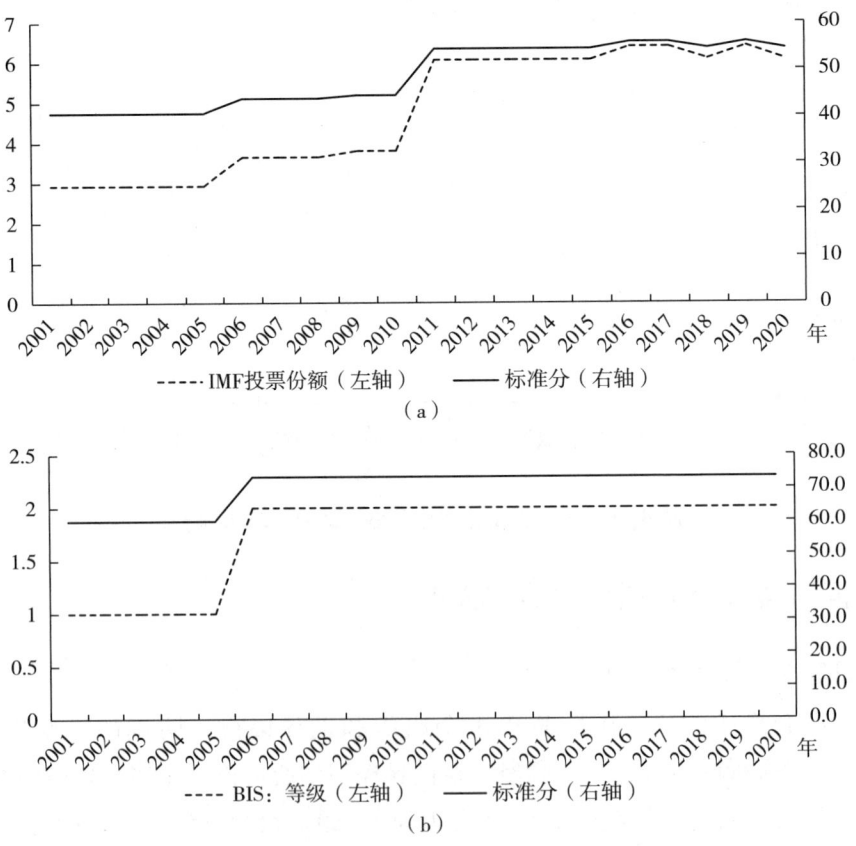

（a）

（b）

图8-7 国际金融组织投票权（2001—2020年）

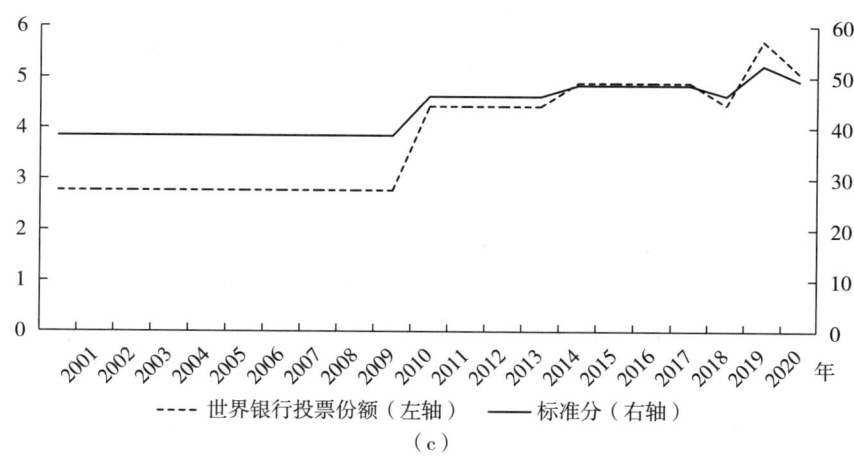

图 8 - 7　国际金融组织投票权（2001—2020 年）（续）

（二）中国持有美国国债占全部美国国债的份额

图 8 - 8 给出了我国自 2001 年以来，持有美国国债的份额。可以看出，我国持有的美国国债份额占美国全部国债的比重在 2000 年为 5.9%，之后的十年显著上升至 26.15%，最近五年则呈小幅下降趋势。这一倒 V 形走势与我国过去十几年的经济增长方式（尤其是 2001—2008 年以出口拉动为主）、外汇制度与资本账户管制情况是一致的。2008 年国际金融危机以来，国际上对美元储备货币地位的质疑声渐大，2010 年以来持有美国国债份额的下降也可以看作我国主动改变外汇持有结构，减小对美元依赖的一种方式。由于持有美国国债份额也在一定程度上间接地增强了本国对美国的话语权，因而可以以其份额的变动来近似代理我国的国际金融话语权。可以看出，自 2010 年至今我国持有美国国债的份额逐步减少，其中 2016 年为 17.6%，比 2015 年减少了 2.7 个百分点。2017 年下半年，我国又加大了对

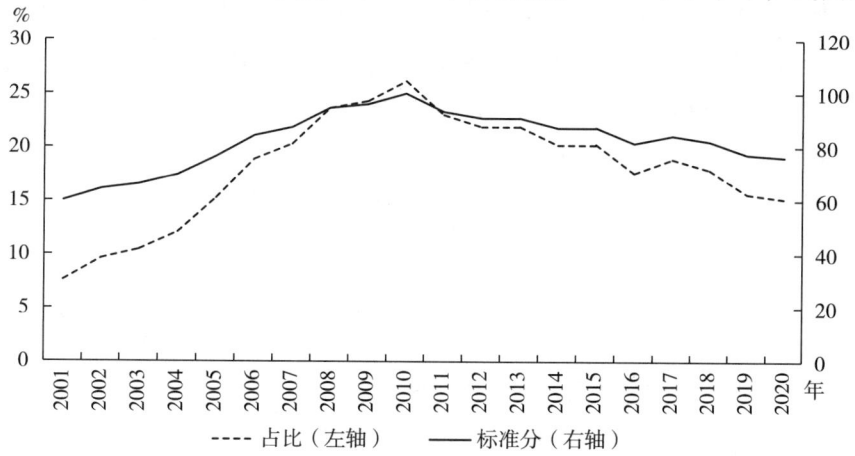

图 8 - 8　持有美国国债份额（2001—2020 年）

美国国债的购买力度，持有美国国债的份额为 18.9%，2018 年开始，由于美国政府的强贸易政策，使得全球贸易局势紧张，这削减了美元在全球贸易投资结算体系中的市场份额，导致全球美元需求被压缩，美债等美元资产在其他各国的配置相应减少，许多国家加快了外汇储备多元化配置步伐，纷纷减持美国国债。2019 年，中国持有美国国债份额下降至 15.63%，2020 年继续下滑至 15.16%。可以看出我国正处于调整外汇结构的变革阶段，一方面自身国际影响力逐步增加，另一方面汇率政策不断优化。再者，我国通过汇率政策获得国际影响力的需求也在逐渐减少。以历史值的最大值和最小值分别作为功效系数法的最优值和最差值，该指标的标准分在 2020 年为 76.31 分。

（三）国际议程设置能力——中国外交政策和国际事务智库排名

国际议程设置能力是指国家行为体凭借自身的政治经济实力，将内部决策所形成的议题（包括问题和解决方案）通过国际议程设置的技巧和能力转化成国际议题，并由此影响其他行为体的观念或行动的过程，进而产生了一种国际权力。国际议程的设置可以大致分为三大环节，首先是寻找到可以达成广泛共识的、具有极大负面影响且亟须解决的高紧迫性"低政治性"问题的议题，其次是国家内部达成共识性的解决方案，最后是将内部解决方案通过不同渠道传播至国际社会，并在国际层面形成竞争与博弈。

只有拥有较强国际议程设置能力的国家才能在国际社会中通过塑造和传播话语表达其偏好和认知，主导国际议程设置的国家能将其偏好和认知转化成共识和行动并由此捍卫或增进其国家利益。在国际议程设置过程中，国家间不同议题的国际博弈过程本身就是话语权强弱的较量，博弈强国的话语会被国际化和制度化，话语权也因此被制度化。例如，美国在第二次世界大战后国际秩序重建的国际议程设置中的主导地位使其话语权通过美元主导的国际货币体系而制度化，具体表现为美元霸权和美国在国际货币基金组织等国际金融机构中的事实否决权，从而奠定了美国在全球经济中的霸主地位。

智库是出思想、出主意以影响决策之所。任晓将智库界定为继立法、行政、司法、媒体四权之后的"第五种权力"[1]。智库的权力来源于其对决策的影响，实质上就是一种"话语权"。外交安全智库由于其研究对象、供给内容和服务对象的特殊性质，成为一国国际话语权特别是外交话语体系构建中的重要行为体。

在国际议题设置的三个环节中，外交智库都拥有一定的影响力。首先，在议题设定环节，外交智库有能力"走在政府之前"，通过对国际形势长期的跟踪研究，及时发现国际问题中潜在的机遇和挑战；其次，在制定内部的政策选项环节，外交智库通过提供多种选项，协助政府做出最优决策；最后，外交智库有多种方式表达观点，智库相较于政府往往更能令外国公众信服，其对阐释我国内部议题解决方案，影响公众对外交政策和国际问题的看法更有效，在全球性的议题中占据话语权。例如：通过提供外交政策对话平台对本国内部决策

---

[1]　任晓. 第五种权力：论智库 [M]. 北京：北京大学出版社，2015.

进行传播，主要包括各类研讨会、论坛、期刊等；通过媒体的力量影响他国舆论进而影响他国决策，可以更好地维护国家形象；为国际组织培养和储备人才也是外交安全智库塑造国际议程的重要途径，通过为国际组织储备人才和培训国际公务员，可以在全球性议题中获得更多话语权。

我们选用美国宾夕法尼亚大学智库研究项目组（TTCSP）编写的《全球智库报告》中公布的顶级外交政策和国际事务智库排名，以排名前 50 的中国外交政策和国际事务智库的加权排名来作为我国国际议程参与设置能力的代替指标。我们认为，一国外交政策和国际事务智库综合排名越高，该国智库在国际议题中越有话语权，该国国际议题设置能力越强。

由于随着各国智库的不断发展，每年上榜的智库数量会有所增加，《全球智库报告》中全球顶级外交政策和国际事务智库榜单，在 2010 年之前只公布排名前 10 的智库名单，从 2010 年开始，上榜的智库数量逐年增加，2020 年公布的全球顶级外交政策和国际事务智库中共有 156 个外交政策和国际事务类智库上榜。为了避免上榜智库总量变动的干扰，本章观察每年榜单前 50 的中国外交政策和国际事务智库排名变动，具体做法为：排名在 [1, 10]，[11, 20]，[21, 30]，[31, 40]，[41, 50] 的智库影响力权重分别为 5、4、3、2、1，排名落在各个区间的中国外交政策和国际事务智库的数量乘以相应权重，最后加总即为本年我国国际议程设置能力的代表数据。在用功效系数法进行标准化时，我们选择通过上述同样方法计算得到的美国 2010—2019 年间国际议程能力最强的数据作为最优值，通过统计与计算，美国外交政策和国际事务智库在 2011 年在五个区间上榜数量分别为 6、3、2、7、0，国际议程设置能力为 62，是截至 2020 年美国国际议程设置能力最强的一年，我们以其作为最优值。我们选择中国 2011—2020 年计算得到的国际议程能力最弱的数据作为最差值，通过统计与计算，中国外交政策和国际事务智库在 2011 年和 2012 年在五个区间上榜数量均分别为 1、0、0、0、0，国际议程设置能力为 5，是截至 2020 年中国国际议程设置能力最弱的两年，我们以 5 作为我国国际议程设置能力的最差值，计算得到的国际议程设置能力的标准分如图 8-9 所示。

图 8-9 给出了自 2011 年以来，中国外交政策和国际事务智库的影响力情况。可以看出，中国外交政策和国际事务智库的影响力在 2013 年开始攀升至 12，2013 年又回落至 10，之后几年一直维持不变，直至 2018 年又下滑至 8，2019 年和 2020 年维持不变，标准分数为 62.75。2020 年，我国外交与国际事务类共有 6 个智库上榜。其中，排名前 50 的智库共有 3 个，中国现代国际关系研究院全球排名第 3，中国国际问题研究院和上海国际问题研究院全球排名分别为 36 和 47。总的来说，我国外交智库影响力还较弱，对于国际议程设置的话语权有待提高。

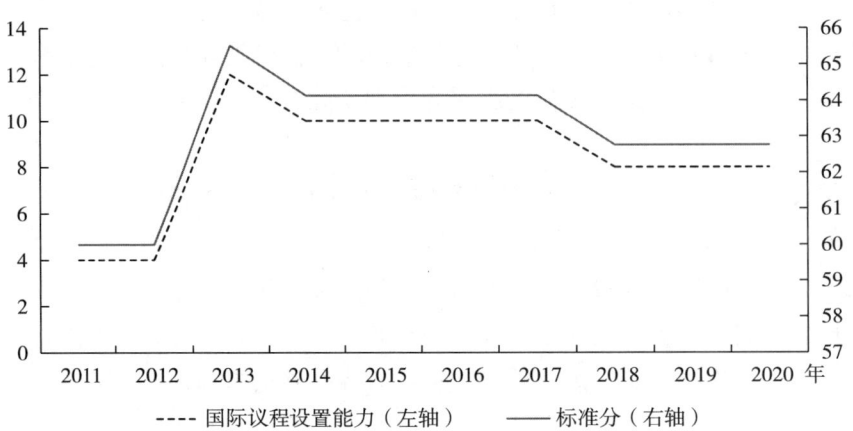

图 8－9　中国外交政策和国际事务智库的影响力（2011—2020 年）

第三节　结论与展望

一、主要结论

将三大类指标综合起来，我国总体金融自主权得分如图 8－10 所示。应该看到，在过去 17 年里，货币自主权呈现震荡上升的趋势，大宗商品定价权一直在震荡徘徊，国际金融事务自主权缓慢上升。总的来看，金融自主权呈现缓慢上升趋势，从 2001 年的 59.09 分上升到 2020 年的 69.20 分，但与我国经济总体实力相比，仍然有很大的提升空间。

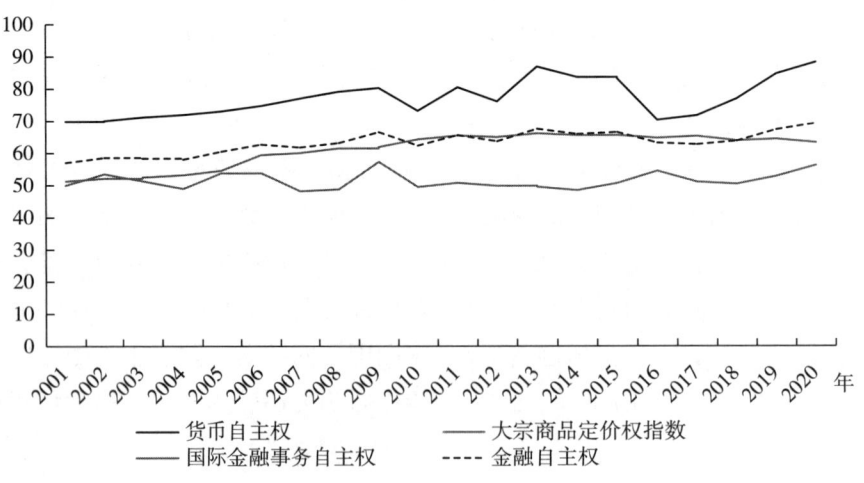

图 8－10　金融自主权得分（2001—2020 年）

（一）当前我国货币主权风险总体可控

2001 年以来，我国货币替代率整体不断下降，体现了居民持有人民币的信心增强。自 2015 年以来，美联储频繁加息，导致美元持续走强，我国外币存款稳步增加，其增长速度大于国内货币存量的增长速度，导致 2015—2017 年货币自主权指数小幅下降。这段时期，国内居民为避免损失，可能会减少本币持有量，增加外币持有量，这种货币替代效应的存在会使人民币汇率发生波动，进而使得国内对人民币的需求偏离正常值。2018 年《政府工作报告》首次取消了 M2 的增长目标，从数据上看，我国外币存款持有绝对量相较 2017 年降低，另外由于从 2018 年开始，中美贸易摩擦使我国进出口业务收入外汇减少，货币自主权指数开始有所回升，2020 年我国"货币替代"的风险有所下降。

2020 年，货币政策在调控上的独立性总体在 93.95 分左右，延续了 2019 年的良好表现，在疫情冲击下，欧美等众多国家都大幅降低名义利率，使名义利率触及零下限，并配合其他形式的货币或财政政策刺激经济，如大规模资产购入计划、消费券发放等，但在全球需求不足和疫情反复的背景下，刺激效果有限。中国在此背景下，坚持不搞"大水漫灌"，奉行稳健的货币政策，一直保持有相对较大的货币政策的操作空间。美国在刺激政策不显著，通胀预期上升的背景下，减少或停止资产购入计划的可能性增加，加息预期也增加，虽然美元加息推高了利率和美元汇率，我国面临资金外流风险，但并不一定影响我国货币政策独立性。总体来说，我国货币主权的风险可控，中国人民银行为保持我国货币市场稳定制定了更加科学的汇率指导政策，其中最重要的一项内容就是货币政策调控要逐渐转向以价格型调控为主。政府对于货币市场的宏观调控措施平稳实施，强化了人民币汇率的稳定表现。2020 年人民币国际化指数为 5.02，较 2019 年有大幅度提高，2020 年受全球疫情影响，人民币国际化面临更加严峻的外部环境以及更激烈的国际货币竞争，而在世界经济受疫情冲击严重的背景下，中国经济金融体系彰显韧性，人民币国际化逆势前行。未来中国人民币国际化道阻且长，人民币在国际支付中的占比仍不及美元、欧元、英镑和日元，与中国作为全球第二大经济体的地位不相符。推出数字货币，以数字货币去中心化的特点作为突破口，或许可以实现"弯道超车"。

综上所述，我国货币自主权自 2001 年以来，总体来说呈现出从缓慢上升到震荡，再到稳步上升三个阶段。从 2001 年的 69.87 分先缓慢上升至 2009 年的 80.23 分，2010—2016 年间持续波动，2016 年回落至低点 70.31 分，而后自 2017 年开始稳步上升至 2020 年的 88.22 分，相对上一阶段的波动变化表现出更加稳定的态势。总体来说，我国货币政策自主权风险可控。

（二）大宗商品定价权仍然较弱

中国作为世界大宗商品市场上重要的进出口方，并没有因为占据的份额而享受应有的定价权利，国内多种大宗商品均面临着定价权缺失的局面，整体上我国大宗商品定价权现状不容乐观。根据之前的分析可得，大宗商品动态比价 R 大于 1 表明中国进口价格呈现劣权化趋势，R 越大劣权化越明显，动态比价 R 小于 1 表明中国的进口价格呈现优权化趋势，R 越小优权化越明显；且动态比价波动越大，越有可能说明中国的定价权微弱从而无法维持进口价格的稳定。2020 年，除原油外，我国原木、铁矿石、大豆、橡胶、铜材和铝材的动态比价 R 小于 1，在 7 类大宗商品中定价权表现良好，原油的定价权劣势明显。与 2019 年相比，除了原木的定价权有小幅下降外，其他大宗商品的定价权出现了不同程度的上升，这主要因为在全球疫情背景下我国经济恢复较快。未来全球经济复苏也面临大的不确定性，新兴经济体复苏也较为乏力，未来大宗商品价格缺乏持续上涨的基本面支撑，现货市场和期货市场发展的诸多不足也制约着我国增强自身国际大宗商品定价权的步伐。

（三）国际金融话语权较为稳定，但与我国经济整体实力严重不对等

2020 年国际金融话语权得分与 2019 年相比出现了小幅下降，自 2001 年以来，该指数一直缓慢上升，上涨幅度很小，平均分数在 65 分左右。虽然按照 GDP 购买力平价计算，我国 GDP 已排名世界第一，同时我国也是全球第二大经济体，并且政治影响力也在提升，但我国在国际金融事务中的话语权并不乐观。尤其是在目前重要的三大国际金融组织——国际货币基金组织、世界银行、国际清算银行中，我国的话语权得分都不高。国际货币基金组织和世界银行基本上还是以美国为主导的机构，美国在两个国际组织中都拥有一票否决权，而我国的利益诉求还无法从现有的投票权中得到体现。推进我国国际金融话语权的提升，需要进一步加强金融业双向开放，需要金融机构的进一步壮大与完善，也需要中国金融外交的进一步拓展。可以看到，我国在 2020 年中有诸多推进国际金融话语权的行动。主要体现有：

第一，2020 年 4 月 1 日起，证监会取消了证券公司外资股比限制。符合条件的境外投资者可根据法律法规、证监会有关规定和相关服务指南的要求，依法提交设立证券公司或变更公司实际控制人的申请。外资股比限制放开，对提升中国资本市场对外开放水平有重要的积极作用，外资机构的自身定位、国际经验、差异化和相对高端的国际化产品和服务能够提升中国投行的服务。并且，基于中国经济巨大的发展潜力和新一轮高水平金融对外开放，未来还将有更大规模的来自境外的长期投资，这对我国国际地位的提升有积极作用。

第二，2020 年，LPR 利率期权推出，低硫燃料油期货、国际铜期货等产品相继上市，国家开发银行在银行间市场、交易所市场面向海内外投资者成功发行绿色金融债券，这些对于进一步丰富金融市场交易工具，推动人民币国际化，增强全球资源配置能力，打造更具国际影响力的"中国价格"具有重要意义。

第三，2020 年，上海已基本建成与我国经济实力和人民币国际地位相适应的国际金融中心。具体来看，一是上海的金融中心主体架构已经基本确立，各类金融市场、基础设施等金融要素齐备，中外资金融机构集聚发展，金融产品和服务体系也在不断完善。二是上海金融中心价格形成功能和人民币支付清算功能已较为完善，有力提升了人民币资产的国际定价能力。三是上海的金融中心国际化程度大幅提升，外资金融机构加快在上海布局，上交所、中金所等金融市场与"一带一路"沿线地区的合作不断深化。2020 年 9 月，上海在全球金

融中心指数中首次进入全球前三，国际地位稳步提升。

二、未来展望

虽然目前我国金融自主权总体在提高，但在当前全球经济金融一体化逐步加深的背景下，仍面临着很多调整，未来随着人民币国际化进程的推进，我国资本项目的进一步开放，我国经济金融开放程度将得到持续提升。金融自主权的维护必然面临更多来自国际合作框架和自身利益方面的冲突。

（一）适应市场化的调控机制，增强货币政策自主性

长期以来，我国基于外汇占款的货币发行机制是一种被动的货币发行机制，货币供给具有较强的内生性。美联储逐步退出量化宽松引发的货币政策变化将会影响包括中国在内的全球货币金融周期的变化，人民币资产和货币扩张的内外环境正在发生趋势性改变，利用中美利差、人民币即期远期汇率测算的无风险套利空间显著收窄，外汇占款可能在未来会持续下降。如今美联储为资金回流频繁加息，必定会导致国内货币利率被动抬升，外汇储备减少。要走出被美元左右的困境，如果没有长效的基础货币发行方式，货币当局将缺乏调节流动性进而调节通胀和经济增长等的货币政策工具。因此必须扭转我国货币发行的机制，完善货币政策工具体系，特别是完善公开市场操作，建立常规手段和非常规手段相结合的公开市场操作工具体系。目前存贷款基准利率已放开，传统的信贷规模调控方式也在逐步转向以公开市场操作为主的市场化调控方式，但是面对商业银行的不断创新以及监管套利的动机，如何提高我国货币政策调控的自主性、有效性仍面临诸多挑战。在对外汇储备管理机制进行调整的同时还需与其他金融改革措施协调推进，提高我国货币政策的自主性。

（二）审慎有序推进人民币国际化，维护金融体系安全

人民币国际化是维护我国货币主权的必然选择，人民币国际化最终要实现人民币的自由进出，尤其是目前人民币已纳入SDR，这是人民币国际化的里程碑。而目前中国的汇率仍未实现完全的市场化，金融体系逐步开放的过程中也将面临一系列风险。随着对外开放的广度和深度的不断提高，金融危机加速传染和资产价格波动的风险将因海外大规模流转的人民币而增大。因此货币的国际化应有序推进，应注重我国金融体系安全的维护，完善金融调控和监管，建立和健全危机和资产价格异常波动的早期预警信息系统，并加强与其他国际货币发行国的合作，建立外部金融安全网，保障我国货币主权安全。

（三）加快推进我国期货市场的建设进程

我国期货市场国际定价权缺失是导致我国大宗商品定价权缺失的核心原因。要提升我国大宗商品定价权，必须加快推进我国期货市场的建设进程。首先，应当注重对国内期货交易所交易规则的改进，完善制度设计，更加注重公平性、公正性和公开性，充分发挥市场功能，减少行政干预色彩。其次，应当加深国内期货市场的对外开放程度，逐步允许更多的国际投资者进入国内市场，同时开放国内机构参与国际市场的期货交易。再次，应加快新期货

品种上市的速度，逐步完善期货结构。最后，还要注重培育机构投资者和各类期货人才，增强国内参与者参与国际期货交易的实力，保障国内期货市场在开放程度扩大后的自主权。

（四）改善国际金融组织格局，继续提升国际话语权

经济全球化折射出的国家货币主权与限制问题值得关注。在美元霸权的国际货币体系中，美国作为主要货币发行者本应增强美元的货币责任意识，防止滥用货币发行权。但按照习惯国际法，美国一般情况下不需要因其币值改变而承担国际法的国家责任。当前的国际货币基金组织条约并未能对作为国际储备货币发行国的货币行为建立有效约束，这加大了对别国货币主权的损害。美国在国际货币基金组织占有最大份额，对许多国际重大事务具有一票否决权，直接阻碍了国际货币基金组织的改革，中国应充分发挥自身影响力，积极推动国际货币基金组织改革，争取更多的国际话语权来维护自身利益。

主要参考文献

［1］陈放．我国金融安全面临的挑战及其政府治理创新策略［J］．探索，2021（5）：78－91．

［2］丰雷，朱勇，谢经荣．中国地产泡沫实证研究［J］．管理世界，2002（10）：57－64＋75－156．

［3］何恺，程道平．我国城市房地产市场风险测度研究——基于综合赋权评价方法对济南市的测算［J］．价格理论与实践，2016（10）：148－151．

［4］黄隽，章艳红．商业银行的风险：规模和非利息收入——以美国为例［J］．金融研究，2010（6）：75－90．

［5］顾夏铭，陈勇民，潘士远．经济政策不确定性与创新——基于我国上市公司的实证分析［J］．经济研究，2018，53（2）：109－123．

［6］李世平，孟庆竹．中国非上市银行经营风险度量——基于 Z－score 方法［J］．山东财经大学学报，2018，30（3）：61－71．

［7］李孟刚．中国金融产业安全报告（2011—2012）［M］．北京：社会科学文献出版社，2012．

［8］李红权，周亮．系统性金融风险的测度指标及其经济预测能力［J］．计量经济学报，2021，1（4）：892－903．

［9］李扬．中国地方政府债务问题探讨［J］．科学发展，2013（10）：5－8．

［10］李扬．国家资产负债表的治理信号［J］．经济导刊，2014（1）：70－73．

［11］陆磊．中国金融的"转型"［J］．中国金融，2006（8）：71．

［12］刘锡良，孙磊．金融结构视角中的金融安全论［J］．经济学动态，2004（8）：78－82．

［13］刘沛，卢文刚．金融安全的概念及金融安全网的建立［J］．国际金融研究，2001（11）：50－56．

［14］马君潞，范小云，曹元涛．中国银行间市场双边传染的风险估测及其系统性特征分析［J］．经济研究，2007（1）：68－78＋142．

［15］吴婷婷．金融国际化与金融安全：理论与实证［D］．成都：西南财经大

学，2011.

[16] 王元龙. 关于金融安全的若干理论问题 [J]. 国际金融研究，2004（5）：11－18.

[17] 王国刚. 健全现代金融体系的适应性之"点论" [J]. 中国外汇，2019（23）：16－18.

[18] 王晓枫，廖凯亮，徐金池. 复杂网络视角下银行同业间市场风险传染效应研究 [J]. 经济学动态，2015（3）：71－81.

[19] 王超. 优化房地产金融发展的路径探析 [J]. 金融发展研究，2020（7）：89－90.

[20] 叶永刚，宋凌峰，张培. 2016 中国与全球金融风险报告 [M]. 北京：人民出版社，2017.

[21] 张红力. 金融安全与国家利益 [J]. 金融论坛，2015，20（3）：3－14.

[22] 张幼文. 金融安全的国际条件与国内条件 [J]. 上海金融，1999（7）：4－6.

[23] 张洪午. 金融全球化时代的国家货币主权 [J]. 贵州大学学报（社会科学版），2009（1）.

[24] 张发林. 全球金融治理议程设置与中国国际话语权 [J]. 世界经济与政治，2020（6）：106－131.

[25] 苏立熙. 房地产项目估算评价模型 [J]. 经营与管理，2013（9）：86－88.

[26] 朱元倩，苗雨峰. 关于系统性风险度量和预警的模型综述 [J]. 国际金融研究，2012（1）：79－88.

[27] 谢伏瞻. 中国社会科学院国际形势报告（2021） [M]. 北京：社会科学文献出版社，2021.

[28] Arnold Wolfers, Discord and Collaboration, Johns Hopkins University, 1962.

[29] Benston G J, Kaufman G G. Is the banking and payments system fragile? [M]. Coping with Financial Fragility and Systemic Risk. Springer, Boston, MA, 1995：15－46.

[30] Frankel J A, Rose A K. Currency Crashes in Emerging Markets：An Empirical Treatment [J]. Journal of International Economics, 1996, 41（3－4）：351－366.

[31] Houston J F, Lin C, Lin P, et al. Creditor rights, information sharing, and bank risk taking [J]. Journal of Financial Economics, 2010.

[32] Krause L B, Nye J S. Reflections on the economics and politics of international economic organizations [J]. International organization, 1975, 29（1）：323－342.

[33] Mangold P. National Security and International Relations (Routledge Revivals) [M]. Routledge, 2013.

[34] Nag A , Mitra A . Neural networks and early warning indicators of currency cri-

sis. 1999.

　　［35］Sachs J D , Tornell A , Velasco A . Financial Crises in Emerging Markets：The Lessons from 1995 ［J］. Social Science Electronic Publishing.

　　［36］Stiglitz J, Stiglitz J E S, Greenwald B. Towards a new paradigm in monetary economics ［M］. Cambridge university press, 2003.

　　［37］Tarashev N , Borio C , Tsatsaronis K . Attributing systemic risk to individual institutions ［J］. BIS Working Papers, 2010, 68（3）：1－18.

　　［38］Worrell D L. Quantitative assessment of the financial sector：an integrated approach ［J］. 2004.